D1726187

Anton Pelinka, Erika Weinzierl
(Herausgeber)

Das große Tabu

Österreichs Umgang mit seiner Vergangenheit

Verlag Österreich

2. Auflage 1997
© Österreichische Staatsdruckerei 1997
Rennweg 12a, A-1037 Wien
Telefon: (++43 1) 79789 333
Telefax: (++43 1) 79789 502

ISBN 3-7046-1094-1

Inhalt

Vorwort 7

HERMANN LANGBEIN: Darf man vergessen? 8

THOMAS PLUCH: Modellfall Kärnten 17

NADINE HAUER: NS-Trauma und kein Ende 28

FELIX DE MENDELSSOHN: Psychoanalyse als Aufklärung 42

OLIVER RATHKOLB: „. . . für die Kunst gelebt" 60

KARL MÜLLER: NS-Hinterlassenschaften. Die österreichische Literatur in
    ihrer Auseinandersetzung mit österreichischen Gewaltgeschichten 85

WOLF IN DER MAUR: Auf der Suche nach einer patriotischen Utopie 114

FELIX KREISSLER: Nationswerdung und Trauerarbeit 127

ANTON PELINKA: Der verdrängte Bürgerkrieg 143

ERNST HANISCH: Ein Versuch, den Nationalsozialismus zu „verstehen" 154

WOLFGANG NEUGEBAUER: Widerstandsforschung in Österrreich 163

ERIKA WEINZIERL: Schuld durch Gleichgültigkeit 174

Biographien der Autoren und Herausgeber 196

VORWORT ZUR 2. AUFLAGE

Als 1987 die erste Auflage dieses Buches erschien, war die Diskussion, die von der Wahl Kurt Waldheims ausgelöst worden war, auf ihrem Höhepunkt. Die Zweite Republik war ins Gerede gekommen. Ihr wurde vorgehalten, sie und ihre Gründer (vor allem die 1987 gerade wieder gemeinsam regierenden Parteien, die Sozialdemokratische Partei und die Volkspartei) hätten es sich zu leicht gemacht. Zu einfach sei es gewesen, sich 1945 und danach auf die Rolle des Opfers zurückzuziehen – und alle Schuld an den nationalsozialistischen Verbrechen gegen die Menschheit anderen zuzuschieben: den „Nazis", den „Deutschen". Daß viele Österreicher sich zwischen 1938 und 1945 als „Deutsche" und viele auch als „Nazis" gefühlt hatten, war verdrängt worden. Das wurde – zu Recht – nun dem „Geist von 1945" vorgeworfen.

In den zehn Jahren, die seit der ersten Auflage vergangen sind, sind viele Weichen gestellt worden. Österreich ist seit 1995 Mitglied der Europäischen Union. Der Ost-West-Konflikt ist zu Ende – jedenfalls in seiner alten, ideologisch bestimmten Form des Kalten Krieges. Deutschland ist (wieder)vereinigt. Und Österreich, vertreten durch seine führenden Repräsentanten (zuallererst durch Franz Vranitzky 1988), hat sich zur Mitverantwortung von Österreichern an den NS-Verbrechen bekannt.

Das alles hat dem österreichischen Patriotismus nicht geschadet. Die alte Frontstellung, die der Deutschnationalismus gegenüber diesem Patriotismus eingenommen hat, scheint gerade durch die – verbale – patriotische Wende der Freiheitlichen Partei relativiert. Alle Umfragedaten zeigen, daß sich heute mehr als 90 Prozent der Österreicher zur österreichischen Nation bekennen.

In diesem Sinne mag der eine oder andere Denkansatz, der in diesem Sammelband vertreten ist, überholt erscheinen. So ist Wolf In der Maurs Suche nach einer „patriotischen Utopie" wohl insoferne an einem Endpunkt angelangt, als das von ihm verwendete Golo Mann-Zitat – Österreich „als ein sehr interessanter Zweig der deutschen Nation" – heute schon wie ein Dokument aus einem Museum klingt.

Nicht museal sind jedoch die Spannungen und Konflikte, die aus der Vergangenheit kommen. Eine in ihrer Seriosität unbestrittene Dokumentation der Verbrechen der Großdeutschen Wehrmacht provoziert österreichische Politiker verschiedener Parteien, unter irgendwelchen Vorwänden („Konflikt zwischen den Generationen") vor dem NS-(Un)Geist zu kapitulieren. Ökonomische Krisensymptome veranlassen wiederum andere (oder auch dieselben) Politiker, ein infames Erklärungs- und Politikmuster auszugraben: Tausche Sündenböcke (Juden, Ausländer) gegen Arbeitslose. Und die schrecklichen Folgen nationalistischer Kriege – ethnische Säuberungen, Massenflucht – bringen nur zu oft eine ethno-nationalistische Antwort hervor, gerade auch im wohlhabenden Österreich.

Die Ursachen sind in unserer Gesellschaft zu finden, auch und vor allem darin, daß die (eben auch österreichischen) Wurzeln des Nationalsozialismus nach wie vor tabuisiert werden. Daran hat sich im letzten Jahrzehnt zwar einiges geändert, vor allem im akademischen Bereich, doch die Ursachen der Tabuisierung wirken nach wie vor. Sie zu benennen, kann niemals überholt sein.

Der Verlag hat sich daher nicht nur aus technischen Gründen für den unveränderten Nachdruck der ersten Auflage entschieden. Verändert hat sich freilich der Kreis der Autorinnen und Autoren: Wir beklagen den Tod Hermann Langbeins und Thomas Pluchs. Die Veröffentlichung ihrer Aufsätze ist auch eine Erinnerung an sie. In diesem Sinne ist dieses Buch dem Gedenken an Hermann Langbein und Thomas Pluch gewidmet.

April 1997   Anton Pelinka/Erika Weinzierl

VORWORT

Österreich kommt seit einiger Zeit nicht aus den Schlagzeilen der Medien. Frischenschlagers Handschlag mit Reder; die Wahl Kurt Waldheims zum Bundespräsidenten; der Aufstieg Jörg Haiders zum Bundesparteiobmann der FPÖ und deren Wahlerfolg: Das und noch anderes verleiht Österreich ein negatives „Image". Österreich gilt nun vielen in der Welt als ein Land, das sich seiner Vergangenheit nicht stellt; das, schon einmal eine Brutstätte des Nationalsozialismus, aus seiner Vergangenheit wenig oder gar nichts gelernt hat.

Den Herausgebern und den Autoren dieses Buches geht es nicht um das „Image". Uns geht es um die Substanz. Wir versuchen, mit diesem Buch einen Beitrag zu der „Trauerarbeit" zu leisten, zu der Alexander Mitscherlich die Deutschen aufgerufen hat und zu der sich die Österreicher offenkundig nicht mit der gleichen Deutlichkeit aufgefordert fühlten. Uns geht es nicht um eine verbesserte Werbestrategie für dieses Land, uns geht es um das Land, um Österreich selbst.

Deshalb wendet sich dieses Buch auch nicht in erster Linie an das Ausland; unsere Adressaten sind primär die Österreicher selbst. Wir wollen mit diesem Buch einen Beitrag dazu leisten, daß sich Österreich nicht einigelt, nicht verschließt. Wir versuchen, durch die Beiträge die von außen kommende Kritik durch eine Kritik von innen zu ergänzen, um so auf diese Weise die internationale Diskussion als Motor für Österreich selbst, für die demokratische Qualität in diesem Lande, nutzbar zu machen. Das ist auch ein Grund dafür, daß auf den Inhalt der einzelnen Beiträge von den Herausgebern kein Einfluß genommen wurde, da diese Beiträge Zeichen der Bandbreite von Meinungen, selbst auf gleicher Basis, sein sollen.

Einige der Autoren, darunter die beiden Herausgeber, sind in der „Gesellschaft für politische Aufklärung" tätig. Auch in diesem Buch geht es uns um Aufklärung. Das mag manchem (mancher) wider den (Zeit-)Geist gehen. Denn das Hoffen auf Aufklärung setzt einen gewissen Optimismus voraus — daß eben Aufklärung nicht vergeblich ist, daß Veränderungen des Bewußtseins und Veränderungen des Verhaltens durch Argumente, durch Rationalität möglich sind.

Die einzelnen Beiträger dieses Buches gehen mit Österreich kritisch um. Eben gerade deshalb sind sie mit Österreich verbunden.

Innsbruck und Wien, Jänner 1987   Anton Pelinka/Erika Weinzierl

Hermann Langbein

DARF MAN VERGESSEN?

Es bedarf keiner Erklärung, daß jemand, der aus nationalsozialistischen Konzentrationslagern in das befreite Österreich zurückgekommen ist, dem, was man immer wieder als „Vergangenheitsbewältigung" umschreibt, anders gegenübersteht als einer, der eine andere Vergangenheit hatte; der das „univers concentrationaire" — wie es David Rousset genannt hat — nicht hat kennenlernen müssen.

Ich kam von dort. Am 18. Mai 1945 erreichte ich Wien. Am 5. Mai war ich von Hannover mit dem Fahrrad aufgebrochen. Ich hatte den schnellstmöglichen Weg gesucht, um nach Hause zu kommen.

Bereits am 19. Mai war ich im Zentralkomitee der Kommunistischen Partei, habe mich dort selbstverständlich sofort bereit erklärt, eine Arbeit zu übernehmen. Wenn ich — rückblickend — meine damalige Einstellung zusammenfassen darf, so etwa in dieser Form: Jetzt, nachdem die Welt erfahren hat, daß ein Auschwitz möglich gewesen war, muß sie sich ändern; es muß alles anders, besser werden, damit Gaskammern und zweieinhalb Jahre exekutierter Massenmord, der zum Alltag gehörte, unmöglich würden. Um dabei mitzuhelfen, habe ich mich so beeilt. Ich war von August 1942 bis August 1944 in Auschwitz gewesen.

Die täglichen Probleme des Aufbaus — die der Stadt Wien und diejenigen im Apparat der KP — standen damals drängend im Vordergrund. Das habe ich verstanden, und habe gewartet, bis man sich damit auseinandersetzte, wieso es zu einem Auschwitz kommen konnte und was zu tun sei, damit ein ähnlicher Weg nie mehr beschritten werden konnte. Ich habe vergeblich gewartet.

Wie ich damals beobachtete — und vor allem, wie es mir später andere mitteilten —, ging es vielen ähnlich. Ich glaube, Grete Salus hat für diese Enttäuschung die treffendsten Worte gefunden:

> „Wir haben geglaubt, daß wir Ruhe finden werden am Herzen der Welt, das für uns schlägt, für unser Schicksal. Daß dem nicht so ist, das ist ein schwerer Schlag für uns, der es uns schwer macht, uns wiederzufinden. Sicher sind wir zu anspruchsvoll und haben uns in unserer Gefangenschaft eine Welt zusammengeträumt, die es nicht gibt, nicht geben kann. Wir haben ein Extrem erlebt, das wirklich Böse. Jetzt dachten wir, das andere zu erleben — das wirklich Gute. Wir haben die richtigen Maße verloren."

Grete Salus hatte in Auschwitz den Judenstern zu tragen; Juden hatten dort das schlimmste Schicksal.

Sprach man mit jemandem und erwähnte dabei Auschwitz, dann konnte man nahezu regelmäßig die gleiche Reaktion beobachten: Mitleidvoll wurde man angeblickt und der Gesprächspartner wich dem Thema aus, so, als ob er uns schonen wollte. Ich hatte die Empfindung, daß dieses Mitleid geheuchelt und eher die eigene Schonung beabsichtigt war. In den Reihen der Funktionäre der KPÖ wurde jede ernsthafte Auseinandersetzung mit dieser Vergangenheit durch ständig neu anlaufende Kampagnen überdeckt, die zu organisieren zum Handwerkszeug der KP-Führung gehörte — eine Art Beschäftigungstherapie.

1947 entschloß ich mich nach längerem Warten endlich, von mir aus das Thema anzuschneiden: Ich schrieb aus vollem Herzen meinen Erlebnisbericht über die Jahre in den Konzentrationslagern. Das Echo auf dieses Buch war gering. Das hat mich nicht mehr hart enttäuscht. Als ich — nachdem ich lange vorher mit der Kommunistischen Partei gebrochen hatte — dieses Buch im Jahr 1982 mit einem Vor- und Nachwort nochmals herausgab, hörte ich ein deutlich stärkeres Echo. Es kam freilich von Angehörigen einer Generation, die später geboren war.

In der Nachkriegszeit blieb das Thema „Vergangenheit" und „Nationalsozialismus" tabu. Alle Energie konzentrierte sich darauf, die Voraussetzungen für das aufzubauen, was später als Wirtschaftswunder einer Epoche den Namen gab. Ein Blick zurück paßte nicht dazu. Daß dieses Tabu gebrochen wurde, bemerkte ich zum ersten Mal in der Bundesrepublik Deutschland. In Frankfurt begann im Jahr 1963 der Auschwitz-Prozeß, den ich durch Strafanzeigen ausgelöst und dann beobachtet habe. Die Medien befaßten sich ausführlich nicht nur mit dem Verfahren, sondern — das war ja unvermeidlich — auch mit seinem Hintergrund. Schulklassen folgten im Gerichtsgebäude den Verhandlungen; ich wurde in Schulen zu Diskussionen eingeladen. Bei diesen Gesprächen hatte ich mich auf eine völlige Unwissenheit der jungen Menschen einzustellen. Ich erlebte gleichzeitig, mit welchem Ernst viele fragten, forschten, um Verständnis mit den Problemen dieser Epoche rangen, über die offensichtlich die Generation ihrer Eltern nie mit ihnen gesprochen hatte. Mir ist ein Mädchen in Erinnerung geblieben, das solche Fragen mit besonderer Intensität stellte. Nach Beendigung der Stunde kam sie zu mir: „Mein Vater war SS-Führer. Wie soll ich mich jetzt zu ihm verhalten?"

Das erlebte ich in einer kritischen Phase meines Lebens: Nach der Niederwerfung des Aufstandes in Ungarn durch russische Panzer hatte ich endlich meine politische Konsequenz gezogen. Ich wurde heimatlos, isoliert, hatte mich neu zu orientieren. Nach dem schmerzhaften Scheitern meines bisherigen politischen Weges — dem eines gläubigen Kommunisten — hatte ich mir vorgenommen, nur mehr das zu tun, was ich selbst verantworten konnte, mich nie mehr einer Autorität so unterzuordnen, daß ich ihre Entscheidungen über mein Gewissen stellte. Die Erlebnisse im Zusammenhang mit dem Frankfurter Auschwitz-Prozeß und den Gesprächen mit jungen Menschen über dieses Kapitel meiner Vergangenheit wiesen mir einen Weg: Ich sah eine Aufgabe, die bisher vernachlässigt worden war, von deren Notwendigkeit und Bedeutung ich voll überzeugt war und für die ich bessere Voraussetzungen mitbrachte als viele andere: den nachwachsenden Generationen das Bedürfnis zu wecken, nachzudenken, wieso ein Auschwitz im 20. Jahrhundert in Mitteleuropa möglich werden konnte.

Damals spürte ich in Deutschland eher Voraussetzungen für eine solche Tätigkeit als bei uns in Österreich. Der Anfang 1972 in Wien geführte Prozeß gegen die Erbauer der Auschwitzer Krematorien und Gaskammern zeigte das drastisch. Beide Angeklagten wurden freigesprochen. Das lag nicht daran, daß der Prozeß schlecht geführt worden wäre; das Gegenteil war der Fall. Noch schlimmer als der Freispruch war das Stimmenverhältnis beim Votum der Geschworenen. Bei Fritz Ertl stimmten weniger Geschworene für den Freispruch als bei Walter Dejaco. Ertl hatte sich von Auschwitz zur Front gemeldet, als er feststellen mußte, daß in jedem der vier Krematorien eine überdimensionierte Gaskammer eingeplant war. Er wollte damit nichts zu tun haben. Dejaco verteidigte sich damit, daß auf dem Plan, der seine Unterschrift trug und der dem Gericht vorlag, die Gaskammer als „Leichenkammer" bezeichnet war. Er hätte also den Zweck nicht gekannt, dem sie zu dienen hatte. Er blieb in Auschwitz und hatte laufend Instandhaltungsarbeiten der überbeanspruchten Krematorien zu leiten. Trotzdem nahmen ihm die Geschworenen ab, daß er den Zweck der Bauten — den Ertl erkannt zu haben zugegeben hatte — beim Bau nicht geahnt hätte. Auch das Echo dieses Prozesses unterschied sich kraß von dem, das ich in Deutschland Jahre zuvor kennengelernt hatte. Keine Schulklassen im Gericht, Flugzettel, die mich als Judas bezeichneten — ich habe den Prozeß beobachtet und hatte ihn durch eine Strafanzeige ausgelöst —, wurden im Zuschauerraum verteilt.

Manche zogen aus dem Fehlurteil den Schluß, daß Geschworenengerichtsbarkeit eben doch nicht am Platz sei. Ich meine, daß der Spruch der Geschworenen besser als Mahnung hätte aufgefaßt werden müssen, einer Auseinandersetzung mit unserer Vergangenheit nicht weiter auszuweichen. Die Geschworenen sprachen mit der Stimme eines Volkes, das nicht zum Nachdenken veranlaßt worden war. Die Justiz hat wieder eine andere Schlußfolgerung gezogen: Es wurden keine weiteren Prozesse dieser Art geführt.

Weil nach wie vor das einschneidendste Kapitel unserer Zeitgeschichte in den Schulen und an den Universitäten nicht ernsthaft behandelt wurde, hatten diejenigen Kreise, welche daran interessiert waren, das nationalsozialistische System zu exkulpieren, es relativ leicht: Immer dreister stellten sie in Frage, ob das, was über Gaskammern und Auschwitz geschrieben wurde und wird, beweisbar sei, ob es sich nicht um krasse Übertreibungen handle. Daß derlei nicht bloß von ehemaligen Nazi-Funktionären verbreitet wurde, die ihrer „großen Zeit" nachtrauerten, sondern von jungen Menschen, die damals noch nicht gelebt hatten, alarmierte uns. Im April 1977 kamen Überlebende der nationalsozialistischen Konzentrationslager aus acht Ländern gemeinsam mit — in der Regel jüngeren — Zeitgeschichtlern in Wien zusammen, weil sie sich durch diese Tatsache noch einmal herausgefordert fühlten.

„Wir sind davon überzeugt", stellten sie in einer Zusammenfassung ihrer Beratung fest, „daß die Generationen, die den Nationalsozialismus nicht selbst kennengelernt haben, gegen die Überreste seiner Ideologie immunisiert werden, sobald sie Kenntnis von den Folgen dieser Ideologie — den Massenverbrechen des Nationalsozialismus — bekommen. Die für die Erziehung der Jugend zuständigen Behörden sorgen im allgemeinen offenbar — wenn auch in den verschiedenen Ländern unterschiedlich — zu wenig dafür, daß entsprechende Informationen vermittelt werden. So wird es der rechtsextremistischen Propaganda ermöglicht, jungen Menschen ein völlig verkehrtes Bild über die jüngste Vergangenheit aufzudrängen. Die Überlebenden nationalsozialistischer Konzentrations- und Vernichtungslager fühlen sich verpflichtet, dieser Propaganda die Tatsachen gegenüberzustellen. Mehr als andere sind sie legitimiert, dies zu tun."

Die Konferenz wurde ermöglicht, weil die österreichischen Ministerien für Wissenschaft und Unterricht die materiellen Voraussetzungen schufen. Ein Vertreter des Unterrichtsministeriums arbeitete mit. Signalisierte das bereits eine klare Änderung in der offiziellen Einstellung, so wurde sie noch deutlicher, als Anton Pelinka und ich — wir beide waren diejenigen Vertreter Österreichs, welche von der Tagung in die Kommission zum Studium des Neofaschismus gewählt worden waren — namens der Konferenzteilnehmer beim Unterrichtsminister vorsprachen. Bereits während der Tagung wurden Zeitzeugen, die an ihr teilnahmen, aufgrund eines ministeriellen Erlasses eingeladen, in Schulen zu diskutieren. Diese Diskussionen verliefen „überaus positiv, das Interesse war groß, die Wissenslücken wurden eindeutig sichtbar, und in mehreren Schulen wurde der Wunsch geäußert, solche Diskussionen fortzusetzen" — so unsere zusammenfassende Beurteilung. Daran knüpften wir bei der Unterredung mit Minister Fred Sinowatz an. Unsere Anregung wurde positiv aufgenommen. Seitdem bietet das Ministerium in jedem Schuljahr den Schulen an, Zeitzeugen aus dem Kreis der Überlebenden der nationalsozialistischen KZ's einzuladen. Bei ähnlichen Interventionen, die Jahre vorher erfolgten, erhielt ich unverbindlich-freundliche Antworten, auch mit dem Hinweis, daß „nur eine verschwindend kleine Zahl von einigen wenigen Jugendlichen — und diese zum Großteil aus kindischem Unverstand und Abenteuerlust" — an neonazistischen Aktionen beteiligt gewesen wären. (So steht es in einer Antwort des Unterrichtsministeriums vom 26. 2. 1960.)

Im Laufe der Zeit bildete sich eine Form dieser Tätigkeit heraus, die am geeignetsten zu sein schien: Die Kommission zum Studium des Neofaschismus stellte einen Stock von Referenten zur Verfügung (der allerdings aus Altersgründen der Zeitzeugen mit den Jahren kleiner wurde). Diese nahmen ihre Aufgabe ernst und diskutierten zur Vorbereitung mit Fachleuten in jährlich abgehaltenen Seminaren Probleme, welche bei den Aussprachen erfahrungsgemäß von Schülern angeschnitten wurden. In den Schulen wurden grundsätzlich zwei Unterrichtsstunden für dieses Thema zur Verfügung gestellt, sodaß ausreichend Zeit zur Fragestellung und Diskussion blieb. Das Institut für Zeitgeschichte an der Wiener Universität und die zeitgeschichtlichen Institute an den anderen österreichischen Universitäten (die in diesen Jahren endlich geschaffen wurden) übernahmen die Vermittlung, das Ministerium alle Kosten. Zur Unterstützung der Vorträge habe ich eine Dia-Serie „Selektion in Auschwitz/Birkenau" zusammengestellt, die Fotos des SS-Chefs des Erkennungsdienstes von Auschwitz aus dem Jahr 1944 enthält. Sie zeigt nicht nur anschaulicher, als es jede Schilderung vermöchte, wie sich eine Selektion dort abgewickelt hat; die Originalaufnahmen sind auch am besten geeignet, jeden Zweifel an der Tatsache der Massenvergasungen in Auschwitz zu zerstreuen. Schließlich wurde nun bereits zum sechsten Mal ein einwöchiges Seminar für Pädagogen zum Thema „Ideologie und Praxis des Nationalsozialismus" abgehalten. Es wird in Linz durchgeführt, da Exkursionen nach Mauthausen und in die ehemalige „Euthanasie"-Anstalt Hartheim in den Arbeitsplan eingefügt sind.

So gewannen wir den Eindruck, das in unseren Möglichkeiten und Kräften Stehende zu tun, damit die Jugend Lehren aus den Geschehnissen der Vergangenheit ziehen könne. Wir hatten freilich nicht die Illusion, daß wir auch nur einen beachtlichen Teil der Schuljugend erreichten; es gab Landesschulräte, welche die Rundschreiben des Ministeriums sabotierten (das hatte sich an den Dienstweg zu halten). Und es gab zahlreiche Schulen, die keinen Zeitzeugen einluden. Stand der Direktor oder ein Teil des Lehrkörpers dem Thema ablehnend gegenüber, so konnten sie nicht gezwungen werden, diese Aktion zu nützen.

In denjenigen Schulen, welche von der Möglichkeit Gebrauch machten, verliefen die Aussprachen in aller Regel erfreulich positiv. Eindeutig widerlegten sie den einen Einwand, der häufig von Älteren gemacht wird: „Für junge Menschen ist das alles Vorvergangenheit. Die wollen davon nichts wissen." Überall war das Interesse groß, häufig mußte die Diskussion verlängert werden, wenn es der Stundenplan zuließ. Wiederholt baten Klassen, die gehört hatten, daß in einer anderen Klasse Zeitzeugen zum Thema „Ideologie und Praxis des Nationalsozialismus" sprachen, auch am Vortrag und der anschließenden Diskussion teilnehmen zu dürfen. Ich konnte beobachten, daß nicht nur diejenigen Lehrer dabei waren, die dazu verpflichtet waren. In der Regel sind sie heute erfreulich jung, gehören nicht der Generation von Pädagogen an, die das Thema scheuen, weil es mit ihrer eigenen Vergangenheit verbunden ist. Oft schalteten sich die jungen Lehrer recht aktiv in die Diskussionen ein, und nicht selten schlossen sich ihnen intensive Gespräche im Konferenzzimmer an.

Eine Erfahrung haben wir im Lauf der Zeit immer mehr berücksichtigt: Es ist weder nötig noch zielführend, alle Einzelheiten zu schildern, die wir erleben hatten müssen. Das Schwergewicht verlegen wir nach Möglichkeit auf das Problem, welche mörderische Ideologie es möglich gemacht hat, daß Tausende an dem Massenmorden mitwirkten, die keineswegs von vornherein als Abartige oder Sadisten bezeichnet werden konnten. Junge sollen so veranlaßt werden, die ideologischen Wurzeln, die auch gegenwärtig spürbar sind, rechtzeitig zu erkennen und sich vor ihnen in acht zu nehmen.

Wir werten es als einen Erfolg, wenn sich die Fragen der Schüler nicht nur auf Einzelheiten beschränken, die mit dem Sterben und Leben in den Lagern zusammenhängen, sondern wenn auch gegenwärtig aktuelle Probleme in die Diskussion einbezogen werden. Ich investierte meine ganze Energie in diese Aktion, und hoffte, meinen Anteil im Aufholen der Unterlassungssünden, die nach 1945 so deutlich waren, geleistet zu haben. Ging es auch langsam vorwärts, so glaubten wir doch, Fortschritte in der Auseinandersetzung mit der Vergangenheit zu registrieren.

Und weil uns klar war, daß unsere Möglichkeiten zeitlich immer enger beschränkt werden, hat sich unsere Gruppe der Überlebenden der KZ's entschlossen, eine Dokumentation auszuarbeiten, die auch einem Skeptischen belegt, was vor 1945 geschehen ist. „Nationalsozialistische Massentötungen durch Giftgas" konnte 1983 im S. Fischer-Verlag erscheinen, 24 Fachleute aus sechs Ländern haben sie zusammengestellt. Für Schulen stellten wir eine Video-Serie her, in der vier Überlebende der Lager, thematisch gegliedert, ihre Erfahrungen und Erlebnisse sachlich schildern. So soll unsere Stimme noch gehört werden, wenn wir selbst außerstande sind, in Schulen zu sprechen.

Dann kam das Jahr 1986 und der Bundespräsidenten-Wahlkampf. Er brachte eine grausame Ernüchterung. Wir mußten zur Kenntnis nehmen, daß Waldheim mit den immer wiederholten und stets mit starkem Beifall bedachten Worten: „Ich habe nur so wie Hunderttausende andere im Krieg meine soldatische Pflicht erfüllt" offensichtlich viele Wähler angesprochen hat; daß nur eine kleine Minderheit bemerkte und dagegen auftrat, daß mit solchen Worten diejenigen als pflichtvergessen beschimpft wurden, welche sich dem Zwang, in Hitlers Armee dienen zu müssen, entziehen wollten — sei es als Deserteure oder Partisanen, sei es wie Jägerstätter mit todesmutiger Weigerung. Als pflichtvergessen müßten dann auch diejenigen Österreicher abqualifiziert werden, die sich am 20. Juli 1944 gemeinsam mit anderen Offizieren bemüht hatten, das nationalsozialistische Regime zu stürzen, akzeptiert man Waldheims Wahlslogan.

Und in diesem Wahlkampf zeigte es sich erschreckend deutlich, wie lebendig Antisemitismus in Österreich geblieben ist. Namhafte Politiker bezeichneten Juden als „ehrloses Gesindel", nicht nur in der „Kronen-Zeitung" schrieben sattsam bekannte Kolumnisten in ähnlichem Sinn; die stellvertretende Chefredakteurin der „Presse", die sich gern als seriöses Weltblatt bezeichnet, griff zum Vokabular der Nationalsozialisten. Ilse Leitenberger schrieb vom „Weltjudentum".

Mehr als vier Jahrzehnte nach der Zerschlagung des Nationalsozialismus steht die Vergangenheit gespenstisch deutlich vor uns. Waren alle unsere Bemühungen vergeblich, nur frommer Selbstbetrug?

Die österreichische Lebenslüge, die da lautet: „Wir sind 1938 besetzt worden, wir sind 1945 befreit worden, was dazwischen geschehen ist, dafür können wir nichts" hat ihre Kraft erschreckend deutlich bewiesen. Sie wurde die ganzen Jahre hindurch mit Fleiß von Politikern aufgebaut. Und nur zu gern spricht man sie nach. Selbst sich seriös gebende Autoren sprechen von der „Stunde Null" im Jahr 1945; als ob es vorher nichts gegeben hätte, was uns Österreicher betrifft. Damit wird jedes Nachdenken, jede Auseinandersetzung erspart. Glaubte man, sich billig darüber hinwegschwindeln zu können? Wie teuer muß vier Jahrzehnte später die Aufrechterhaltung dieser Lebenslüge bezahlt werden!

Wie grundverlogen dieser „österreichische Schmäh" ist, entlarvt schon die Alltagssprache. Mit Mühe zwingen sich Journalisten Anführungszeichen ab, wenn sie vom „Anschluß" schreiben. Im allgemeinen Sprachgebrauch ist davon nichts zu hören: „1938 gabs den Anschluß", sagt man im allgemeinen ohne irgendeine einschränkende Hinzufügung. Und wer bezeichnet das Jahr 1945 als das unserer Befreiung? Man spricht vom Zusammenbruch. Fragt man einen Österreicher, wann unser Land von fremden Armeen besetzt war, so bekommt man mit Sicherheit die Antwort: „Von 1945 bis 1955". Daß wir seit 1938 von einer ausländischen Macht besetzt waren, wird nicht registriert.

Daß Adolf Hitler — übrigens ein Österreicher, woran zu erinnern nicht üblich ist — in Deutschland Reichskanzler werden konnte, haben die Deutschen zu verantworten. Daß aber diese politische Modeströmung zum Faschismus von der österreichischen Regierung genützt wurde, um wenige Monate später aus formalem Anlaß auch bei uns die Demokratie abzubauen, wird nicht gern in diesem Zusammenhang gesehen. Schuschnigg hat Österreich Gottes Schutz empfohlen, als Hitler einmarschierte. Wären damals Brücken gesprengt und Barrikaden errichtet worden, hätte zwar dieser Einmarsch nicht verhindert werden können; er hätte aber nicht den Charakter eines Triumphzuges gehabt, den die Österreicher ihm mit Jubel und Blumen gaben. Österreichische Polizisten hatten bereits am 11. März 1938 eine Hakenkreuzbinde umgestreift, die sie vorsorglich in der Tasche bereit hatten. Ihre Karteien und die Akten der österreichischen Justiz ermöglichten die Massenverhaftungen unmittelbar nach dem 11. März. Was dann den Juden geschah, das taten Österreicher. Und sie „arisierten". In der „Kristallnacht" haben Österreicher die Synagogen angezündet und Juden ermordet.

Solche Fakten — und man kann unschwer weitere anführen — widerlegen die österreichische Lebenslüge, daß wir für die Geschehnisse in den Jahren 1938 bis 1945 keine Mitverantwortung tragen. Und was der deutschen Wehrmacht im Krieg Hitlers angelastet wird, belastet auch Österreicher, die zu dieser Wehrmacht eingezogen worden waren. Ist es nicht das krampfhafte Übertönen eines Schuldgefühls, das so viele lauthals „Bravo" schreien und klatschen ließ, wenn Waldheim pathetisch seinen Stehsatz von der „soldatischen Pflichterfüllung" verkündete?

Wie sehr all das bei Alten verdrängt, bei Nachgeborenen unbekannt geblieben ist, hat uns das Jahr 1986 gelehrt. Auch wir haben in unseren Diskussionen mit Jungen dem offenbar zu wenig Gewicht verliehen, wie wir nun wissen. Wohl haben wir auf Kaltenbrunner, Seyss-Inquart, Globocnik und andere Österreicher verwiesen, wenn wir von den Massenverbrechen der Nationalsozialisten berichteten, aber die unzähligen Kleinen, Namenlosen, die ja erst die Atmosphäre schafften, welche die Verbrechen möglich machte, blieben in der Regel unerwähnt. Übrigens: Als ich in Kärntner Schulen nach der Bundespräsidenten- und der Nationalratswahl fragte, wer Globocnik war, konnte kein Schüler antworten. Und ich fürchte, auch die Lehrer wußten nicht, was dieser Kärntner Altnazi in den Vernichtungslagern Ostpolens verbrochen hat. Auch der Name seines Stabsführers, des Kärntners Ernst Lerch, war niemandem bekannt. Daher wußte auch niemand, daß ein Verfahren gegen ihn auf Antrag der Staatsanwaltschaft eingestellt worden war.

Das ist die Realität. Und die andere Seite dieser bitteren Wahrheit: Wie oft müssen wir erfahren, daß ehemalige Widerstandskämpfer und Opfer des nationalsozialistischen Regimes scheel angesehen werden. Als sich unsere Regierung für den Staatsvertrag einsetzte, wurde der österreichische Widerstandskampf eifrig hervorgehoben; galt es doch, die Bestimmungen der Moskauer Deklaration zu bedenken, die besagten, daß Österreich danach gemessen werden würde, welchen Beitrag seine Bürger im Kampf gegen das nationalsozialistische Regime geleistet hätten. Sobald der Staatsvertrag abgeschlossen war, waren die Widerstandskämpfer uninteressant. Diese kleine Minderheit fiel bei Wahlen nicht ins Gewicht. Dort, wo der Widerstand am aktivsten und effektivsten gewesen war — in dem Teil Kärntens, in dem unsere Kärntner Slowenen leben —, wurde die Stimmung gegen diese Minderheit beschämend stark angeheizt. Und keine politische Gruppierung kann sich davon freisprechen. Ich kann auch nicht vergessen, welche Antwort ich erhielt, als ich einmal eine in Wien lebende Zigeunerin, die glücklicherweise Auschwitz hatte überleben können, bat, in einer Fernsehsendung das Schicksal der Zigeuner in diesem Vernichtungslager zu schildern. „Nein, ich gehe nicht ins Fernsehen", erwiderte sie, „ich habe in einem Wiener Betrieb eine gute Stelle. Erfährt man dort, daß ich Zigeunerin bin, so gehts mir schlecht."

Nach 1986 kann niemand abstreiten, wie erschreckend stark sich die Unterlassungssünden der Vergangenheit rächen. Ist es nicht symbolisch, daß unsere Regierung zwar einen Nationalfeiertag proklamiert hat, daß dieser jedoch mehr für Fitmärsche als für ein Erinnern und Überdenken der jüngsten Vergangenheit genützt wird?

Für uns Zeitzeugen — wie wir nun genannt werden — bedeutete das Jahr 1986 einen Schock. Wir haben aber deswegen nicht resigniert. So lange wir dazu imstande sind und so lange die Möglichkeit dazu erhalten bleibt, werden wir Gespräche mit der jungen Generation suchen. Aber daß andere sie nicht als eine Art Alibi betrachten und uns dabei allein lassen dürfen, jungen Menschen behilflich zu sein, für sich Schlußfolgerungen aus dem dunkelsten — und daher wichtigsten — Kapitel der Zeitgeschichte zu ziehen, muß jetzt jedem Verantwortungsbewußten deutlich sein. Wehe, wenn irgendwelche kurzsichtigen wahltaktischen Überlegungen diese Erkenntnis verdrängen!

Es geht nicht in erster Linie darum, das Ansehen Österreichs wiederherzustellen, das im vergangenen Jahr einen Tiefstand erreicht hat, so wichtig das auch ist. Es geht vor allem um unsere Jugend, die nicht von denen verdorben werden darf, welche zu ihrem politischen Nutzen die österreichische Lebenslüge wachhalten. Mehr als vorher bange ich um unsere Zukunft, die uns in den schlimmsten Jahren unserer Geschichte am Herzen gelegen ist und die uns auch heute sehr am Herzen liegt.

Diese Zeilen sind sehr persönlich geworden. Ich hoffe, daß die Ursache dafür verständlich ist, und daß es ihnen nicht nur zum Nachteil gereicht.

Thomas Pluch

MODELLFALL KÄRNTEN

Fallstudie Thomas Pluch: Kurze Zeit nach meiner Geburt im Juli 1934 wurde mein Vater, damals Arbeiterkammersekretär in Klagenfurt, im Verlauf austrofaschistischer Razzien verhaftet; auch den Nazis war er zehn Jahre später politisch so verdächtig, daß sie ihn nach Dachau schickten. Meine Mutter war politisch zwar nicht verfolgt, aber durch ihre slowenischen Vorfahren immerhin geprägt.

Diese knappen Angaben zu meinem Stammbaum sollten nur das Meinungsklima beschreiben, in dem ich aufgewachsen bin: es war entschieden antifaschistisch und antinationalistisch. Als ich 1956 die erste Fassung meiner Dissertation über den Kärntner Abstimmungskampf 1919/20 abgab, strotzte diese trotz allem von nationalistischen Vorurteilen, wie sie sich seit Generationen in Kärnten fortpflanzen.

Wie ist das möglich?

Die Suche nach einer Antwort hatte schon begonnen, als ich für die erweiterte zweite Fassung der Dissertation die historischen Originalakten des Kärntner Heimatdienstes durcharbeitete (die bis heute unter Verschluß gehalten werden!) und zu einem ganz anderen Bild der Kärntner Schicksalsjahre gelangte.

Die Suche nach einer Antwort dauert übrigens noch an, denn im unwegsamen Gelände der öffentlichen Meinungsbildung stößt man wohl häufig auf Spuren, die einen jedoch so gut wie nie an ein Ziel bringen.

Zwei wichtige Ergänzungen: Mitte der fünfziger Jahre, als ich an meiner Dissertation arbeitete, gab es zwischen den Volksgruppen in Kärnten keinen auffälligen Streit, wie überhaupt die Nachkriegszeit den Eindruck erweckte, Hitler habe auch hier den Chauvinismus ein für alle Mal in Verruf gebracht. Die offizielle Lesart des Minderheitenproblems, wie sie der damalige Landeshauptmann Wedenig überall vertrat, betonte vor allem die Verpflichtung zur Wiedergutmachung. Der österreichische Staatsvertrag von 1955 schrieb diese Verpflichtung auch fest.

Die zweite Ergänzung: Bei der ersten Fassung meiner Dissertation stützte ich mich hauptsächlich auf das Standardwerk über den Abwehrkampf von Martin Wutte. Das Ergebnis meines Quellenstudiums für die zweite Fassung war nicht etwa die Aufdeckung von Fälschungen in Wuttes Buch — sein Faktenmaterial war durchaus stichhältig. Was sich gegenüber der ersten Fassung geändert hatte, war nur die Optik. Wie man aus der Fotografie weiß, ergibt sich aus der Wahl des Ausschnittes von einem Motiv, aus dem verwendeten Objektiv und der Vorsatzlinse erst die Charakteristik eines Bildes: Bei gleichbleibenden Konturen verschiebt sich der Aussagewert.

✳

Warum fühlte ich mich aber a priori in der Optik Wuttes so heimisch? Warum regte sich, trotz des differenzierteren politischen Mikroklimas in meiner Familie, nicht der Hauch eines Mißtrauens gegen diesen Chronisten, einen Bannerträger deutschnationalen Selbstbewußtseins in Kärnten?

Eine rückblickende Gewissenserforschung wird zuerst in einem vagen Gefühl des damals Zwanzigjährigen fündig, er könne stolz auf Kärnten sein. Nahezu erhob er selbst Anspruch auf eine Sonderstellung, weil er einer Volksgruppe angehörte, die historisch Außergewöhnliches geleistet hatte. Er fühlte sich eingebunden in ein Gemeinschaftserlebnis mit einem glücklichen Ausgang und in das Selbstwertgefühl, es sei nicht nur Glück, sondern auch der eigene edle Charakter gewesen, der diesen Ausgang herbeigeführt habe. Was aber ist praktischer als so ein edler Volkscharakter? Man bekommt ihn in die Wiege gelegt und hat damit schon ein Selbstbewußtsein, bevor einem noch bewußt geworden ist, wer man selbst ist.

Kaum ein Kärntner, der von dieser historischen Serviceleistung nicht gerne Gebrauch macht. Dies auch in Zeiten, da der Nationalstolz keine besondere Konjunktur hat. So war es z. B. selbstverständlich, daß mein Vater, in der ersten Nachkriegszeit zu einem deklariert sozialistischen Klagenfurter Honoratior aufgestiegen, bei festlichen Anlässen öffentlich den Kärntner Anzug trug. Wenn ich mich recht erinnere, war er sogar Träger des Abwehrkämpferkreuzes, das ihm als Angehörigem einer 1918 nach Kärnten verlegten und gegen die südslawischen SHS-Truppen einsatzbereiten — freilich nie eingesetzten — Einheit verliehen worden war.

Obwohl offiziell kein Gesprächsthema, führte der Abwehrkampf auch nach 1945 in seinen Symbolen und Parolen weiter ein ausschweifendes Eigenleben. Ich erinnere mich an Geschäftslokale und Privatwohnungen, in denen Plakate aus dem Abstimmungskampf der Blickfang waren: die stämmige Vaterfigur mit buschigem Schnauzbart, vom Scheitel bis zum markanten Kinn vertrauenerweckend, mit einer gütigen Mahnung im Blick, und dazu der passende Plakattext „Bleib der Heimat treu". Dieser Mann hatte offensichtlich die Kompetenz, einem das Himmelreich zu versprechen, sofern ihm nur gefolgt werde.

Ganz anders die Bildsprache auf einem anderen überlieferten Plakat: scharfkantige, schiefmäulige Serbenvisagen — den begehrlichen Blick auf ganz Kärnten gerichtet —, das verursachte auch dem nachgeborenen Betrachter noch Gänsehaut. Angesichts solcher Figuren rückt man zusammen, sucht Schutz in der Gemeinschaft. Im optischen Vergleich konnte diese Gemeinschaft nur aus den

Söhnen des Lichts bestehen, inkarniert in den Deutschkärntnern, die den Mächten des Bösen, den Südslawen, die Stirne boten.

Solche Kontrastsignale konnte der Halbwüchsige überall auf dem grauen Meinungsmarkt empfangen, wiewohl es in der veröffentlichten Meinung damals keine Schwarzweißmalerei mehr gab. In der Schule war das Thema tabu. Aber es wurde sozusagen zwischen den Zeilen unterrichtet. Z. B. wurde die Landeshymne mit dem schwülstig-selbstbeweihräuchernden Text (als Beispiel nur die Zeile „. . . wo Männerehr und Frauentreu die Grenze schrieb mit Blut auf's neu . . .") in der Schule nicht gelehrt, wohl aber die ebenso schwülstige „Hymne an Kärnten", eine zeitgenössische Komposition eines Harmonielehreprofessors am Klagenfurter Konservatorium.

Ein Schlüsselerlebnis aus jener Zeit: Im Klagenfurter Gymnasium gab es obligatorischen Slowenisch-Unterricht, was selbstverständlich von der Mehrheit der Eltern — nicht der Schüler, für die jede Fremdsprache auf gleiche Weise belästigend war — als eine nationale Schande empfunden wurde. Aber die Zeiten, die war'n nicht so — weshalb die Zähne zusammengebissen wurden, hörbar freilich, aber mit Seitenblick auf Besatzungsmacht und noch mangelhafte staatliche Souveränität doch konsequent. Bis eines Tages unser Professor für Slowenisch, ein Kärntner Slowene, einen in unserer Klasse gebildeten Chor zur musikalischen Umrahmung der slowenischen Stunde von Radio Klagenfurt „mißbrauchte". Nur wenige Mitglieder dieses Chores waren slowenischer Herkunft, der überwiegende Teil hatte „edles deutsches Blut" in seinen Adern fließen. Diese Demütigung deutscher Jünglinge konnten, trotz widrigster Umstände, die Eltern nicht ertragen. Es bildete sich ein Komitee aus Vätern, das zuerst dem Schuldirektor und dann dem Landesschulrat sein „Bis hierher und nicht weiter!" vortrug. Mit Erfolg. Nach zwei Auftritten wurde der „Mißbrauch" abgestellt.

Wir Schüler waren zuerst eher stolz gewesen, im Rundfunk auftreten zu dürfen. Daß dies ein Grund zum Schämen sei, ging uns erst angesichts unserer aufgeregt-empörten Väter auf. Und blieb unserem Bewußtsein eingekerbt. Ebenso wie das Geraune der Erwachsenen über den wirtschaftlichen Ausverkauf an Tito-Jugoslawien; etwa die düstere Prognose des Vaters eines Schulfreundes, nachdem es jetzt schon eine jugoslawische Bank und ein jugoslawisches Hotel in Kärnten gebe, werde auch das Regierungsgebäude bald jugoslawisch sein.

Der Glücksfall, mit einer historischen Aufgabe — dem permanenten Abwehrkampf — aufzuwachsen: in Kärnten ist er der Normalfall. Das macht Kärnten auch zum Modellfall für den Nationalismus und dessen anhaltender Erfolgsträchtigkeit in unserer Epoche der globalen Probleme, die längst übernational geworden sind und meist schon interkontinentale Dimensionen angenommen haben. Und Kärnten ist dadurch auch als Spezialfall österreichischer Vergangenheitsbewältigung anzusehen, da hier eine Lieblingsidee Hitlers — die von der

Wertigkeit und fast schon Schuldhaftigkeit der nationalen Zugehörigkeit (das Über-Untermenschenschema) — noch immer auf fruchtbaren Boden fällt.

∗

Herzstück des Nationalismus war und ist ein Mythos — eine große, sinngebende Erzählung, die meistens nur mehr in einem sehr vagen Zusammenhang zum auslösenden historischen Ereignis steht. In Kärnten rankt sich der ideologiestiftende Mythos um die zunächst militärische und dann propagandistische Abwehr der Besitzansprüche Jugoslawiens auf Teile des Landes nach Auflösung der österreichisch-ungarischen Monarchie. Das Allgemeinwissen über die Geschichte der beiden Schicksalsjahre Kärntens 1919/20 ist unter den Kärntnern (auch den älteren) sehr gering. Was indessen allgemein gewußt wird, was man jeden Kärntner im Schlaf abfragen kann, ist der Ausgang des deutsch-slawischen Streites: Die deutsche Sache siegte! (De jure die österreichische, de facto — im Sinne der tatsächlichen Konfrontation — die deutsche.)

Das Selbstwertgefühl der deutschsprachigen Kärntner geht also von einem Bonus aus — im Mensch-ärgere-dich-nicht-Spiel würde es heißen: Rück schon bei der Geburt zwei Felder vor. Der Slowene hingegen setzt wegen seiner Abstammung von Haus aus einmal beim Würfeln aus.

Darin ist das Geheimnis der Widerstandskraft des Nationalismus gegenüber Aufklärung und Vernunft zu suchen: Das Erfolgserlebnis, das ein jeder zur Entwicklung seiner Persönlichkeit braucht, wird innerhalb der Gruppe quasi brüderlich geteilt und kann auch auf dem Erbwege weitergegeben werden. Der einzelne erspart sich dadurch allerhand Risken, z. B. das Sich-Messen am anderen, bei dem man ja auch selbst den kürzeren ziehen könnte. Das „Trau di . . .!“, „Bist eh z'feig . . .!“, das „Amol noch, und . . .!“, mit dem die Pubertätlinge aller Altersklassen normalerweise sich selbst und der Umwelt ihr Kraftlackeltum beweisen müssen, weil ein gesundes Selbstbewußtsein angeblich danach verlangt, wird durch den nationalistischen Mythos einmal für alle(mal) formuliert.

Drehpunkt dieser Psychologie ist freilich die Existenz desjenigen, der den kürzeren zieht. Deshalb gerät der Nationalist zu seinem Feindbild in eine perverse Abhängigkeit. Im Notfall malt er es selbst in den düstersten Farben, auch dann, wenn es den Feind schon gar nicht mehr gibt. Am liebsten ist es ihm freilich, wenn es den Feind zwar gibt, wenn dieser aber von vornherein der Unterlegene ist, entweder infolge von psychisch-materieller Behinderung oder zahlenmäßiger Minderung. Eine weitere Steigerung des Selbstwertgefühls stellt sich ein, wenn der auserwählte Prügelknabe zwar schwach, aber frech ist. Mit dieser Idealkombination kann der Deutschnationalismus in Kärnten rechnen.

∗

Die Heroisierung seiner selbst mit Hilfe der Demütigung eines anderen — dieser gruppendynamische Prozeß ist in Kärnten noch in vollem Gange. Haiders markig-markante Sprüche (z. B.: „Kärnten wird nur frei sein, wenn es ein deutsches Land wird“, und „Die vornehmste Aufgabe ist die Abwehr von Bestrebungen, die

20

auf die Loslösung Österreichs vom Deutschtum gerichtet sind") sind nur die überregional sichtbare Spitze eines ganzen Eisberges an schiefem Bewußtsein. Noch in der Oktoberausgabe des vergangenen Jahres zitierte die Monatsschrift „Kärntner Landsmannschaft" aus einer Rede von Major Kohla, einem prominenten Abwehrkämpfer: „Das flammende Feuer der Heimatliebe ist seit dem Abwehrkampf in uns nicht erloschen. Wir wollen es als leuchtende Fackel den Jüngeren unseres Volkes weitergeben." Etwa 20 Seiten weiter hinten stößt man in diesem Heft auf den Titel: „Der Partisanenkult — das größte Hindernis für ein friedliches Miteinander". Dies in einer Monatsschrift, in der es die ständige Rubrik „Volkstumsfragen" (vormals „Grenzland sei wachsam!") gibt, worin der Abwehrkämpferkult im Sinne Kohlas auf den jeweils aktuellen Stand gebracht wird.

Dabei ist die „Landsmannschaft" noch eine zivile Form der nationalistischen Presseprodukte, verglichen etwa mit der militanten Gratiszeitung (Herausgeber Kärntner Heimatdienst) „Ruf der Heimat" oder dem Pressedienst „Südmark" (seit neuestem „Südpress"). Aber auch im Zentralorgan der FPÖ, „Kärntner Nachrichten", tönt es sehr „teutsch": „Als Führer benahm sich Hitler stets wie ein Ehrenmann", und „Die Behauptung, in den Konzentrationslagern seien an die 6 Millionen Juden umgebracht worden, entpuppt sich immer sicherer als eine ungeheure Lüge", hieß es hier rund 40 Jahre nach dem Krieg.

Solche Opinion-leaders haben natürlich auch die entsprechende Gefolgschaft. Ein Klagenfurter Universitätsprofessor wurde wegen seiner entschiedenen Ablehnung der Sprachentrennung in den Schulen in einem Leserbrief Ende 1986 mit „Sie antideutscher Volltrottel, man sollte Sie fristlos ohne Bezüge aus der Uni hinauswerfen!" beschimpft, und in einem anderen Leserbrief zum selben Thema wurde noch präziser die höchste deutschnationale Idee formuliert: „Sie sind doch ein deutscher Mensch, wieso arbeiten Sie dann gegen Ihr eigenes inneres Wesen für das Fremde — das ist doch nicht natürlich." Und beim „alljährlichen, auf dem Ulrichsberg stattfindenden Friedenstreffen ehemaliger Kriegsteilnehmer" (so genannt von „Südpress") wurde von den Teilnehmern ein Transparent hochgehalten: „Was am meisten beschämt, Lumpen beweisen zu müssen, daß man ein anständiger Soldat war" (September 1985).

Solche Highlights im Pandämonium unbewältigter Vergangenheit werden von einer Mehrheit in Kärnten zwar mit Kopfschütteln aufgenommen, aber eben doch hingenommen. Und das ist es vor allem, was das Kärntner Klima so ungesund macht. Narren und Psychopathen gibt es überall. Daß solche Narren aber unwidersprochen den Ton angeben dürfen, das ist eine Kärntner Besonderheit. Abgesehen von ein paar Protestschreiben von Klagenfurter Universitätslehrern und einigen Ermahnungen durch Kirchenvertreter hat es in den vergangenen Jahrzehnten in Kärnten keinen öffentlichen Widerstand gegen deutschnationalistische Entgleisungen gegeben, weder durch einzelne noch durch Vereine noch durch die Parteien.

✳

1983 wurde der dritte Teil der ORF-Produktion „Dorf an der Grenze", zu der ich das Drehbuch geschrieben hatte (Regisseur Fritz Lehner), ausgestrahlt, also jener Teil der „Kärntensaga", der sich mit dem sogenannten Ortstafelkrieg des Jahres 1972 beschäftigt. Nach der Sendung schäumte nicht nur Haider („Das übelste Machwerk"), sondern natürlich auch der „Ruf der Heimat", es handle sich um einen „TV-Film, der vom kommunistischen Ausland gelenkt und gegen die westlich-demokratische Gesellschaftsordnung gerichtet ist". Eine derart lächerliche Übertreibung, die den ORF Bachers als kommunistisch gelenkt hinstellte, hätte von den etablierten demokratischen Kräften auf ihren Platz — den des politischen Außenseitertums — verwiesen werden müssen.

Was aber geschah wirklich?

Die demokratischen Parteien waren nicht etwa nur Zaungäste einer Haßorgie hart am Rande einer Pogromstimmung — was auch schon schlimm genug gewesen wäre —, sie waren, allen voran die regierende sozialistische, sogar die Einpeitscher der chauvinistischen Parolen. Der Heimatdienst, Nachfolgeorganisation deutschnationalistischer Bünde, hatte zwar den Mund zum Protestgeheul schon aufgerissen, aber da hatte der Chor der Demokraten bereits unisono und fortissimo eingesetzt, so daß den Extremisten der Marsch, den sie mir blasen wollten, im Halse stecken blieb.

Ich will mich nicht naiver stellen, als ich bin. Ich bin mit der Praxis der politischen Macht so weit vertraut, um einzusehen, daß hier Wind aus den Segeln genommen werden sollte. Übrigens auch mit der wirklich unerhörten Verdächtigung, der Wind wehe aus einer bestimmten Richtung. Was im Bücherverbrennungsdeutsch heißen würde, ich stünde im Solde einer ausländischen Macht und betriebe gedungene, gezielte Volkszersetzung.

Unter vier Augen wurde mir auch schulterklopfend Aufklärung zuteil: Wenn man in Kärnten an der Macht bleiben wolle, müsse man eben mit den Wölfen heulen; natürlich sei dieses Geheul eigentlich ein Hohn auf alles, was sozialistische Gesinnung ausmache; und — „ganz unter vier Augen" — selbstverständlich entsprächen im großen und ganzen die Vorkommnisse im „Dorf an der Grenze" auch den historischen Gegebenheiten, ein paar filmische Kraßheiten ausgenommen. Die Lippenbekenntnisse in Richtung nichtsozialistisches Wählerpotential seien zwar oft peinlich, aber eben notwendig. So sei das halt in einer Demokratie, wenn man politische Macht anstrebe. Und die brauche man, um seine politischen Ziele durchsetzen zu können.

Hier stocke ich nun. Auch wenn ich in Kauf nehme, daß unter dem Strich dieser Milchmädchenrechnung der Pragmatiker ein Pluch als unfreiwilliger Prügelknabe übrigbleibt, kann die „Unter-vier-Augen"-Logik nicht stimmen. In Kärnten z. B. hätte es zu den politischen Zielen, die an die Macht gekommene Sozialisten durchsetzen hätten müssen, unbedingt gehört, daß man endlich mit dem perversen, unzeitgemäßen, hysterischen deutschnationalen Getue um eine nur mehr zwei bis drei Prozent starke slowenische Minderheit Schluß macht und dafür ein geistiges Klima der Solidarität mit dem sozial Schwächeren schafft, auch wenn dieser in seinem Winkel, in den er gedrängt worden ist, manchmal unverhältnismäßig wild um sich schlägt.

Was aber tun die an die Macht gekommenen Sozialisten in Kärnten? Sie erzeugen ein Klima deutschnationaler Hysterie. Wozu sind sie also an die Macht gekommen?! Damit sie zusätzlich noch Autoren einschüchtern und nach obrigkeitlicher Zensur und inquisitorischen Ruhe- und Ordnungsmaßnahmen rufen können? Dazu gibt es Sozialisten an der Macht?!

Die Tage und Wochen nach der Ausstrahlung des dritten Teiles von „Dorf an der Grenze" bescherten mir ein Urerlebnis: Ich war zum ersten Mal das Wild in einer Medienhetzjagd.

Seit ich einen Beruf ausübe, habe ich mit Medien zu tun: mit Zeitungen vor allem, aber ebenso mit dem Hörfunk, Fernsehen, mit Büchern. Dabei bin ich oft genug zwischen die Fronten geraten. Das heißt: Ich war Schreibtischtäter und Schreibtischopfer in einer Person. Jahrelang war ich Theater-, Film- und Fernsehkritiker und habe dabei die ganze Ohnmacht ausgekostet, die in der Besserwisserei des analysierenden gegenüber dem schöpferischen Menschen verborgen ist. Und als Autor von Theaterstücken und Fernsehspielen habe ich — gleichzeitig und hernach — die ohnmächtige Wut empfunden, um die der schöpferische Mensch nicht herumkommt, wenn er sich unverstanden fühlt.

Zum ersten Mal im Verein mit den Kärnten Slowenen zum Opfer einer medialen Treibjagd geworden, vermochte aber auch der erfahrene Journalist nicht mehr zu unterscheiden zwischen der am Schreibtisch kalkulierten Empörung der Zeitungen und dem Haß, der aus der Tiefe der Seele kommt. Der von den Medien Angeprangerte, Verurteilte oder Gehetzte abstrahiert nicht, berechnet nicht den Zynismus des Meinungsmachergewerbes, er empfindet die psychische Gewalt ganz unmittelbar. Schon oft genug entpuppte sich so journalistische Routinearbeit als ein Dolch im Gewande der öffentlichen Meinung, durch den schwer heilende Wunden entstehen, nicht nur seelischer, auch materieller Natur.

Freilich: Was wir heute in unseren politischen Breitengraden erleben, ist eine relativ zivile Version des Medienterrors. Ein Blick zurück auf die Mitte unseres Jahrhunderts wird uns das schlagartig erkennen lassen. Die katastrophalen Anfangserfolge der Nazis wurzelten in der Hauptsache in der perfekten Beherrschung der Massenbeeinflussungsmittel jener Zeit: Radio, Zeitungen, Versammlungen. Diese Medien wurden wie Infusionsspritzen gehandhabt, um der Öffentlichkeit Aufputschmittel zu injizieren. Im Rauschzustand erlebte die Masse die glückhafte Illusion eines maßlos gesteigerten Selbstbewußtseins. Und wie bei jeder Droge entstand bald ein Abhängigkeitsverhältnis, das die Dealer der öffentlichen Meinung geschickt auszunützen wußten. Sie erhöhten die Dosen, bis die Beziehung zur Wirklichkeit vollends verlorenging. Derart paralysiert, waren die nach immer neuen Parolen Süchtigen bald bereit, die Schlagwörter und Schlagzeilen wörtlich zu nehmen und sie in physische Schläge umzusetzen. Sie sanken zu willenlosen Werkzeugen — oft Marterinstrumenten — der politischen Machthaber herab.

Die Kärntner Slowenen gehörten damals zu den Gemarterten. Bis heute tragen sie aus dieser Zeit alte Wunden. Daß diese nicht ganz vernarben, darum sind neben den schon hervorgehobenen publizistischen Hetzprodukten auch die demokratischen Zeitungen in Kärnten besorgt, mit besonderem Eifer die „Kärntner Tageszeitung", Zentralorgan der SP Kärnten, und die christlich-liberale „Kleine Zeitung".

✳

Gemessen an der Drastik der sogenannten „historischen Begebenheiten" ist das Schicksal der Kärntner Slowenen nur eine Dorfgeschichte zu nennen. Im Weltendrama geben sie höchstens die Randfiguren der Handlung ab: Sie erhöhen und beleuchten mit ihren Auf- und Abtritten den Lebenskampf der Heldengestalten, und sie buckeln sich zur Stufenleiter, auf der man geschichtliche Größe erlangt.

Die Kärntner Slowenen haben sich allzeit durch die historischen Daten geschlichen, freilich nicht auf die listige Manier ihres böhmischen Gevatters Schwejk, sondern wie geprügelte Hunde. Es ist eine stille, nicht artikulierte Tragödie, die sich mit diesem Bauernvolk vollzog und noch vollzieht. Die nationale Selbstfindung im 19. Jahrhundert und das Sich-der-Geschichte-Stellen im Freiheitskampf gegen Hitler verbrauchte die noch vorhandene Substanz, anstatt sie neu zu schaffen. Der „Infight" mit den Nazis aller Epochen konnte gar nicht ohne mörderische Wirkung bleiben. Man kann sich kein einprägsameres Beispiel für die Erduldung von Geschichte vorstellen, in dem sich die Masse in der Rolle des „Menschenmaterials" wiedererkennen kann. Im charismatischen Zugriff der Akteure der Geschichte werden Millionen Kehlen zugeschnürt, ohne daß der Würger jemals in das Gesicht des Gewürgten schaut. Dieser braucht nur große Worte zu machen, um jenem den Atem zu nehmen.

Freilich: Nicht immer steht rot im Kalender der Geschichte. An den schwarzen Tagen schickt das Schicksal keine Herolde voraus.

So war auch das langsame Sterben der slowenischen Kultur in Südkärnten in den vergangenen 40 Jahren nur in Ausnahmefällen (Schulstreit, Ortstafelkrieg) vom Trommelwirbel begleitet. Im Alltag entstand der Eindruck organischen Siechtums. Das Fernsehen — gewiß keine Erfindung der Nationalisten — spielte unwissentlich und unfreiwillig den Henkersknecht. Die Konfektionssprache, die in der Fernsehunterhaltung vorgibt, ein Verständigungsmittel zu sein, ist die Eintrittskarte in den Himmel des täglichen Vorabend- und Hauptabendvergnügens. Ohne Deutsch wird im ORF-Bereich niemand selig, er ist als Außenseiter des obligaten Amüsierbetriebes abgestempelt. Was Neil Postman, der US-Kommunikationsökologe, im übertragenen Sinne meinte, bei den Kärntner Slowenen trifft es wortwörtlich zu: Sie amüsieren sich — als Volksgruppe — vor dem Bildschirm zu Tode. ORF und Staat nehmen es achselzuckend zur Kenntnis.

✳

Nicht ein jeder Achselzucker im Publikum ist nur Publikum. Es gibt genug Drahtzieher unter ihnen. Z. B. die Wissenschaftler samt ihrer Objektivität und Wertfreiheit.

Mag sein, daß sie von sich selbst den Eindruck hatten, neutral zu sein, aber was die Geschichtsschreiber des 20. Jahrhunderts in Kärnten zustandebrachten, war ein wesentlicher Beitrag zum Sterben der Slowenen. Ein Schumy, ein Steinacher und der schon erwähnte Wutte lieferten die Dramaturgie für jenen deutschnationalen Mythos, der in Kärnten gut und böse nach den zwei Landessprachen scheidet. Wen wundert's, daß die Slowenen ihre geschichtlich-mythische Erblast nicht länger tragen wollten: Nach dem Sieg des „guten Deutschen" im Jahre 1920 fielen mehr als 50 Prozent von ihrem Volke ab — 1910 waren es noch 82.000 gewesen, 1923 nur mehr 37.000.

Es gibt noch einen zweiten Mythos — den des friedlichen Nebeneinander. Er ist, wie jeder Mythos, eine Paraphrase auf etwas historisch Wahres. Im 19. Jahrhundert gab es mitten im aufkeimenden Nationalismus in Kärnten eine Blütezeit der Toleranz, Hochachtung und Neugierde auf die andere Kultur. Vinzenz Rizzi (1816—1856) auf deutschsprachiger und Andreas Einspieler (1813—1888) auf slowenischer Seite, beide Herausgeber von Zeitschriften, machten das Selbstverständlichste von der Welt: sie wollten im Umgang mit dem Andersartigen ihren Horizont erweitern.

In der Mythologie ist daraus das Schulterklopfen gegenüber der Minderheit geworden, das dieser meist die Rede verschlägt. In der Schrift „Das gemeinsame Kärnten" (1975) heißt es in einem Beitrag von Landeshauptmann Leopold Wagner, ihm liege an „. . . einer weltoffenen Sprachenpolitik, die die Zweisprachigkeit Kärntens nicht als Last empfindet, sondern als Chance zu fruchtbaren kulturellen und ökonomischen Möglichkeiten". Und auch der damalige FP-Obmann Oskar Huber meldete sich im „Gemeinsamen Kärnten" mit dem Satz zu Wort: „Der slowenischen Volksgruppe soll die Gewißheit der Erhaltung und Pflege ihres Volkstums gegeben und festgestellt werden." Dies Jörg Haider und dem Kärntner Heimatdienst ins Stammbuch, in dem sonst nur Aufrufe zum Sprachenkampf vermerkt sind. In der Dezembernummer der „Kärntner Landsmannschaft" wird dieser Kampf auf den Punkt gebracht: „Warum wollen die Slowenen die jetzige Form des Minderheitenschulwesens unbedingt erhalten, obwohl klar ist, daß auch dieses System die Slowenen vor der sprachlichen Aushungerung nicht bewahren kann!?"
Beispiele aus Theorie und Praxis des „friedlichen Nebeneinander".

Es gibt mindestens drei Strategien, die Dinge nicht beim Namen nennen zu müssen: den Wertkonservativismus, den neuen Patriotismus und den Antikommunismus. Drei Käseglocken, um den Gestank von Faschismus, Rassismus und Chauvinismus zu verdecken. Alle drei Begriffe sind Mutationen von ursprünglich konstruktiven Gesinnungen: Heimatliebe mutiert zu Fremdenhaß, Freude an der Leistung zur Verachtung der Schwachen und Behinderten und Freiheitsliebe zur Unduldsamkeit und Unterdrückung. Abneigungen, die aus Zuneigungen hervorgehen und die sogar in Aggression umschlagen.
Und wieder sind flink die Wissenschaftler zur Stelle, die über den niedrigsten

Instinkten den ideologischen Überbau errichten. Ich zitiere den österreichischen Philosophen Ernst Topitsch aus der „Presse" vom 27. September 1986: „Nun zählt der Antifaschismus zu den wichtigsten Mitteln jener sowjetischen Langzeitstrategie, die bei uns weitgehend unbekannt ist." Der Antifaschismus ist überhaupt die Wurzel vieler Übel. Durch ihn erfolgt z. B. „die gezielte Abwertung der sogenannten sekundären Tugenden wie Treue, Ehrlichkeit, Fleiß, Verläßlichkeit, Gewissenhaftigkeit . . ." Schließlich sollte in künstlerischer Hinsicht die dauernde „Berufung auf die NS-Zeit nicht darüber hinwegtäuschen, daß es auch einen progressiven Schmarren gibt".

Topitsch wird die Wahlverwandtschaft Haiders zwar peinlich sein, aber er kann sie nicht leugnen: Haiders wichtigste Parole im Wahlkampf 1986 lautete „Sauberkeit, Leistung, soziale Gerechtigkeit", und auch zur Kunst hat er eine dezidierte Meinung — „Wir werden keine Österreich-Beschimpfung dulden, wie sie von subventionierten Schriftstellern praktiziert wird."

Wer entscheidet aber die Hauptfrage, ob die Aggression am Anfang oder am Ende einer gesellschaftlichen Fehlentwicklung steht? Dem Humanisten liegt das absolute Böse jedenfalls wie ein Stein im Magen, was bekanntlich dem Denken auch nicht gerade förderlich ist. Er bevorzugt daher die Variante vom relativen Bösen: Bös ist man nur in Relation zu etwas. Das erzeugte Böse also steht meist am Ende der Identitätssuche des einzelnen oder der Gruppe, so sieht es der Humanist. Während dieser Identitätssuche, die gleichzeitig ein Schutzsuchen vor den im Unbekannten vermuteten „finsteren" Mächten ist, sind die Sackgassen unvermeidlich — und in diesen wiederum die Panikreaktionen. Wichtig wäre für den Humanisten zu wissen, ob und wie man der Panik, der kollektiven zumal, vorbeugen kann.

Die — endlose? — Wartezeit bis zur Beantwortung dieser Frage aller Fragen überbrückt er mit weiteren Fragen: Warum gibt es die Überheblichkeit eines Volkes dem anderen gegenüber, warum gibt es die Verachtung des Andersartigen und die totale Ablehnung von Verständigung bis hin zum blutrünstigen Haß, diese ganze Skala asozialen Verhaltens, die in blinder Aggression gipfelt, in dem paranoiden Bestreben, alles Ungewohnte aus der Welt zu schaffen, Unebenheiten einzuebnen, Vielfalt zu verhindern, überblickbare Ordnungen zu installieren, und durchschaubare Menschen durch Propaganda zu klonen, die einem einheitlichen Charakter- und Geistesschema entsprechen, das keine Rätsel aufgibt? Die Art der Frage geht schon in jene Richtung, in der ich die Antwort vermute — in die Richtung eines mangelnden Selbstbewußtseins, der labilen Identität, der Angst vor dem Bestehen in der Auseinandersetzung mit dem Unbekannten, dieser großen Lebensaufgabe des Menschen, für die er die Verantwortung am liebsten auf die Gruppe, in der er sich geborgen fühlt, abwälzt.

In diesem Schutzsuchen vor dem Unvertrauten, diesem sich gegenseitig Mutmachen gegenüber allem, was im Dunkel liegt, in diesem Imponiergehaben gegenüber unberechenbaren Vorgängen ist wahrscheinlich das Grundmuster aller Aggressivität verborgen. Und dieses Grundmuster des Mißtrauens, der angriffsbereiten Vorsicht, des ängstlichen Hochmutes und der argwöhnischen Rechthaberei findet sich auch in der typischen Kärntner Situation der gegenseitigen Belauerung zweiter Brudervölker. Das Mehrheitsvolk wird von der Auffassung beherrscht, daß der Gebrauch einer bestimmten Sprache die guten Menschen von den bösen trenne, und daß mit dem Wechsel der Sprache eine Art Läuterung verbunden sei. Aus dieser haarsträubenden Logik bezieht der Extremist deutschnationaler Prägung eine inquisitorische Gesinnung gegenüber den Anderssprachigen. Dieser Gesinnung kommt es selbstverständlich auf eine „Aushungerung" der Slowenen an — alle anderslautenden Beteuerungen sind ungeschickte Verstellung.

Wenn sich die „Endlöser" durchsetzen, dann müssen sie allerdings auch „vor der Geschichte" die Verantwortung für eine kulturelle Verarmung des Landes auf sich nehmen. Das Wesentliche und Unverwechselbare an Kärnten kommt gerade von dieser Begegnung und Durchdringung des Deutschen (Bajuwarischen) mit dem Slawischen, wie sie in solcher Nachhaltigkeit nur hier stattgefunden haben.

Ohne die Slowenen wäre Kärnten ärmer.

Nadine Hauer

NS-TRAUMA UND KEIN ENDE

Kinder und Enkelkinder von Mittätern

Die Frontstellung „Täter — Opfer" verstellt bis heute das Wesentliche. Denn der großen Zahl von Opfern steht eine nur kleine Zahl echter, nämlich aktiver Täter gegenüber. Die nicht endende Konfrontation „Schuldige — Ankläger" findet jedoch nicht zwischen diesen beiden statt, sondern zwischen den Opfern (und hier vor allem den jüdischen) und der eher vergleichbar großen Zahl von Mittätern, also passiven Tätern, Mitläufern. Damit mußte die Vergangenheitsbewältigung in eine Sackgasse geraten. Und in dieser befindet sie sich heute mehr denn je, wie die nur scheinbar unerwartet aufgeflammte Diskussion 40 Jahre nach dem Ende der NS-Zeit beweist. Und ebenfalls nur scheinbar unerwartet findet diese Diskussion zwischen den Nachfolgegenerationen von Opfern und Mittätern kaum weniger heftig statt. Die Kinder der aktiven Täter neigen im allgemeinen eher dazu, zu schweigen oder sich den aktiven Verteidigern der NS-Zeit anzuschließen.

Diese Entwicklung widerlegt die bis zum Überdruß geäußerte Behauptung, mit dem Aussterben der „Erlebnis-Generationen" auf beiden Seiten würden sich alle Vergangenheitsprobleme von selbst lösen, wäre eben diese Vergangenheitsaufarbeitung daher überflüssig.

NS-Ideologie tiefgreifend und nachhaltig

Warum ist es nun tatsächlich anders gekommen? Äußere Umstände und Ereignisse reichen als Erklärung dafür offenbar nicht aus. Im Gegenteil: Sie mögen eher die Folge davon sein, daß die nicht aufgearbeitete Vergangenheit massiv in die Gegenwart weiterwirkt.

Ein von Prof. Hans Strotzka und mir in Angriff genommenes Forschungsprojekt möchte nachweisen, daß die Wirkung der NS-Ideologie individual- und sozialpsychologisch so tiefgreifend und nachhaltig war, daß sie bis heute nachwirkt und — sollte eine echte Vergangenheitsbewältigung weiterhin nicht stattfinden — auch weiter nachwirken wird. Die gesellschaftlichen Auswirkungen liegen auf der Hand.

Aus dieser These geht hervor, daß sich dieses Forschungsprojekt mit der „Täter"-Seite, genauer ausgedrückt mit der „Mittäter"-Seite, befaßt, die ja einen ganz wesentlichen Bestandteil der österreichischen Bevölkerung ausmacht. Und noch genauer: Im Mittelpunkt der Untersuchung stehen die Nachfolgegenerationen dieser „Mittäter".

Zu dieser These kamen wir allerdings über eine Untersuchung, die sich mit den Nachfolgegenerationen von jüdischen Opfern befaßte und ebenfalls am Institut für Tiefenpsychologie an der Universität Wien bei Prof. Hans Strotzka entstanden ist: „Extremtraumatisierung und ihre Folgen für die nächste Generation. Die psychischen Störungen der Nachkommen ehemaliger KZ-Häftlinge" von Hedi Francesconi, erschienen 1984 im Wiener Sensen-Verlag.

Die Studie konnte nachweisen, daß die bei KZ-Häftlingen ausgelösten psychischen Störungen, insbesondere auch das sogenannte KZ-Syndrom, noch eindeutig bei jenen nachweisbar sind, die bereits nach 1945 geboren wurden; sie weist auch nach, daß diese Symptome, wenn auch in abgeschwächter Form, an die nächste Generation weitergegeben wurden und werden, wenn es keine bewußte Bewältigung des erlittenen Traumas gibt — auch bei den Opfern. Woraus ersichtlich wird, daß es auch auf der Opferseite eine Art von stillschweigendem Tabu gab, über die Verfolgungserlebnisse nicht zu sprechen; auch hier ist es die Enkelgeneration, die dieses Tabu bricht und die Bewältigung einfordert.

So einsichtig es ist, über das Trauma der KZ-Verfolgung nicht sprechen zu wollen, so wenig einsichtig erscheint es vordergründig, warum das Tabu für die „Mittäter"-(Nachfolge-)Generation eine offenbar ähnliche Bedeutung hatte und hat; der konkreten Opfererfahrung steht ja „nur" ein passives Mitläufertum gegenüber.

Trauma ohne Ende?

Mehrere Anhaltspunkte führten uns zu der These, eine ähnliche Traumatisierung müsse es auch bei den Nachfolgegenerationen derjenigen geben, deren Eltern „Täter" in irgendeiner Form waren, aber auch bei denjenigen — und das ist nun auch der Schwerpunkt des laufenden Forschungsprojektes —, deren Eltern bewußt oder unbewußt, gewollt oder ungewollt, weggesehen haben, nicht wissen wollten oder konnten, also passive „Mittäter", Mitläufer waren, sich unterordneten, geschehen ließen.

In der Studie von Hedi Francesconi gibt es den Hinweis, daß Ich-Veränderungen auch bei den Verfolgern aufgetreten sind. Georges Devereux ist einer der wenigen, die sich dieses Bereiches angenommen haben. Er weist (1956) darauf hin, daß es ein ethnisches Unterbewußtsein gibt, das sich aus all dem zusammensetzt, was eine Generation entsprechend den fundamentalen Anforderungen ihrer Kultur selbst zu verdrängen lernt und dann ihrerseits die folgende Generation zu verdrängen zwingt. Zu dieser Form ethnischer Störungen des Unterbewußtseins kann auch das „kollektive Schuldgefühl" gerechnet werden, von dem seit 1945 so viel (behauptend oder ablehnend) die Rede ist.

Alice Miller hat in ihrem 1981 erschienenen Buch „Du sollst nicht merken" ein Kapitel den sogenannten nicht-sexuellen Tabus gewidmet. In ihrer analytischen Praxis — und sie vertritt den Standpunkt, daß ihre Patienten mit Sicherheit keine Ausnahmen sind — hat sie Störungen festgestellt, die mit der NS-Zeit der Elterngeneration eindeutig im Zusammenhang stehen. „Die gefährlichen Zonen, die es zu vermeiden gilt, sind Schuld- und Schamgefühle der Eltern, ihre Verwirrung und Enttäuschung über das eigene Verführtsein angesichts der Katastrophe, in die Hitler sie geführt hatte. Und auch hier gilt das Gesetz der Erziehung: Nicht nur das Geschlagenwerden und der sexuelle Mißbrauch wird den Kindern weitergegeben, sondern auch die Schuldgefühle ... Das verleugnete Trauma ist wie eine Wunde, die nie vernarben kann und die jederzeit wieder anfangen kann zu bluten." (S. 222—234, Suhrkamp TB 952)

Auch Horst Eberhard Richter hat sein 1986 erschienenes Buch „Die Chance des Gewissens. Erinnerungen und Assoziationen" dieser Problematik gewidmet.

Das Gesagte trifft zweifellos auch auf die Opfer zu; in dem laufenden Forschungsprojekt geht es uns aber um die „andere Seite". Gerade weil ich selbst zur Nachfolgegeneration der KZ-Opfer gehöre, wurde mir klar, daß eine Bewältigung nur mit der „anderen Seite" gemeinsam erfolgen kann; durch die Erkenntnis, daß ganze Generationen durch das nationalsozialistische System vor allem psychisch geschädigt wurden.

Diese Feststellung konnte ich in meiner langjährigen Tätigkeit als Journalistin und in der Erwachsenenbildung machen, wo ich mich schwerpunktmäßig mit diesem Thema befaßte. Viele aus der „Mittäter"-Nachfolgegeneration haben mir gegenüber mündlich oder schriftlich zum Ausdruck gebracht, daß sie unter der Schuld leiden, die ihre Eltern den Opfern gegenüber auf sich geladen haben, und daß sie ganz besonders darunter leiden, daß ihre Eltern ein Gespräch mit ihnen darüber verweigerten, sie mit diesem Problem also im Stich gelassen haben und lassen. (Gespräche dieser Art haben mich jedes Mal in ein sehr vielschichtiges Dilemma gebracht.) Viele aus dieser Nachfolgegeneration der NS-Zeit sehen sich auch nur sehr begrenzt imstande, ihren Kindern brauchbare Erklärungen über die NS-Zeit zu geben, weil es da immer noch einen „blinden Fleck" gibt, ein Tabu, das nicht überwunden ist (Alice Miller). Von einem auch nur einigermaßen unbefangenen Umgang mit den Kindern und Enkeln der Opfer kann daher keine Rede sein.

Der „blinde Fleck" in der Therapie

Inzwischen häufen sich vor allem in der Bundesrepublik Deutschland Fälle, wo dieser „blinde Fleck" zum zentralen Thema in Psychotherapien wird. Diese Tatsache hat die Therapeuten selbst in ein Dilemma gebracht. Während nämlich so heikle Themen wie Sexualität, Mann-Frau-Probleme, Mutter/Vater/Töchter/

Söhne-Konflikte bereits feste Bestandteile jeder Therapeutenausbildung sind, ist das Tabu NS-Zeit auch hier ein „blinder Fleck" geblieben.

Daß die Zahl der Fälle in Therapien und das Dilemma der Therapeuten in Österreich noch sehr gering bzw. nur in Ansätzen vorhanden ist, läßt keineswegs den Schluß zu, das Problem wäre in Österreich nicht relevant. Im Gegenteil: Die historische „Lebenslüge", Österreich wäre das erste Opfer Hitler-Deutschlands gewesen, hat es nur stärker verstellt und in bewährt österreichischer Manier unterschwellig belassen. Die psychischen Störungen sind jedoch um nichts geringer als in der Bundesrepublik Deutschland; die „Mittäter" sind die gleichen. Und ebenso sind es die individual- und sozialpsychologischen Störungen, die sich in Österreich auch gesellschaftlich und in der politischen Kultur niederschlagen.

Die Bedeutung des Themas wurde auch auf einem Symposium deutlich, das Horst Eberhard Richter im September 1986 in Gießen veranstaltete. Einer von fünf Arbeitskreisen der internationalen Arbeitstagung „Familientagung und Familientherapie im Wandel der Gesellschaft" befaßte sich speziell mit dem Thema „Erinnern hilft Vorbeugen. Familie und Vergangenheitsverarbeitung".

Almuth Massing, Psychoanalytikerin an der Abteilung Psycho- und Soziotherapie am Zentrum für Psychologische Medizin der Universität Göttingen, hat 1982 gemeinsam mit anderen Autoren das Buch „Mehrgenerationen-Familientherapie" veröffentlicht. In ihrem Vortrag anläßlich der Arbeitstagung in Gießen hieß es u. a.:

„Für die gegenwärtig breite Diskussions- und Erinnerungsbereitschaft sind meines Erachtens mehrere Faktoren verantwortlich:

1. Die in der Zeit des Dritten Reiches bereits erwachsenen und verantwortlichen Zeitzeugen sind nun auch in ihrer jüngsten Altersgruppe, den Jahrgängen von 1914 bis 1920, im Rentenalter. Damit weicht der Druck, die eigene Lebensgeschichte mit Rücksicht auf die berufliche Karriere oder das öffentliche Ansehen zensieren und damit zu Bewältigungsstrategien greifen zu müssen. Im Gegenteil, gelöst von den aktuellen Anforderungen des beruflichen Lebens, hat man im „Seniorenstatus" Muße genug, sich die eigene Vergangenheit wieder bewußter zu machen.

2. Die in den vierziger Jahren geborene Nachkriegsgeneration, deren intellektuelle Vertreter besonders seit dem Umbruch der sechziger Jahre die Auseinandersetzung mit dem Versagen oder gar Verbrechen von Teilen der Elterngeneration bewegte, rückt zur Zeit in Schlüsselstellungen der öffentlichen Meinung, der Schulen und Medien.

3. Für ihre Kinder wieder, die heutige Schülergeneration, repräsentieren die Zeitgenossen der dreißiger Jahre nicht mehr die Elterngeneration, mit der man sich existentiell auseinandersetzen müßte, sondern die Großelterngeneration, deren Erfahrungen sie aufmerksam aufnehmen können, selbst wenn aus ihnen Indifferenz oder sogar Zustimmung zu den Zielsetzungen des nationalsozialistischen Systems spricht."

Diese aufmerksame Aufnahme selbst indifferenter oder sogar zustimmender

Einstellungen zum Nationalsozialismus durch die Enkelgeneration spielt in der Auseinandersetzung mit den Enkeln der Opfer zweifellos eine wichtige Rolle.

Das latente Unrechtsbewußtsein

Ein ausführliches Gespräch mit Almuth Massing über ihre Erfahrungen in der Mehrgenerationen-Familientherapie konnte die These unseres Forschungsprojektes erhärten:

Zum wirtschaftlichen Aspekt der Kriegsgeneration, über ihre Erlebnisse Stillschweigen zu bewahren, kam ein psychologischer: Die Angst aus der NS-Ideologie, „wenn ich rede, was ich denke, sehe, weiß und fühle, dann werde ich bestraft", wurde so stark internalisiert, „das Mißtrauen saß so stark in den Knochen", daß es auch dann nicht aufgegeben werden konnte, als die Realität diesem Verhalten nicht mehr entsprach. Nach Alice Millers These, wonach die Kinder die Tabus ihrer Eltern stillschweigend übernehmen, akzeptierten diese, daß sich Nachfragen zum Thema NS-Zeit „nicht gehörten", durch negative Reaktionen der Eltern „bestraft werden".

Das Nachfragen zur NS-Zeit ist daher erst wieder in der Enkelgeneration möglich, die durch das Gespräch mit den Großeltern dem Konflikt mit den Eltern ausweichen kann, warum diese darüber so wenig gefragt, gesprochen, Bescheid gewußt hätten. Und daß dieses Thema ein Thema geblieben ist, ist für die Enkelgeneration ja schwer zu übersehen oder zu überhören. Womit genau das Gegenteil vom Beabsichtigten erreicht wurde: Was nicht wirklich bewältigt, „erledigt" wird, bleibt als Problem bestehen, bricht immer wieder durch, wie es ja auch Alice Miller betont.

Aber auch die NS-Generation, so Almuth Massing, hat ein massives Interesse daran, das Thema der Enkelgeneration gegenüber aufzugreifen. Sie will „in Ruhe sterben können", will ihre Erlebnisse noch rasch abladen. Diese Menschen haben immer darüber nachgedacht, wollen auch ihr Unbehagen, ihre Schuldgefühle loswerden. In den Therapien kommt deutlich zum Ausdruck, daß auch bei den Mitläufern „latent immer ein Unrechtsbewußtsein da war". Sie sagen nun auch, daß sie viel mehr gesehen haben, auch viel mehr geahnt, ja gewußt haben, als sie jemals zugeben wollten: nicht von der Vernichtung der Juden, nicht von Auschwitz, aber von dem vielen Unrecht, das täglich geschah.

Das gemeinsame Tabu

Ein wesentlicher Grund, warum die NS-Generation mit ihren Kindern über ihre Erfahrungen, ihr „Unrechtsbewußtsein" nicht sprechen konnte bzw. wollte, war auch die Angst, die Autorität als Eltern zu verlieren. Und für ihre Kinder galt der bis 1968 — und er gilt eigentlich bis heute — noch sehr stark verankerte „Grundsatz", daß man „seine Eltern nicht kritisiert". Auch Horst Eberhard Richter schreibt in „Die Chance des Gewissens", daß zumindest in der Bundesrepublik Deutschland die 68er-Bewegung sehr stark auch gegen dieses Tabu NS-Zeit, gegen diese Mauer des Schweigens opponierte.

Plötzlich aber bekam die junge Generation „ein Machtmittel in die Hand" zur öffentlich legitimierten Kritik an den Eltern der NS-Generation, der diese keineswegs gewachsen war. Trotzdem blieb die 68er-Generation (die ja selbst nur eine winzige Minderheit bildete) hilflos: Sie blieb in persönlichen Attacken stecken. Sie wollte den Eltern Fragen stellen, wußte aber nicht, welche Fragen sie stellen sollte, weil sie ja über den Alltag der NS-Zeit zu wenig wußte. Die Scheinauseinandersetzung verbohrte sich im Angriff „Die sind schuld" und in der Verteidigung „Wir haben nichts getan, wir haben nichts gewußt." Was nach Bewältigung aussah, wurde nur zur öffentlichen Frontstellung zwischen den Generationen.

Das gemeinsame Tabu „Alltagsleben in der NS-Zeit" und „Unrechtsbewußtsein" führte in eine gefährliche Sackgasse: die Vernichtung der sechs Millionen Juden und Auschwitz. Sie übernahmen die Funktion, vom eigenen Alltagserleben, vor allem, was die NS-Generation wußte, abzulenken, denn hinsichtlich der systematischen Judenvernichtung und Auschwitz konnten die meisten nun tatsächlich reinen Gewissens behaupten, sie wären daran nicht beteiligt gewesen, hätten davon auch nichts gewußt. Das Mittun an der Diskriminierung (nicht nur der Juden!) blieb gemeinsames Tabu.

An der Aufrechterhaltung dieses Tabus hatte nun aber auch die Nachfolgegeneration ein massives Interesse. Nicht nur die zwar lautstark öffentlich geäußerte, aber innerhalb der Familien weiterhin tabuisierte Kritik an den Eltern war eine Hemmung. Das Hinterfragen des normalen Alltags während der NS-Zeit, das mögliche Verständnis für diese „Normalität", in der die Eltern verstrickt waren, hätte ja bedeutet (und bedeutet bis heute), auch die eigene Normalität, die eigene Sozialisation, die eigene (Nicht-)Fähigkeit zum Widerstand in weit harmloseren Situationen zu hinterfragen. Auch hierin hat die stillschweigende Weitergabe von Verhaltensweisen fast perfekt funktioniert. Damit lag auch die stillschweigende Einigung über das Tabu sehr wohl im gemeinsamen Interesse auch der angreifenden Kinder der NS-Generation.

Der Enkelgeneration, die neugierig ist, verstehen will, Fragen stellt, geht es nicht um Schuldzuweisung; sie ist neugierig, weil Eltern und Schule nur sehr diffuse Informationen gegeben haben und geben. Die Hilflosigkeit der Elterngeneration, die nach 1945 geboren wurde, ist offenkundig; im Grunde weiß sie noch weniger als die NS-Generation. Bei den Enkeln geht es aber nicht nur um Wissensvermittlung und Verstehen. Und hier kommt Almuth Massing zu ihrem ureigensten Thema, zur Mehrgenerationen-Familientherapie zurück.

Sozialdarwinismus bis heute aktuell

Je mehr unbewältigter Konfliktstoff innerhalb einer Familie existiert, desto mehr wird dieser in die dritte Generation (und in die nächsten) transportiert. Sowohl

„rein privat" wie gesellschaftspolitisch; beides ist voneinander nicht zu trennen. Der Konflikt Eltern — Kinder, den es in jeder Generation gibt, erhält durch die NS-Zeit seit 1945 eine besondere Dimension. Lautete der Konflikt NS-Genera-tion — Kinder: „Ihr seid schuld" und „Wir waren es nicht", liegt er in der nächsten Eltern-Kind-Generation darin, keine Gesprächsbasis zu haben, weil die Eltern nichts wissen, nicht gefragt haben, nicht fragen konnten, auch nicht fragen woll-ten.

Zu diesem familiären Konflikt kommt der gesellschaftliche: der Sozialdarwi-nismus, der durch das Tabu von keiner Generation in Frage gestellt wurde und wird. Zweifellos gab es ihn auch vor der NS-Zeit; er liegt seit Jahrhunderten in unserer Kultur. In der NS-Ideologie wurde er jedoch zum Kernpunkt schlechthin: „Mit Leistung, Stärke und Macht verdient man das Paradies." Früher durch Anpas-sung, Gehorsam, Unterwerfung unter den Kodex der Kirche zur Erlangung des Jenseits, heute zur Erlangung von Ansehen, Amt, Würde und Konsum. In der NS-Ideologie durchzog diese Parole alle Bereiche des täglichen Lebens, jeden Teilbereich der Erziehung durch alle Altersstufen. Sie baute auf jahrhundertelan-ger Tradition auf und führte sie zur „Vollendung". Die Nicht-Bewältigung dieser Ideologie hat den Sozialdarwinismus in unserer Gesellschaft wachgehalten, ihn als Maxime der Leistungsgesellschaft aufrechterhalten, auch — von einer Min-derheit abgesehen — trotz Schuldzuweisung hinsichtlich der NS-Zeit nichthinter-fragt übernommen.

Damit wird das Dilemma zum zweifachen: im persönlichen Bereich zum end-los transportierten Eltern-Kind-Konflikt (der die eigenständige Entwicklung hemmt), in Gesellschaft, Politik und Wirtschaft zum Konflikt zwischen Starken und Schwachen, zwischen Macht und Ohnmacht, wobei Stärke und Schwäche sowie Macht und Ohnmacht ja auch im familiären Bereich die zentrale Rolle spielen.

Schuld und Scham

Gerade im Zusammenhang von Stärke und Schwäche, von Macht und Ohnmacht sieht Almuth Massing die besondere Bedeutung der NS-Zeit für Familie und Gesellschaft bis heute: Es ist immer die Rede von Schuld und nicht von Scham (Alice Miller). Für die Großeltern wird es nun leichter (und wichtig), Mitschuld im Alltagsleben der NS-Zeit zuzugeben. Doch ist das Schuldeingeständnis eigent-lich ein Widerstand gegen die Scham, die das viel Wesentlichere ist. Und es wäre wichtig, an dieses Schamgefühl heranzukommen, das durch die Schuldgefühle, aber auch durch die Schulddiskussion blockiert wird. Wäre es daher nicht ent-sprechender, statt von Kollektivschuld von Kollektivscham zu sprechen?

Aus einem Schuldgeständnis erfolgt noch keine Aktivität, es hat keine Konse-quenz, ist nur ein erster — zweifellos wichtiger — Schritt. Aus Scham aber folgt Verantwortung. Schuld kann vom Opfer verziehen werden, die Verzeihung bedeutet für den Schuldigen Erleichterung — weshalb sie ja von den Opfern immer wieder massiv eingefordert wird. Mit der Scham muß jeder — unabhängig von eventuell vergebenden Opfern — selbst fertig werden. Wer sich schämt, muß etwas tun, etwas verändern. Der Konflikt um die Schuldgefühle verstellt die viel wichtigeren Schamgefühle. Nicht aufgelöst, bleibt dieser Konflikt bestehen, auch zwischen den Nachfolgegenerationen, wie die Praxis, die Begegnung zwischen den Enkeln der Opfer und denen der „Mittäter" zeigt.

„An Auschwitz kann man sich schuldig fühlen, wenn man wirklich nicht aktiv beteiligt war", meint Almuth Massing, aber „die Schuld ist ein Trick." Scham kann jemand nur empfinden über das, was er selbst getan oder unterlassen hat, in seinem täglichen Leben, keineswegs nur im Zusammenhang mit den Juden. Das würde aber auch ein Hinterfragen des heutigen Verhaltens erfordern. Und diese Frage besteht für die nachfolgenden Generationen in ungeminderter Bedeutung: „Wie würde ich mich in einer solchen Lage verhalten? Wie verhalte ich mich in meinem Alltag heute, wenn ich mit Unrecht neben mir (nicht nur allgemein politisch und weit weg) konfrontiert werde?" Empfinden Jugendliche heute Schuld oder Scham, wenn sie zusehen, wie ein Ausländer beschimpft wird? Ziehen sie daraus Konsequenzen? Die Erfahrung zeigt, daß dies im allgemeinen nicht so ist. Die NS-Ideologie mit ihren Auswirkungen in der Zeit von 1938 bis 1945 hat diese Frage bis heute konkret gehalten. Sie ist jedoch bis heute unbeachtet und unbeantwortet geblieben: als Dauertrauma.

Scham und Ohnmacht

Das Dauertrauma hat „gute" Gründe: Im Gegensatz zur Schuld ist Scham ein Gefühl der Ohnmacht. Schuld bedeutet immer noch Aktivität, etwas „angestellt" zu haben, zugelassen zu haben, was geschehen ist; sie gibt das Gefühl, sich frei entschieden zu haben, als hätte man auch anders handeln können. Scham aber bedeutet die Einsicht, warum das möglich war; sie betrifft das Gefühl, man habe mit sich etwas geschehen lassen, sich eine Ideologie umstülpen, sich bis in den kleinsten Alltagsbereich manipulieren lassen. Die Opfer haben sich physisch abschlachten lassen (ein Problem für die Opfergeneration und ihre Kinder und Enkel bis heute!), die „Mittäter" ließen sich psychisch zerstören, waren — bei aller Fragwürdigkeit von Gleichsetzungen gerade bei diesem Thema — in diesem Sinn auch Opfer (wie die Überlebenden der Opfer). Aber nicht im historisch „bewilligten" Sinn als erstes Opfer Hitler-Deutschlands, nicht nur als kollektive Ohnmacht, sondern als Ohnmacht jedes einzelnen, die sich als kollektive Ohnmacht manifestiert hat. Die Summe dieser „individuellen Ohnmachten" ist es auch, die zu dem geführt hat, was heute unter „Kollektivschuld" oder besser: „Kollektivscham" gemeint sein sollte. Diese Einsicht wäre der einzige Weg persönlicher und damit schließlich kollektiver gesellschaftlicher Veränderungen.

Im bis heute gesellschaftlich akzeptierten Sozialdarwinismus, der durch die NS-Zeit eine andere Dimension angenommen hat als früher, hat diese Ohnmacht — und noch weniger die Einsicht in sie oder gar die Scham — selbstverständlich keinen Platz. Denn Scham ist die Einsicht in Ohnmacht. Auch hier manifestiert sich das stillschweigende Tabu Drittes Reich. Würden die Eltern der NS-Generation Ohnmacht und Scham zeigen, bekäme die nachfolgende Generation Angst. Und auch die Enkelgeneration hat lieber starke Eltern, auch wenn (und gerade deshalb) Kinder und Jugendliche (und Erwachsene) gegen diese starken, mächtigen Eltern opponieren, vor ihnen sogar Angst haben; die andere Angst wäre größer: die Schwachheit, die Ohnmacht der Eltern würde die bis ins Erwachsenenalter bestehende Abhängigkeit von den Eltern deutlich machen.

Für die Enkelgeneration (und die nächsten) bedeutet das: sie trägt all diese unaufgearbeiteten Tabus mit. Vieles, das es auch sonst an Konflikten zwischen Eltern und Kindern „normalerweise" immer gegeben hat und gibt, hat durch die NS-Ideologie eine über dieses „normale Maß" hinausgehende Dimension bekommen. Das Sinnlosigkeitsgefühl der Jungen heute hat a u c h damit zu tun, daß Wesentliches diffus geblieben, unausgesprochen geblieben ist, nicht einmal im Ansatz aufgearbeitet wurde. Ganz besonders betrifft das die Frage von Werten, die durch die NS-Ideologie noch fragwürdiger geworden sind als früher. Selbst positive Werte wurden darin auf eine Spitze getrieben, die eine Orientierung noch heute erschweren, in manchem sogar beinahe unmöglich machen, oder — und ist das nicht noch schlimmer als die No-Future-Stimmung der Jugendlichen? — unhinterfragt wieder akzeptiert werden. Und in Zeiten, wo die Arbeitslosigkeit unter Jugendlichen zunimmt, stellt sich die Frage der Ohnmacht in aller Deutlichkeit; allerdings auch der Ohnmacht der Gesellschaft, damit umzugehen.

Auch die Rolle des Antisemitismus — der nicht Thema des Forschungsprojektes sein soll — wird im Zusammenhang Scham/Ohnmacht klarer. In Mitteleuropa symbolisieren Juden diejenigen, die „immer verfolgt wurden", also gedemütigt wurden, immer schwach und lächerlich waren, also ohnmächtig, und sich eigentlich schämen müßten. Psychologisch bedeutet, Juden nicht zu mögen, die Abwehr all dieser Gefühle in sich selbst. Werden die Gefühle der Ohnmacht, der Schwachheit, des Gedemütigtwerdens, des Lächerlichseins, der Scham (in einer persönlichen Situation, besonders durch Arbeitslosigkeit, wirtschaftlichen und/oder sozialen Abstieg) besonders stark, muß auch die Abwehr entsprechend stark sein. Die Dämonisierung des ohnmächtigen und schwachen Feindes bildet dazu keinen Widerspruch, im Gegenteil: Je größer die eigene Angst vor dieser Ohnmacht in sich selbst, desto fürchterlicher muß der Feind sein, der all das symbolisiert, desto stärker auch der Wunsch, diesen zu zerstören. Vor diesem übermächtigen Feind (= der übermächtigen Ohnmacht und Schwachheit eines anderen) Angst zu haben, gegen den ein Vorgehen unmöglich ist, ist immer noch vertretbarer, als die Einsicht in die eigene Ohnmacht und Schwachheit, als die Scham, dieser hilflos ausgeliefert zu sein.

„Die Familien, die in Therapie kommen, sind gesünder als jene, die das nicht tun, den Konflikt weiterschleppen und an die nächste Generation weitergeben", meint Almuth Massing. Um diese große Mehrheit soll es in dem Forschungsprojekt gehen.

Auch Mütter waren Täter

Als besonders heikel im Rahmen dieses an sich schon schwierigen Problems erweist sich die Rolle der Frauen, vor allem der Mütter. Selbst unter den Therapeuten in der Bundesrepublik Deutschland, die dem Tabu NS-Zeit und seinen psychosozialen Folgen nicht mehr ausweichen, gilt dieses Thema als besonders heißes Eisen, das man möglichst kaum berührt. In unserem Forschungsprojekt soll auch dieses heiße Eisen aufgegriffen werden. Aus einem einfachen Grund: Wenn die Sozialisation durch Erziehung im Zentrum der NS-Ideologie stand und damit zur kollektiven Sozialisation geworden ist, so müssen die Mütter dabei eine wichtige Rolle gespielt haben. Und bis heute spielen die Mütter die wichtigste Rolle in Erziehung und Sozialisation. Und ganz abgesehen davon: Waren Mütter nicht ebenso „Mittäter", Mitläufer wie die Männer? Haben sie nicht mindestens ebenso viel im Alltag gesehen, geahnt, gewußt wie die Männer? Die Konfliktaustragung mit den Vätern und Großvätern wird allmählich möglich (in allen Bereichen), die mit den Müttern erweist sich als besonders kompliziert. Ich möchte mich hier gar nicht mit der bis heute bestehenden Tradition der Mutterrolle auseinandersetzen — das würde zu weit führen —: Tatsache ist, daß die Mütter immer noch ein besonderes Tabu darstellen, ganz besonders im Zusammenhang mit gesellschaftlichen und politischen Fragen.

Obwohl es fast ausschließlich Frauen sind, die sich mit dem Thema NS-Zeit und psychische Folgen beschäftigen, sind Frauen auch heute im allgemeinen noch viel weniger bereit, über diese Zeit zu sprechen, und das gilt für die NS-Generation ebenso wie für deren „Kinder". Dafür könnte es — neben allen herkömmlichen Klischees über Frau und Gesellschaft/Politik und Frau und Mutter —, so Almuth Massing, vor allem zwei Gründe geben: Während des Krieges mußten die Frauen fast alle Bereiche der Männer im Alltag dazu übernehmen, haben diese Aufgaben auch ganz selbstverständlich, ohne Protest und im Sinne der traditionellen Aufopferung erfüllt. Als die Männer zurückkamen, haben sie sich ebenso wortlos, selbstverständlich und aufopfernd wieder auf ihre „typisch weiblichen" Bereiche zurückgezogen, mußten außerdem die vom Krieg verstörten Männer betreuen, die Familie wieder zusammenflicken (um ihre psychischen Störungen kümmerte sich niemand, auch sie selbst nicht). Sie mußten auch an den Heldentod ihrer gefallenen Männer und Söhne glauben. Viele haben daran festgehalten; die Einsicht, ihre Männer und Söhne wären sinnlos für eine unmenschliche Ideologie gestorben, hätte für sie vermutlich unvorstellbare Folgen gehabt. In vielen dieser Frauen steckt einerseits ein Protestpotential, Wut gegen die Manipulation nach dem Krieg (die vorher wird ebenso verdrängt wie bei den Männern) und — ebenso stark — das „Unrechtsbewußtsein", mitgemacht, mitgespielt zu haben; für deren Kinder war es selbstverständlich noch schwieriger, die Mutter anzugreifen als den Vater.

Ein Beispiel: Die Mutter erhielt das Mutterkreuz dafür, daß sie Kinder, die sie liebt und die sie lieben, geboren hat. Wie soll man die Mutter, der man das

Leben und die Fürsorge verdankt, dafür angreifen, daß sie besonders viele Kinder für den Führer zur Welt gebracht hat?

Und der zweite Grund, der die Auseinandersetzung mit den Müttern als „Mittäter", ja sogar die Feststellung, daß es so war, so erschwert: Frauen werden immer noch gerne — und sie selbst tun es auch — als Opfer angesehen. Opfer können nicht einmal „Mittäter" sein; vor allem Mütter gelten als jene, die sich für alle aufopfern. Almuth Massing: „Aber die Frauen im Dritten Reich waren auch Täter."

Zweifellos würde ein ernstes Hinterfragen des Alltags im Dritten Reich, die Frage nach Schuld und Scham im Alltag, auch die Mutterrolle hinterfragen. Ein Tabu, das heute ebenso gilt wie eh und je.

Die Teilung der Welt in Gut und Böse

Thea Bauriedl, Psychologin in München, hat 1986 das Buch „Die Wiederkehr des Verdrängten. Psychoanalyse, Politik und der einzelne" veröffentlicht und darüber bei der internationalen Arbeitstagung in Gießen referiert. Sie sieht die Folgen der Nichtbewältigung der Vergangenheit vor allem in der kontinuierlichen Hochrüstung und im Umgang mit der Natur, meint aber auch, daß diese gesellschaftlichen und politischen Probleme von den persönlichen jedes einzelnen nicht zu trennen seien. Auch mit ihr führte ich ein ausführliches Gespräch zu der These unseres Forschungsprojektes.

Als massivstes „Erbe" der NS-Ideologie sieht Thea Bauriedl die Tendenz, Feindbilder mit Begriffen der Vergangenheit zu etikettieren (Vergleich Gorbatschows mit Goebbels, Bezeichnung der Isrealis als „neue Nazis" usw.). Diese Tendenz, die Welt und die Menschen in Freunde und Feinde, in Gute und Böse, in Ideale und Verteufelte zu teilen, hat ihrer Meinung nach durch die NS-Ideologie eine Dimension erreicht, von der bis heute kaum Abstriche gemacht wurden.

Die NS-Generation sieht sich selbst als Opfer; allerdings nicht als Opfer im Sinne der These des Forschungsprojektes, sondern als Opfer der Propaganda in der NS-Zeit und als Opfer des Krieges. Auch die Nachfolgegeneration sieht sich als Opfer; als Opfer der Elterngeneration, die nicht mit ihnen gesprochen hat. Bei beiden geht es vor allem darum, nicht „Täter", nicht „Mittäter", nicht „böse" zu sein. Sich als Nachfolgegeneration von „Tätern", ja auch nur von „Mittätern" zu sehen, ist eine schwierige Angelegenheit. Auch daher die Einhaltung des Tabus: Man will es gar nicht so genau wissen, ob und was die Eltern getan oder gewußt haben.

Auch Thea Bauriedl hält die Scham für einen wichtigen Grund dafür, daß die NS-Vergangenheit so hartnäckig nicht aufgearbeitet wird; sie sieht darin auch den Grund, daß alltägliche Verhaltensweisen aus der NS-Zeit bis heute ständig wiederholt werden (man sieht zu, hält sich heraus, auch wenn es keineswegs um die Existenz geht). Schuldgefühle spielen jedoch auch eine besondere Rolle, allerdings nicht die eigenen, sondern die der jeweils „anderen", der „Bösen". Diese Schuldfeststellung hat eine wichtige Funktion, ist gesellschaftlich wichtig als stabilisierendes Element. „Die anderen" (Kommunisten, Juden, Ausländer usw.) stabilisieren Feindbilder, stärken den Zusammenhalt innerhalb einer Gruppe, einer Gemeinschaft, eines Landes, geben ein Gefühl der Sicherheit gegenüber anderen Gruppen, anderen Gemeinschaften, anderen Ländern und hemmen jegliche Veränderung. Je nach Bevölkerungsgruppe, nach Schichtzugehörigkeit, war (und ist) der Schuldige ein anderer; wichtig dabei ist nur, nicht selbst schuld (gewesen) zu sein. Die Nachfolgegeneration spielt dieses Spiel mit: auch sie ist nicht schuld, sondern die Eltern sind es, die sie nicht informiert haben. Und selbstverständlich ist sie auch nicht schuld am Unrecht, das nach dem Krieg geschehen ist und heute geschieht — immer sind es die „anderen", die „Bösen". Auch diese Schuldzuschreibung erfüllt eine Stabilisierungsfunktion: nicht feststellen zu müssen, wie man selbst die Frontstellung in „Gute" und „Böse" aufrechterhält und weiterträgt, festzustellen, daß man sich im Alltag nicht anders verhält als die „bösen Mittäter" von damals. Und die Eltern können selbstverständlich auch nicht zu diesen „bösen Mittätern" gehören.

Damit ist bis heute im Grunde keinerlei Bewußtseinsänderung eingetreten. Das Bedürfnis nach Idealisierung ist von Hitler nahtlos auf die USA und ihren Lebensstil übergegangen; in Österreich ist das indirekt über die Bewunderung des raschen Aufbaues in der Bundesrepublik Deutschland geschehen. Die Suche nach Idealen beherrscht bis heute breite Bevölkerungsgruppen, auch die Jugend. Gleichgeblieben ist auch die Verteufelung der Kommunisten, ebenso die der Juden, der Fremdvölker; es gibt also keine Änderung der Grundstruktur der NS-Ideologie; die Teilung in „Gute" und „Böse" ist geblieben, wird immer wieder wiederholt und weitergegeben.

Diese Teilung in „gut" und „böse" spiegelt sich auch bis heute in der Erziehung wider. Irgend jemand muß immer idealisiert, irgend jemand verteufelt werden. Auch das wird ständig wiederholt. Und auch die Eltern müssen weiterhin idealisiert oder verteufelt werden. Ein Verstehen der Situation der (Groß)Eltern im NS-Alltag würde dieses „Gut-Böse"-Schema relativieren. Die Basis für dieses Schema ist die unveränderte und in der NS-Zeit auf die Spitze getriebene Funktion der Eltern-Kind-Beziehung; beide Teile haben jeweils eine bestimmte Bedürfnisfunktion zu erfüllen. Damit werden internalisierte Ideologien, insbesondere auch wesentliche Anteile der NS-Ideologie weitergegeben; Wiederholungszwang mit großer gesellschaftlicher Auswirkung.

Der Zwischenbereich zwischen „gut" und „böse" macht den meisten Menschen Angst, und diese Angst muß vermieden werden. Auch das ist ein Grund, warum die Auseinandersetzung mit der NS-Zeit als Tabu aufrechterhalten, das „Gut-Böse"-Schema nicht hinterfragt wird. Die Fragen der Enkel wären eine Chance; bleiben sie — und manches deutet darauf hin — auch weiterhin im Grunde unbeantwortet, findet auch mit ihnen keine echte Auseinandersetzung statt, bedeutet das eine weitere Stabilisierung dieses NS-(Faschismus-)Schemas, das in der letzten Konsequenz heißt: Der jeweils „Böse" muß psychisch oder physisch zerstört werden.

Die massive kollektive Ideologisierung der NS-Zeit hat auch das kollektive

Sicherheitsbedürfnis stark beeinflußt und bis heute aufrechterhalten. Auch Sicherheit bedeutet die Abgrenzung von den „Bösen" (z. B. durch Hochrüstung). Das Grundprinzip dazu: Sicherheit = Stärke = stärker sein als der andere (Sozialdarwinismus). Man kann auch von einem kollektiven Narzißmus sprechen, der sich im persönlichen und gesellschaftlichen Bereich deutlich zeigt: Macht bedeutet, die Stärke des „Guten" gegen die starke Bedrohung des „Bösen" auszubauen und zu behaupten. Der Kampf gegen das „Böse" wird zur Aufopferung, zur verpflichtenden Verantwortung. Als klassisches Beispiel führt Thea Bauriedl hier die Rolle der Mütter an: „Sie sind gut, stark und aufopfernd, sie können nicht böse sein."

Wiederholung ohne Ende?

Thea Bauriedl glaubt auch nicht daran, daß diese NS-Ideologie, bleibt sie unaufgearbeitet, schwächer wird: „Die Giftmenge bleibt dieselbe, sie wird vielleicht verdünnter, aber sie verteilt sich mehr." Denn es werden nicht nur die NS-Inhalte, sondern auch die Grundprinzipien weitergegeben. Und diese stehen im Gegensatz zu der Einsicht, daß jeder im Zweifelsfall sowohl Opfer wie (Mit)Täter sein kann; und daß im Zweifelsfall jeder doch lieber nicht auf der Seite der Opfer steht.

Die Auseinandersetzung mit der Haltung der Großeltern im NS-Alltag bedeutet auch für die Enkel das Hinterfragen ihrer eigenen Position hier und jetzt („Wo sage ich meine Meinung gegen eine Mehrheit in einer Diskussion?" beispielsweise). Tun sie das oder bleiben auch sie im Fragen stecken, so wie ihre Eltern in der Schuldzuweisung steckengeblieben sind?

Diese Auseinandersetzung bedeutet aber auch, Abhängigkeit zu akzeptieren, denn der jeweils „Gute" braucht den „Bösen" zur Abgrenzung, für seine Sicherheit. Das extreme „Gut-Böse"-Schema war die Voraussetzung für die Vernichtung der Juden; die Auseinandersetzung mit diesem Schema ist daher wichtiger als die Beschäftigung mit Auschwitz selbst. Thea Bauriedl: „Die NS-Ideologie war eine schwere gesellschaftliche Erkrankung, bei der gut und böse extrem auseinandergefallen sind. Wenn wir diese Erkrankung nicht erkennen und nicht an ihrer Heilung arbeiten, kann sie immer wieder kommen." Im Sinne des Schiller-Zitates: „Das ist der Fluch der bösen Tat, daß sie fortzeugend Böses muß gebären."

Resümee

Die Bestätigung der — durchaus einsichtigen — These, die verdrängten Schuld- und Schamgefühle der NS-„Mittäter"-Generation hätten sich auch auf die Nachfolgegeneration(en) übertragen, könnte zu wichtigen Schlüssen für die politische Bildung, den Zeitgeschichteunterricht, die Aufarbeitung der NS-Zeit, aber auch für die Erziehung in Familie und Schule führen. Vor allem dazu, daß das Argument, das Beenden der Diskussion über die NS-Zeit wäre als Erleichterung für die nachfolgenden Generationen gedacht, da diese ja damit nichts zu tun gehabt hätten, nur eine Ausrede, eine Schutzabwehr sein kann, weil dadurch offenbar genau das Gegenteil eintritt: die Weitergabe des Traumas, die Weitergabe von Schuld und Scham.

Alle, die ein ernsthaftes und glaubwürdiges Interesse daran haben, ihren Kindern und Enkeln einen positiven Einstieg in eine eigene Zukunft zu ermöglichen, müßten alles daransetzen, ihnen dieses Vergangenheitstrauma zu ersparen. Es geht hier nicht um Moral, Ethik oder Pflicht, sondern um die Verantwortung für unsere Kinder und ihre Zukunft — eine zutiefst menschliche Angelegenheit.

Außerdem wäre diese Einsicht vielleicht auch eine Chance, aus der Frontstellung „hier Opfer — da Schuldige" herauszukommen, eine Brücke zu schlagen aufgrund gemeinsamer Leiden.

Bibliographie

Thea BAURIEDL, Die Wiederkehr des Verdrängten. Psychoanalyse, Politik und der einzelne, Piper, München 1986.
Georges DEVEREUX, Normal und anormal, Frankfurt 1974.
Hedi FRANCESCONI, Extremtraumatisierung und ihre Folgen für die nächste Generation. Die psychischen Störungen der Nachkommen ehemaliger KZ-Häftlinge, Sensen-Verlag, Wien 1983.
Alice MILLER, Du sollst nicht merken, Suhrkamp TB 952, 1981.
Horst Eberhard RICHTER, Die Chance des Gewissens. Erinnerungen und Assoziationen, Hoffmann und Campe, Hamburg 1986.
SPERLING, E., MASSING, A., REICH, G., GEORGI, H., DÖBBE-MONKS, E., Die Mehrgenerationen-Familientherapie, Verlag für medizinische Psychologie im Verlag Vandenhoek & Rupprecht, Göttingen 1982.

Felix de Mendelssohn

PSYCHOANALYSE ALS AUFKLÄRUNG

Anmerkungen zum Sinn kollektiver Trauerarbeit

> „Was ist Psychoanalyse? — ein ‚wissenschaft-
> liches' System, welches degeneriertes jüdisches
> Geschlechtsempfinden für die Völker aller Rassen
> zur Pflicht machen wollte. Die Lehre ist eine einzige
> jüdische Schweinerei . . . das Dritte Reich hat mit
> dem ‚psychoanalytischen' Saustall aufgeräumt."
>
> (*Der Stürmer*, 1939/29)

Ein Psychoanalytiker, der heute in Österreich tätig ist und sich zum *aufklärerischen* Gehalt seines Forschungszweiges bekennt, sieht sich mit gewissen Schwierigkeiten konfrontiert.

Das Dritte Reich gehört nur in historischer und politischer, nicht aber in psychologischer Hinsicht der Vergangenheit an. Das, was es in uns als einzelnen
und als Kollektiv an lebendigen Spuren in der Gegenwart hinterlassen hat, mag
uns vielmehr wie der eigentliche Saustall erscheinen — im Gegensatz zur Projektion des obigen Zitats. Immer noch befindet sich die deutschsprachige Psychoanalyse inmitten der Aufräumungsarbeit, in Österreich sind wir vielleicht nicht
einmal so weit. Es kann einen dabei das Gefühl von Ohnmacht überkommen,
oder von Angst, daß diese Arbeit eine nicht zu bewältigende Aufgabe darstellt.
Gleichwohl werden um uns die Stimmen lauter, die uns ermahnen, diese Arbeit
endlich sein zu lassen, oder uns gar bezichtigen, selbst jenen Dreck zu verursa-
chen, den wir unter dem Teppich einer demokratischen Wohlstandsgesellschaft
hervorkehren.

> „Begangenes Unrecht kommt nicht dadurch zur Ruhe, daß man es tot-
> schweigt, und nur Unverstand kann von Beschmutzung des eigenen
> Nestes reden, wenn es in Wahrheit darum geht, ein schwer beschmutz-
> tes Nest zu säubern." [1]

Diese Aufräumungsarbeit der sogenannten „Vergangenheitsbewältigung" verlangt ihren Preis. Auch die psychoanalytische Praxis trägt für uns zuweilen Züge
einer endlosen und elendiglichen Verarbeitung und Wiederverwertung von töd-
lichem, immer neu produzierbarem Müll. [2] Aber die Beute in diesem „Kampf
um die Erinnerung" ist zugleich das wertvollste, das wir im Leben besitzen kön-

nen — die Grundlagen für die Gestaltung einer Zukunft, die mit mehr Bewußtheit den Ausgleich zwischen Lust und Gewissen fordert.

Fragwürdig an sich ist der Begriff der „Vergangenheitsbewältigung". Gegenwart und Zukunft könnten wir zur Not bewältigen, die Vergangenheit hingegen besitzt — über das Unbewußte — viel mehr Macht über uns. Die „Bewältigung" der Vergangenheit erscheint hier wie eine etwas „gewalttätige" Umkehrung der tatsächlichen Verhältnisse. In einer Fernsehdiskussion schlug vor kurzem Dr. Helene Maimann vor, von einer *Aneignung* der Vergangenheit zu sprechen. Aus den obigen, klinischen Überlegungen schließe ich mich ihrem Vorschlag voll an.

„Aufklärung" ist ein Wort von mehrfacher Bedeutung. Die europäische Tradition einer humanistischen Aufklärung — als rationalistische Kritik des vorangegangenen magisch-religiösen Denkens — bezog ihre geschichtliche und gesellschaftliche Stellung aus der bürgerlichen Französischen Revolution; in der jüdischen Geschichte entstand sie im selben Zeitraum und fand ihren Niederschlag, in der Emanzipation und Assimilation, im Gedankengut eines Moses Mendelssohn. Aufklärung ist aber auch ein Begriff des Rechtswesens, wo er die Rekonstruktion des Hergangs realer oder vermeintlicher Verbrechen und die Zuweisung von Schuld bzw. Verantwortung umschreibt. Schließlich erhält die Aufklärung eine höchst eigene Bedeutung und einen zentralen Stellenwert in der Sexualwissenschaft und Sexualpädagogik. Von all diesen dreien muß hier die Rede sein.

In der Aufdeckung und Erforschung von Widersprüchen auf diesen drei Bedeutungsebenen liegen die Schwierigkeiten, denen die Psychoanalyse als Aufklärung begegnet: geschichtlich und gesellschaftlich, auch innerhalb ihrer eigenen ambivalenten Tradition zwischen Kulturkritik und Assimilation; dann im Drama des projizierten innerseelischen Gerichtssaales um die Verantwortung gegenüber realer und phantasierter Schuldhaftigkeit; und schließlich im Wechselspiel des Geschlechtslebens zwischen lustvoll phantasiertem Wollen und realer Versagung.

Unser besonderes Interesse gilt hier der Aufklärung über eine *zeitgeschichtliche* Vergangenheitsaneignung in Österreich — genau genommen von drei Generationen von Österreichern, die dafür unterschiedliche Voraussetzungen vorgefunden haben. Stellen wir aber zugleich die zu behandelnden Fragen: Inwiefern sind die Mechanismen der individuellen Trauerarbeit, wie sie die Psychoanalyse verstehen will, auch in einer *kollektiven* Trauer wirksam? Ja, gibt es überhaupt eine kollektive Aneignung von Vergangenheit im Sinne einer von der Gesellschaft zu leistenden Trauerarbeit? Und gäbe es sie, was hätte sie für Folgen? Welche sozialen, politischen, pädagogischen Strukturen wären daran beteiligt?

Zur individuellen Trauerarbeit

Was ist die Psychoanalyse des einzelnen anderes als ein Prozeß der Vergangenheitsaneignung durch Trauerarbeit, das heißt durch eine allmähliche Loslösung aus den Verstrickungen der infantilen Wunschvorstellungen? Damit die Vergangenheit die Gegenwart nicht in ihrem Bann hält und sich ihrer im Wiederholungszwang bemächtigt, müssen Verlusterfahrungen seelisch durchlebt werden. Gleich ob es sich um den Verlust des anderen — des geliebten Verwandten oder Freundes etwa, oder des gehaßten Feindes — handelt, oder um den Verlust des eigenen — wie etwa der Heimat oder der Ideale der Jugendzeit —, ist die Fähigkeit, sich das Verlorene zu vergegenwärtigen, sich bewußt zu lösen, Voraussetzung für weitere Entwicklung.

Diese Fähigkeit, sich bewußt von etwas zu trennen, nennen wir Trauerarbeit; im psychoanalytischen Prozeß wird sie mit Erinnern, Wiederholen und Durcharbeiten gleichgesetzt. Dort, wo die Trauerarbeit unterbleibt, entstehen Fixierungen, wie in der Melancholie oder in ihrem Gegenstück, der manischen Abwehr des Ungeschehenmachens und der Flucht nach vorne. Somit wird eine Erfahrung des Verlustes nicht in jenen Neuauflagen, welche der Wiederholungszwang inszeniert, *erinnert* und Stück für Stück durchgearbeitet, sondern bleibt als eingekapseltes Geschehen in der Psyche wirksam — beim neurotischen Konflikt in der Regel in der Form von unbewußten Wünschen, die am Objekt haftengeblieben sind. Die unbewußt unvollzogene Trennung vom Verlorengegangenen behält uns unter ihrem Einfluß, sie schwächt die Identität und lähmt die eigenständige Einsichtsfähigkeit und Entscheidungskraft. Wenn durch solche Wunsch-Fixierungen eine Person in der Flexibilität ihrer Reaktionsfähigkeit eingeschränkt wird, so kann man Trauerarbeit durchaus als eine Notwendigkeit zum psychischen und vielleicht auch zum physischen *Überleben* bezeichnen. (Daher auch die Relevanz der Frage nach der Anwendbarkeit einer solchen Sichtweise auf eine größere gesellschaftliche Gruppe, eine Nation oder eine Kultur. Sind die gegenwärtigen massiven Anstrengungen zur Verleugnung von Aufrüstungsgefahren und ökologischen Katastrophen nicht im Zusammenhang mit unvollzogener Trauerarbeit zu sehen?)

Die frühkindlichen Wünsche werden im Individuum durch Abwehrmechanismen wie Verdrängung, Verleugnung oder Projektion dem Ich-Bewußtsein entzogen. Das Schicksal solcher abgewehrten Wünsche schlägt sich dann in unbewußten *Identifizierungen* nieder. In der „Übertragungsanalyse" der psychoanalytischen Kur besteht das Heilende an der Beziehung im Aufspüren und Bewußtmachen von solchen beidseitigen Identifizierungen und von den Schicksalen der damit verknüpften Wünsche. Beim sadomasochistischen Triebkonflikt sind die Mechanismen solcher Identifizierungen mit dem Aggressor oder mit dem Opfer untersucht worden. Die Identifizierungen sind also der Niederschlag der Trauerarbeit und zeugen von ihrem Entwicklungsstand — bei massiver Traumatisierung etwa kann es von lebenswichtiger Bedeutung sein, ob Personen vorhanden sind, die neutrale und hilfreiche Identifizierungsmöglichkeiten darstellen.

Mit den unmittelbaren Opfern und Verfolgten des NS-Regimes wurden psychoanalytische Behandlungen aus einsichtigen Gründen zumeist außerhalb des deutschen Sprachraumes durchgeführt — zu den Ergebnissen gibt es inzwischen eine umfangreiche englische, französische, holländische und lateinamerikanische Literatur. Eine analytische Sozialpsychologie der heutigen dritten Generation nach Auschwitz steht noch aus. Es wäre aber von Bedeutung, mehr darüber zu wissen, wie die Kinder von Verfolgten und Emigranten sich hierzulande einzuleben vermögen. Begriffe wie „Überlebensschuld", „Selbsthaß" und „Identifikation mit dem Aggressor" spielen dabei eine gewisse Rolle — sie sind aber nicht unwidersprochen geblieben und bedürfen einer weiteren Aufhellung ihrer Dynamik.

Anders bei überzeugten Nazi-Eltern bzw. Mitläufern und deren Kindern: Welches Schicksal hier die unbewußt gehaltenen und affektbeladenen Identifizierungen erfahren haben und wie sie die Persönlichkeit prägen, muß Gegenstand für Untersuchungen sein, die vor allem im deutschsprachigen Raum durchzuführen sind. Daß dies im Falle Österreichs für uns und für das Ausland von großem Interesse wäre, zeigen sehr deutlich die jüngsten internationalen Reaktionen auf die Bundespräsidentenwahl und auf den Zulauf zu einer nationalen Partei bei den letzten Nationalratswahlen.

Erst in jüngster Zeit haben sich einige Psychoanalytiker in Österreich dazu bereitgefunden, eine Arbeitsgruppe zu bilden, um die NS-Überreste in den Analysen der heutigen dritten Generation gründlicher zu erforschen. Vielleicht wird auch dadurch klarer, wieweit eine therapeutische Wiederbelebung der projizierten, unbewußt gebliebenen elterlichen Phantasien über die Großeltern stattfinden kann. Der Aufschwung einer opportunistischen Protestbewegung der „kleinen Leute" mit populistischen Anführern wäre ein sozialpsychologisches Zeugnis für ihre Existenz, wie auch die Anhänger von Le Pen in Frankreich sich anschicken, das bisher verleugnete Erbe der Kollaborateure des Vichy-Regimes anzutreten. In Österreich bahnt sich möglicherweise eine ähnliche Entwicklung an, nicht zuletzt, weil die Elterngeneration sich zunehmend als unfähig erweisen könnte, der wachsenden politischen Schwierigkeiten Herr zu werden.

Für den Analytiker stellt sich nach wie vor die Frage nach der vergesellschafteten Instrumentalisierung von sexuellen und aggressiven Impulsen im antisemitischen Vorurteil. Ist es bis heute nicht unverändert ein antiaufklärerischer Widerstand in und außerhalb von Analysen geblieben — der sich auch gegen nichtjüdische Analytiker richtet —, wenn die Psychoanalyse als „jüdische Wissenschaft" angesehen wird, um damit ins anrüchige Ghetto einer sexuell-schmutzigen, aber auch übereifrig-intellektuellen Betätigung verwiesen zu werden? [3]

Warum sind die österreichischen Psychoanalytiker diesen Fragen bisher in der Regel ausgewichen? Es sind wohl eigene blinde Flecken bei den hier ansässigen Analytikern, die dazu geführt haben, daß wir dem Ausland hinsichtlich solcher Forschungsergebnisse vieles schuldig geblieben sind. Eine „assimilierte" und medizinalisierte Psychoanalyse, die sich zunehmend auf eine Klinik der Individualpathologie und — bis vor kurzem — auf ihre Einverleibung in ein staatliches Gesundheitswesen hinzubewegen getrachtet hat, mußte die Problematik historisch-politischer Ereignisse in den Lebensgeschichten *beider* an einer Psychoanalyse Beteiligten bewußt oder unbewußt vernachlässigen.

Eine kritische Position der Psychoanalyse besteht darin, nicht im Sinne eines herrschenden Gesundheitsbegriffes — eines Gesundheitsbegriffes der Herrschenden — in eine Art Verstaatlichung oder gar Gleichschaltung zu geraten. Kritisch wird aber auch die Frage nach der Anwendbarkeit der eigenen Forschungsergebnisse gesehen. In der Psychoanalyse des einzelnen, in der individuellen Trauerarbeit, haben wir einen heilenden Prozeß der Vergangenheitsaneignung dargestellt — das Aufspüren und Bewußtmachen von unbewußten Identifizierungen und von den damit verbundenen, nicht eingestandenen Wünschen. Es stellt sich dann vielleicht doch als neue Erfahrung ein, daß die Vergangenheit einen weniger einholt, weniger Macht über einen besitzt; eine neue Flexibilität in Konfliktlösungen kann gewonnen werden, ein gewisser Zuwachs an Macht in der Bewältigung von Gegenwart und Zukunft.

Nur — ist dies alles nicht exquisit *persönlich*, nachvollziehbar höchstens im vertrauten Zwiegespräch, und hilft es uns weiter bei unserer Frage nach einer gesellschaftlichen oder öffentlichen Trauerarbeit? Wir werden uns zunächst mit einigen Annahmen über die psychologischen Grundlagen für kollektives Verhalten beschäftigen müssen.

Psychoanalyse und Masse

1.

In seiner Hauptstudie zu einer psychoanalytischen Theorie des kollektiven Verhaltens, *Massenpsychologie und Ich-Analyse* (1920), kommt Freud zu dem Schluß, daß die Annahme von primären sozialen Triebkräften im Menschen, die ihn zu gegenseitiger Hilfeleistung und geselliger Aktivität anspornen, verfehlt sei. Vielmehr würden die primären Affekte von Neid und Eifersucht aus der frühen Kinderstube erst allmählich durch Gegenbesetzungen (oder Reaktionsbildungen) von sozialen Gefühlen überlagert. Dies erfolge nur durch eine kollektive Idealisierung der Elternfiguren, wohl um deren Zuwendung nicht zu verlieren. Der Mensch wäre somit kein Herdentier, sondern ein Hordentier, welches in der Masse Führung durch eine idealisierte Person bedürfe.

Diese Ausstrahlung der Führerschaft setzt Freud in die Nähe der Hypnose und der Verliebtheit, als verwandte psychische Phänomene, die allesamt auf einer „Stufe im Ich" beruhen, nämlich auf der Herausbildung eines *Ich-Ideals* als psychische Instanz. Eine solche Phantasie des Ichs, wie es sein sollte, kann aus den internalisierten Anteilen der idealisierten Eltern entstehen — aber auch aus Phantasiebildungen von der Großartigkeit, Vollkommenheit und Unverletzbarkeit des eigenen Selbst. Solche Phantasien werden in frühester Kindheit entwickelt, als Kompensation für die bereits erlittenen Kränkungen des Selbstgefühls und als Schutz vor weiteren dieser Art. Da jeder Verlust der Anwesenheit einer geliebten Person, jeder Verlust von Liebe und Zuwendung seitens dieser Person derartige Verletzungen bewirkt, ist die Herausbildung solcher infantilen Größenphantasien ein universaler Zug im Menschen. In der regredierten Stimmung der Ver-

46

liebtheit, der Hypnose, der Masse, wird zunächst ein anderer — das Liebesobjekt, der Hypnotiseur, der Führer — als Vertreter des großartigen Ich-Ideals gesehen; eine symbiotische Vereinigung mit ihm wird auf regressivem Weg angestrebt.

2.

Freud hat in seiner Studie zwei „künstliche Massen", nämlich Kirche und Heer, als Beispiele gewählt, um die Rolle der Identifizierung mit dem Ich-Ideal zu verdeutlichen. Wir hingegen würden diese „künstlichen Massen" heute eher als Institutionen beschreiben, sie zeichnen sich durch eine interne hierarchische Strukturierung aus. Wie ist es aber mit der Psychologie von Gruppen oder Massen, bei denen eine derartige Struktur nicht mehr oder noch nicht vorhanden ist?

Die psychoanalytische Erforschung von Kleingruppen (6 bis 12 Personen) blickt auf eine längere Tradition zurück. Dort, wo es nicht um die Therapie des einzelnen *in* der Gruppe geht, sondern um das Verständnis von Phantasien einer Gruppe als Gesamtheit, sind die Ergebnisse des Engländers *Bion* erwähnenswert. Er beobachtete bestimmte Grundeinstellungen von nicht-strukturierten Gruppen, die im Verlauf einer Gruppenanalyse zum Vorschein kommen. Er unterschied:

a) eine „Abhängigkeits-Gruppe", welche einer depressiven Grundeinstellung entspricht; sie tritt als abwartend-passive Haltung in Erscheinung, mit Hoffnungen und Sehnsüchten nach einer starken Führung, welche auch das Gefühl von Geborgenheit garantieren soll;

b) eine „Kampf-und-Flucht-Gruppe", mit einer paranoid-schizoiden Grundeinstellung — die Abwesenheit klarer Führung läßt Gefühle von starker Bedrohung aufkommen, Verfolgungsphantasien machen sich breit, manche Mitglieder verlassen die Gruppe, andere wiederum verstärken ihre Anstrengungen, Feinde und Schuldige in der Gruppe zu lokalisieren, um sie erbarmungslos zu bekämpfen.

c) eine „Paar-Beziehungsgruppe", die einer ödipalen Stufe der Persönlichkeitsentwicklung entspricht — hier finden wir ein erotisch-aggressives Klima von Liebeswerbung, Rivalisierung und Dreieckskonstellationen unter den Mitgliedern.

Nach Bion wechseln sich diese drei Grundeinstellungen — nicht immer in dieser Reihenfolge — in der Gruppe ab und müssen wiederholt erlebt und durchgearbeitet werden, bevor so etwas wie eine vernunftgesteuerte „Bewußtseinsarbeitsgruppe" sich durchsetzen kann.

3.

Schließlich hat sich in den letzten Jahren ein neuer Zweig der psychoanalytischen Forschung entwickelt, die „Großgruppenanalyse" (u. a. von *J. Shaked* in Österreich). Gegenstand der Analyse sind hier nicht-strukturierte Gruppen — oder doch eher Massen? — von 25 bis zu über 100 Teilnehmern. In solchen Konstellationen tritt die dritte Dimension, Bions „Paar-Beziehungsgruppe", gar nicht oder nur sehr fragmentarisch auf. In der Anonymität der viel größeren Masse kommt es schwerlich zu intensiveren persönlichen Beziehungen zwischen den einzelnen Gruppenteilnehmern, wobei die reiferen Strukturen der psychosexuellen Entwicklung sich Geltung verschaffen könnten. Die Regression der Großgruppe ist eine wesentlich tiefere und verharrt zumeist auf den vorödipalen Beziehungsmustern frühester Kindheit. Die Großgruppe empfindet sich selbst als dauernd gefährdet und äußerst labil. Dadurch erhalten die zwei ersten Grundeinstellungen der Bionschen Forschung eine verstärkte Ausprägung. Der Ruf nach starker Führung bekommt eschatologisch-religiöse Aspekte — die Idealisierung des Großgruppenanalytikers als Vertreter einer künftigen messianischen Erlösung der Gruppe geht einher mit einer korrespondierenden Gegentendenz, ihn als übermächtigen sadistischen Verfolger und „Großgruppeninquisitor" zu sehen. Wird er vom Thron einer idealisierenden Aufwertung gestürzt, erfolgt ein Machtvakuum mit verwirrenden, psychotisch anmutenden Zersplitterungsängsten und Fluchttendenzen, bis zur Wiederkehr der früheren messianischen Hoffnungen mit erneuter Vehemenz.

Was wir in der Großgruppenanalyse zu sehen bekommen, ist somit ein Stück politischer Psychologie. Es läßt sich für den einzelnen klarer erkennen und erleben, wie leicht er die reiferen Züge seiner charakterlichen Entwicklung fahren lassen kann, wenn er in den Sog massenpsychologischer Regressionsphänomene gerät. Wir fragen aber weiter nach der Anwendbarkeit dieser Erforschungen für eine Theorie und Praxis, die sich mit der gesellschaftlichen Dynamik befassen.

Kollektive Trauerarbeit?

Kehren wir zu den Anstrengungen der Psychoanalyse zurück, Aufklärung zu erlangen über Stand und Chancen einer kollektiven Trauerarbeit im Hinblick auf die barbarische Regression der Kultur während der Nazi-Zeit. (Für unser zivilisatorisches Verständnis ist der technische Fortschritt — Autobahnbau, Rüstungsindustrie bis hin zu den Gaskammern von Auschwitz — nicht mit kulturellem Fortschritt gleichzusetzen.) Aufklärung soll hier in ihrer dreifachen Bedeutung verstanden werden. In der philosophischen Tradition humanistischer Aufklärung sind wir damit beschäftigt, Wortbildungen wie „Endlösung" und „Holocaust" zu entmystifizieren, um sie in der Folge durch das Wort „Massenmord" zu ersetzen. Erst diese Benennung erschließt die zweite Dimension aufklärerischen Wirkens, in der Gerichtsbarkeit: Mord ist strafwürdig. Wer also übernimmt dafür die Verantwortung? Schließlich ist der dritte Aspekt — jener der sexuellen Aufklärung — in der These enthalten, es handle sich wohl bei aktiver oder stillschweigender Beihilfe zum Massenmord um eine kollektive Regression in der psycho-sexuellen Dynamik — die Möglichkeiten zu einer Position von Verantwortung in einer differenzierten Auseinandersetzung von Liebe und Haß gegenüber einem anderen, fremden Menschen werden aufgegeben zugunsten primitiver Empfindungen von allmächtiger Erlösung und globaler Verfolgung.

Was kann die Gefahr einer solchen Regression hervorrufen? Die ökonomischen Theoretiker des Faschismus deuten zu Recht auf die materiellen Grundlagen unserer Existenz hin — Hunger, Elend und Arbeitslosigkeit erzwingen in der Regel eine psychische Regression. Aus der ethnologischen Feldforschung wissen wir, wie leicht eine Kultur, die ihrer wirtschaftlichen Substanz durch einen mächtigen Feind beraubt wird, apathische oder grausam-barbarische Züge annehmen kann. Psychologisch gesehen werden jedoch damit automatisch Ohnmachtsgefühle aus der frühen Kindheit wieder belebt, aus der Zeit des Ausgeliefertseins an eine überlegene äußere Macht. So war auch Hitlers Aufstieg nach dem Verlust des Ersten Weltkrieges geprägt von einer Fixierung an die „14 Jahre Schmach und Schande" — ausgeliefert an die Siegermächte — nach dem Vertrag von Versailles.

Blicken wir zunächst auf das bekannteste Ergebnis psychoanalytischer Aufklärung zu unserem Thema zurück, auf die 1967 von A. und M *Mitscherlich* veröffentlichte Studie *Die Unfähigkeit zu trauern: Grundlagen kollektiven Verhaltens.* Die Autoren greifen in ihrer Studie unsere Frage nach den psychologischen und politischen Voraussetzungen für das Hitler-Regime auf: Hier sind u. a. eine sehr inflexible und autoritäre Erziehungspraxis in Kinderstube und Schule zu nennen — und der Mangel an politischer Kultur. Die Hohenzollern brachten zwar eine friderizianische Aufklärung hervor — wie auch das Haus Habsburg seine Phase josefinischer Liberalisierung kannte —, aber jene wie diese wurden von oben verordnet. Es konnte sich daher kein nennenswerter deutscher Widerstand gegen Hitler — etwa in der Größenordnung eines Bürgerkrieges — formieren, weil es seit dem Trauma der Bauernkriege nie mehr in der deutschen, oder österreichischen, Geschichte eine wirklich erfolgträchtige Auflehnung gegen den Absolutismus gegeben hatte.

Die Studie der Mitscherlichs enthält eine Fülle von Anregungen, die für das heutige Österreich aktuell geworden sind. Der Sachverhalt, den die Autoren uns unter Beweis stellen möchten, ist: daß die Abwehr der Erinnerung, speziell an die verleugneten Vorgänge der jüngeren Vergangenheit, mitbestimmend auf unseren politischen und sozialen Immobilismus und Provinzialismus wirkt. Wir können überprüfen, worin der Unterschied zwischen der BRD von damals und dem Österreich von heute zu sehen ist.

Für das Verständnis der Nachkriegsgeneration heben die Autoren folgendes hervor: Das eigentliche psychische Trauma war der Verlust Hitlers, der Verlust eines narzißtisch überhöhten Ich-Ideals mit seinen wiederbelebten kindlichen Allmachtsvorstellungen. Trauer ist dort eher möglich, wo eine Beziehung auf Einfühlung in den anderen beruht; wie Otto Rank gesehen hat, ist jedoch beim Verlust des narzißtisch besetzten Objekts die übliche Reaktion nicht Trauer, sondern Melancholie — eine tiefe Depression, eine Leere der Entwertung, die im Kreislauf unaufhörlicher Selbstanklagen entsteht.

Die melancholische Reaktion auf diesen traumatischen Verlust mußte im Nachkriegsdeutschland zunächst durch massive Derealisierung (Entwirklichung) abgewehrt werden. Erst in zweiter Linie erfolgte die Abwehr der Trauer um die

Opfer des Hitler-Regimes. Im Gegensatz dazu konnten die Siegermächte ohne Entwertungsgefühle sowohl die Realität anerkennen wie auch die Opfer betrauern.

> „Es wäre aber andererseits irrtümlich, zu erwarten, eine derart in ihren Wahnzielen bloßgestellte Population könnte sich in diesem Schock um anderes kümmern als um sich."

Wie erfolgte die deutsche Abwehr einer Massenmelancholie nach dem Verlust Hitlers? Einmal durch die Verleugnung von Schuld, Scham und Trauer:

> „Wenn überhaupt Erinnerung, dann als Aufrechnung der eigenen gegen die Schuld der anderen . . . schließlich löst sich eine besondere Schuld auf dem eigenen Konto vollends auf."

Andere Mechanismen, um Einsicht fernzuhalten, sind: die rasche Identifikation mit den Siegern (Amerikanisierung) und das manische Ungeschehenmachen, etwa in den gewaltigen kollektiven Anstrengungen des Wiederaufbaus. Aber auch

> „die Ersetzung der Trauer durch Identifikation mit dem unschuldigen Opfer geschieht häufig; sie ist vor allem eine konsequente Abwehr der Schuld, die dadurch verstärkt wird, daß man sich auf Gehorsamsbindung beruft . . . Im Bewußtsein stellt sich die Vergangenheit folgendermaßen dar: Man hat viele Opfer gebracht, hat den Krieg erlitten, ist danach lange diskriminiert gewesen, obgleich man unschuldig war, weil man ja zu alledem, was einem jetzt vorgeworfen wird, befohlen worden war. Das verstärkt die innere Auffassung, man sei das Opfer böser Mächte: zuerst der bösen Juden, dann der bösen Nazis, schließlich der bösen Russen . . . Wie in den Anfängen der Sozialisierung in der Kindheit existiert eigentlich noch kein verinnerlichtes Gewissen."

Der gewissenlose Kreis schließt sich, wenn nun die bösen Mächte in Gestalt einer „Verleumdungskampagne" zum Vorschein kommen — wieder sind „böse Juden" involviert. Und bedenklich ist, wenn dieser Vorgang ein präsumtives Staatsoberhaupt umfaßt, das sich zur moralischen Autorität eines Landes aufschwingen will.

Die Apologeten des aktuellen Zustands der politischen Kultur in Österreich werden schnell Argumente zur Hand haben, um die Hypothesen der Mitscherlich-Studie zu entkräften. Sie werden auf eine prekäre Weltwirtschaft hinweisen, auf Strukturschwächen unserer verstaatlichten Industrie, auf die politischen Zustände in anderen europäischen Ländern. Zuweilen werden unsere Politiker zu Opfern feindlicher Außenmächte und wollen von uns, ihren Wählern, daß wir sie bemitleiden und für nichts verantwortlich machen.

Wie haben die Mitscherlichs den „sozialen Immobilismus" im Nachkriegsdeutschland diagnostiziert?

> „Die Restitution der Wirtschaft war unser Lieblingskind; die Errichtung eines demokratischen Staatsgebäudes hingegen begann mit dem Oktroi der Sieger, und wir wissen bis heute nicht, welche Staatsform wir selbst spontan nach dem Kollaps der Naziherrschaft gewählt hät-

ten; wahrscheinlich eine ähnlich gemildert autoritäre von Anfang an, wie sie sich heute aus den demokratischen Grundlagen — die wir schrittweise bis zur Großen Koalition hin aufgeben — entwickelt haben. Es ist nicht so, daß man den demokratischen Staatsgedanken ablehnte ... Man kann aber auch wenig mit ihm anfangen, weil man ihn, psychologisch gesprochen, nicht libidinös zu besetzen versteht. Es ist kein spannendes Spiel der Alternativen, das in unserem Parlament ausgetragen würde, wir benützen diesen Staat als Instrument für Wohlstand — kaum der Erkenntnisproduktion; entsprechend drängen sich nur wenig politisch schöpferische Talente in seine Ämter. Die politische Routine, die sich immer mehr in ein spanisches Zeremoniell des Proporzes hineinentwickelt, bringt kaum originelle Versuche, produktive Phantasien in den politischen Gegebenheiten der Nachkriegszeit wirksam werden zu lassen ... Dazwischen erweckt die Arbeitslosigkeit von Millionen regressive Ängste; die Krise der dreißiger Jahre wird nicht als Zeichen einer noch nicht erreichten Ordnung, sondern als Folge der Abkehr von alten Autoritäten gedeutet. Bei Hitler wurden daraus Blutmächte, gegen welche gesündigt worden war."

Könnte eine neue Massenarbeitslosigkeit zu ähnlichen Folgen wie damals führen? Die Intensität solcher Angstempfindungen und Autoritätsfixierungen — in der Person wie in der Kultur — wird vermutlich von zwei Faktoren abhängig sein, die sich gegenseitig bedingen: vom Stand der Identifizierungen und von der Stabilität der inneren Strukturen. Die Möglichkeit zur Identifikation mit einer glaubwürdigen Führung, welche in der Lage ist, praktikable humanitäre Ziele vorzuweisen und dem Widerstand flexibel zu begegnen, ohne dadurch an Autorität einzubüßen — gute Eltern also —, wäre eine Voraussetzung für eine gewisse Stabilität in Zeiten der materiellen Krise. Die andere wäre eine vorhandene Ausprägung von tradierten demokratischen Strukturen in der Gesellschaft, vergleichbar einem ausgereiften Austausch zwischen den Instanzen in Freuds Strukturmodell der individuellen Psyche. Nur solche inneren Strukturen, die sich sowohl durch Beständigkeit wie Flexibilität ausweisen müssen, können in ausreichendem Maße die emotionale Entfaltung der Persönlichkeit und der Kultur, die sie umschließt, garantieren.

Auf unsere Frage nach einer Übertragbarkeit der individuellen Trauerarbeit der psychoanalytischen Kur auf das Kollektiv gehen die Autoren explizit ein, mit der Feststellung:

„Die heilsame Wirkung solchen Erinnerns und Durcharbeitens ist uns aus der klinischen Praxis wohlbekannt. In der politischen Praxis führt uns dieses Wissen noch keinen Schritt weiter. Denn nur der Kranke, dessen Leiden am Symptom größer ist als der Gewinn aus der Verdrängung, findet sich bereit, seine Bewußtseinszensur für die Wiederkehr des Verleugneten und Verdrängten schrittweise zu lockern. Diese Therapie müßte aber in einem Kollektiv verwirklicht werden, dem es, wenigstens materiell, insgesamt besser geht als je zuvor. Es verspürt keinen fühlbaren Anreiz, seine Auslegung der jüngsten Vergangenheit den unbequemen Fragen anderer auszusetzen; einmal, weil die manische Abwehr durch Ungeschehenmachen im Wirtschaftswunder sehr erfolgreich war ... zum anderen – und das fällt nicht weniger ins Gewicht –, weil die militärischen und moralischen Sieger über das Dritte Reich inzwischen in ‚begrenzten‘ Unternehmen wie dem Krieg in Algier oder Vietnam gezeigt haben, daß auch sie zu schwererwiegenden Inhumanitäten fähig sind.“

Wenn unser materieller Wohlstand heute wieder unsicher wird, ist eine Voraussetzung – die des Leidensdrucks – für eine Kollektivtherapie gegeben: Wesentliche Grundsatzfragen müssen neu gestellt werden. Diese Entwicklung zeichnet sich heute zumindest in den Bereichen der Rüstungs- und Umweltpolitik ab. Das Verhängnis angewandter Psychoanalyse liegt aber darin, daß der aktuelle Leidensdruck zwar eine gewichtige Voraussetzung für die Motivation zu einer aufdeckenden Therapie bietet, aber dennoch in keiner Weise das *Einsichtsvermögen* garantieren kann. Und das andere Hindernis für unser Vorhaben, das die Autoren erwähnen, die moralische Selbstdiskreditierung der Siegermächte, nimmt im Lauf der Zeit immer mehr Raum in der Diskussion ein.

Nachdem die Autoren die narzißtischen Restitutionsversuche des Staatsgedankens in der Nachkriegszeit und die daran beteiligten Abwehrmechanismen nachgezeichnet haben, wenden sie sich der künftigen Generation zu, um hier die Chance auf Veränderung einzuschätzen:

„Es ist deshalb illusionär, anzunehmen, eine junge Generation könne leicht das Joch der Vergangenheit, das Joch von geheiligten Traditionen und Vorurteilen abwerfen. Sie wird das Erbe an Verhaltensmustern modifizieren. Das ist die Chance, mehr nicht. Eine der Möglichkeiten zur Modifikation liegt darin, daß die Abwehr von Schuld in der neuen Generation nicht mehr so unmittelbar und bedrängend gefordert ist. Das läßt eine etwas affektfreiere Beurteilung von Sachverhalten zu, die bisher unter Tabuschutz standen. ... Wenn es ein Rezept gegen die Fortdauer von unbewußt wirksamen Motivationen gibt, so ist es die Forderung einer neuen Aufklärung an allen Stellen, an denen sich die Gesellschaft den nachwachsenden Generationen vermittelt ...“

Was diese „neue Aufklärung“ heißt, lassen die Autoren offen – wir werden sie noch zu untersuchen haben. Wir erinnern daran, daß sie einen Anspruch aus dem Geschlechtsleben einbezieht, ein Modell aus der Gerichtsbarkeit beinhaltet und ihre geschichtlichen Wurzeln in einer humanistisch-liberalen Tradition des offenen Ideenstreits hat.

Über den gesellschaftlichen Stellenwert von Geschichtsschreibung gibt es eine Äußerung der Mitscherlichs, die, aus Gründen der späteren Entwicklung in der Bundesrepublik, heute von besonderem Interesse erscheint:

„... so kann es nicht verwundern, daß die zum Teil sehr aufschlußreichen Studien jüngerer Historiker über die Periode des Dritten Reiches so gut wie keinen Einfluß auf die politische Bewußtseinsbildung erringen konnten — in welcher parlamentarischer Debatte hätte sich ihr Einfluß gezeigt?"

Die „jüngeren Historiker", von denen hier die Rede ist, werden in einer Fußnote mit Namen genannt: es handelt sich um Ernst Nolte und Joachim Fest. Zwanzig Jahre danach sind eben diese beiden Autoren tragende Figuren in einem „Historiker-Streit" gewesen, der breiten Raum in der liberalen Öffentlichkeit der Bundesrepublik eingenommen hat. Zur gleichen Zeit wurde ein offizielles Deutsches Geschichtsmuseum von den Regierungsparteien geplant, und im Bundestag kam ein gesetzliches Einschreiten gegen die „Auschwitz-Lüge" zur Diskussion.

Nolte und Fest, aber auch die Historiker Hillgruber und Stürmer, beziehen eine Position, die dem Ruf nach einem wiederherzustellenden deutschen Nationalstolz und geschichtlichem Selbstbewußtsein Vorschub leisten will. Die Nazi-Vergangenheit soll hier nicht verleugnet werden; sie wird jedoch relativiert und auf besondere Weise interpretiert. Es geht hier um zwei Postulate, die als geschichtswissenschaftliche Fragestellungen getarnt werden — tatsächlich aber wirken sie, wie deren Gegner Eberhard Jäckel und Jürgen Habermas zeigen konnten, außerhalb des Fachkreises der Historiker, für eine breitere Öffentlichkeit, wie Feststellungen. Das erste Postulat besagt, daß die Vernichtung der Juden kein einzigartiges Ereignis in der Geschichte war, Massenliquidierungen habe es immer wieder bei verschiedenen Völkern gegeben — man denke in Europa an das Schicksal der Ukrainer unter Stalin oder der Armenier unter der osmanischen Herrschaft. Das zweite Postulat behauptet, es könne ein „kausaler Nexus" zwischen dem bolschewistischen Terror mit seinen Massenerschießungen und der späteren nationalsozialistischen Ausrottungspolitik bestehen. Hitler habe die Konsequenz und die Methodik seiner Politik dem großen Gegner Sowjetrußland abgeschaut.

Zum ersten Postulat argumentiert Jäckel, die Einzigartigkeit der Judenvernichtung sei deshalb anzuerkennen, weil:

> „noch nie zuvor ein Staat mit der Autorität seines verantwortlichen Führers beschlossen und angekündigt hatte, eine bestimmte Menschengruppe einschließlich der Alten, Frauen, der Kinder und der Säuglinge möglichst restlos zu töten, und diesen Beschluß mit allen nur möglichen staatlichen Machtmitteln in die Tat umsetzte."

Das zweite Postulat eines ursächlichen Zusammenhanges zwischen rotem und braunem Greuel läßt sich historisch schwer belegen. Daher erhält die Wirkung einer solchen in den Massenmedien erhobenen Behauptung einen propagandistischen Zug, und zwar, wie Habermas es sieht, als „deutsch-national eingefärbte Nato-Philosophie".

Dieser Streit von Historikern als Meinungsmachern verdient deshalb hier Erwähnung, erstens, weil ein anti-aufklärerischer Zug darin enthalten ist: Hier geht es, auf der einen Seite von Nolte, Fest, Hillgruber und Stürmer, fast nur noch um die moralische Selbstdiskreditierung der Siegermächte und um die Aufrechnung von Schuld. Zweitens aber belegt allein die Durchführung des Streits die Mitscherlich-These von einer „neuen Aufklärung" als dialektischer Vorgang in einer späteren Generation.

Hier wird die Doppelfunktion von Geschichtsschreibung für ihre jeweilige Gesellschaft unterstrichen. Sie soll für die Erinnerung in der Gegenwart festhalten, was in der Vergangenheit passiert ist; aber sie soll auch Noch-Gegenwärtiges, das aus der Vergangenheit herrührt, in die Vergangenheit verbannen. Geschichtsschreibung als Kulturleistung ist eine Kompromißbildung zwischen Wunsch und Abwehr. Die eigene Vergangenheit soll sozusagen libidinös besetzt werden, nicht zuletzt, weil sie einem in vielem noch Angst machen kann — ihre unangenehmen Abkömmlinge können aber zugleich auf den Platz eines abgeschlossenen, abgekapselten Stücks Geschichte verwiesen werden. Jede seelische Verdrängung trägt eine Niederschrift — vielleicht entspricht auch jede Niederschrift einer kulturellen Spielart des Verdrängens.

Ein deutscher Psychoanalytiker, *W. Schumacher,* hat aus seiner Erfahrung als Gutachter für die Angeklagten im Prozeß um das Vernichtungslager Sobibor auf zwei Abwehrmechanismen aufmerksam gemacht, die zur Verdrängung und Verleugnung hinzukommen — er nennt sie „Historisierung" und „Justifizierung". Vergangenheit Vergangenheit sein lassen heißt, sie so niederzuschreiben oder zu erzählen, als sei sie damit außer Kraft gesetzt und habe keine wirksamen Spuren im Charakter hinterlassen. Justifizierung hingegen bedeutet nach Schumacher zweierlei: zuerst „die schrittweise Außerkraftsetzung des Rechtsbewußtseins", und dann die „nachträgliche Fiktion des Befehlsnotstandes".

Hier ist der Gerichtssaal keine psychoanalytische Metapher für aufklärungswürdige Fragen im seelischen Haushalt, sondern eine Realität gewesen, ein sichtbares Zeichen dafür, wie eine Gesellschaft Verantwortung für begangene Menschheitsverbrechen versteht, wenn sie öffentlich darüber urteilt. Es ist eine Konsequenz des Rechtsstaates, dem Angeklagten Unzurechnungsfähigkeit aufgrund von inneren psychotischen Entwicklungen zuzubilligen, nicht aber wegen seiner Bereitschaft, dem Sog einer Massensuggestion zu erliegen. Hier wird vielmehr das Gegenteil gefordert, eine klare rechtskräftige Formulierung der Verantwortung persönlichen moralischen Verhaltens gegenüber einer Staatsautorität. Die Kennzeichen einer *demokratischen* Gesellschaft — wie oft müßte man das heute noch sagen? — sind nicht in ihrem Wirtschaftssystem zu finden, sondern in ihrer Rechtsprechung. Denn diese steht an der empfindlichen Stelle, am Schnittpunkt der Vermittlung zwischen individueller Triebökonomie und gesellschaftlicher Akzeptanz.

Die österreichischen Voraussetzungen

Eine neue Aufklärung muß sich auch in einer liberalen Öffentlichkeit finden, die einer humanistischen Tendenz kritischer Entmythisierung verpflichtet ist. Halten wir danach in Österreich Ausschau, ist die erste Enttäuschung einfach und beschämend — es gibt in diesem Land keine große Tageszeitung, welche diesen

Geist zu verbreiten vermag. Nur ein wöchentliches Nachrichtenmagazin kommt in Ansätzen einer solchen Verpflichtung nach. Das bürgerliche Blatt *Die Presse* leistet sich die Leitartikel einer Ilse Leitenberger, die etwa schreiben kann:

> „Gravierender ist, daß immer noch, auch von drüben aus Amerika, antiösterreichische Affekte festzustellen sind. Daß man sich also jüdischerseits weiterhin dazu bekennt, seine Animositäten, wann immer möglich, laut werden zu lassen. Fehlt es an wirklichen Feindbildern? Kommt man mit der eigenen Vergangenheit — und auch Gegenwart — selbst nicht mehr so recht ins reine? Es scheint so."

Sie schließt ihren entrüsteten Artikel mit einer unmißverständlichen Formulierung — „Kennwort der Überlegungen: Brunnenvergiftung." —, die zugleich direkt an den altösterreichischen Antisemitismus christlichsozialer Prägung anknüpft, als sei kein Drittes Reich jemals dazwischen gewesen.

Die Boulevardzeitungen gehen in der antiaufklärerischen Tendenz selten so weit, die sogenannte „unabhängige" Blattlinie wird aber jeweils von mächtigen Interessensgruppen getragen, die ihren Marktanteil vergrößern wollen und sich winden und nach allen erdenklichen Facetten einer potentiellen Leserschaft richten. So werden stereotyp in der Leserbriefspalte wie im redaktionellen Teil Kommentare „progressiver" und „konservativer" Meinungsmacher einander gegenübergestellt, ohne Vermittlung, ohne Sinnstiftung zum Disput.

Typisch josefinisch hingegen ist der Umstand, daß die einzige liberale Tageszeitung der Hauptstadt die *Wiener Zeitung* ist, ein kleines offiziöses Organ der Republik, das zum Großteil aus amtlichen Mitteilungen besteht und in erster Linie von der Beamtenschaft gelesen, oder überflogen, wird. Hier finden wir in der Tat die ausführliche kritische Auseinandersetzung mit aktuellen philosophischen Strömungen sowie eine geistreiche Fernsehkritik, die sich mit der Dialektik von Traum und Wirklichkeit in der Aufbereitung zeitgeschichtlicher Themen befaßt. Dennoch gibt es auch hier die erstaunlichsten Entgleisungen, etwa in der unsignierten Rezension einer Biographie von Elie Wiesel:

> „Und dennoch läßt den Leser unbefriedigt, daß in diesem Buch immer nur von den Juden als Opfern des Faschismus gesprochen wird. Kein Wort über die politisch Verfolgten, über die Priester verschiedener christlicher Konfessionen, die Zigeuner, die Krüppel, Wehrdienstverweigerer, Geisteskranken und Homosexuellen, die ebenfalls in den Konzentrationslagern unter denselben Qualen gestorben sind. Sehr viele von ihnen gingen zugrunde, weil sie versucht haben, Juden vor der Deportation zu retten. Die Neigung des heutigen Judentums, immer nur die Opfer aus den eigenen Reihen vor Augen zu haben, birgt — und darüber müssen sich die Juden endlich im klaren sein — die Gefahr in sich, mit den Grundstein eines neuen Antisemitismus zu legen."

Gefährlich ist, könnte man meinen, nicht der Umstand, daß Juden so sehr um das eigene vernichtete Volk trauern, als die Art und Weise, wie der Autor hier „die Juden" — als Ganzes — darüber aufklären will, daß sie stellvertretend für alle die „Vergangenheitsbewältigung" zu leisten hätten: ansonsten scheut er sich nicht, ihnen mit einem neuen Antisemitismus zu drohen. Darüber hinaus ist dieser Vorwurf an das „heutige Judentum" kaum haltbar — in einer Club-2-Diskussion zur Ausstrahlung des Films *Shoah* war es allein ein jüdischer Überlebender von Treblinka, der von der Ausrottung der Zigeuner sprach. In Israel werden immer wieder nichtjüdische Österreicher für ihre humanitären Taten während der Nazi-Zeit öffentlich geehrt — hier sollte man sich vielleicht eher darum kümmern, daß die heimischen Kriegsverbrecher vor Gericht gestellt werden.

Abgesehen von der Arena der öffentlichen Meinung liegt das zweite große Reservoir der liberalen humanistisch-demokratischen Bildung im Schulwesen. Die Gruppenanalyse hat uns darüber Hinweise erbracht, in welchen Etappen demokratisches Tun in der Gruppe sich entwickeln muß — sie betont auch die Gefährdung des einzelnen in der Großgruppe, wenn er nicht über stabile Identifizierungen verfügt, die sich eher in der Kleingruppe entwickeln lassen. Dennoch bleibt der Alltag des österreichischen Schülers die institutionalisierte Großgruppe, die „künstliche Masse", die kaum imstande ist, Eigenständigkeit des Denkens und Handelns zu fördern.

Was sollen wir heute von Exkursionen von Schülern nach Mauthausen halten, die grölend aus dem Bus steigen und laut Neo-Nazi-Parolen verkünden? Hier läuft offenkundig etwas schief. Zumeist nimmt die schulische Aufarbeitung der Nazi-Vergangenheit die Form eines gedrängten, unverdaulichen, höchstens bei Prüfungen zu reproduzierenden Lernstoffes an. Das, was hier unterrichtet werden soll, wird davon, wie es unterrichtet wird, erschlagen. Die Demokratisierung des Unterrichts ist eine Voraussetzung für die Überwindung der autoritären bzw. totalitären Spuren der Vergangenheit. Was an solchen Spuren im Alltag der Schüler in und außerhalb der Schule heute auffindbar ist, wäre zu einem zu erinnernden „Damals" in Beziehung zu setzen, sonst kann nichts durchgearbeitet werden. Zeitgeschichte zu unterrichten, kann auch heißen, ihre Manifestationen im Hier und Jetzt klarzustellen und Formen zu finden, die diese wiederum für den einzelnen emotional nachfühlbar und somit verständlich machen.

Eine offensive Bildungspolitik dieser Art muß Konsequenz aufweisen, denn sie hat viele Feinde — nicht nur in einem althergebrachten Obrigkeitsdenken, sondern auch in der Trägheit einer Laissez-faire-Haltung, die als passiver Widerschein einer Autoritätsfixiertheit sichtbar wird. Dieser falsch verstandene Liberalismus, sozusagen das Negativbild des Gehorsams, wird in Österreich oft als subversive Kraft gelobt: „Unsere Schlamperei hat uns davor bewahrt, solche unerbittlichen Nazis wie die Deutschen zu sein." Dies unterschlägt, wieviele Hauptverantwortliche in der damaligen Vernichtungsmaschinerie die sprichwörtliche Schlamperei der Österreicher Lügen straften. Demokratische Gesinnung ist eine andere, denn nur sie verlangt — im Gegensatz zur autoritären und Laissez-faire-Pädagogik — letztlich vom Individuum selbst die Verantwortung für sein Tun und Lassen.

Wie kann eine solche demokratische Gesinnung in der Öffentlichkeit gefördert werden? Die psychoanalytische Forschung weist auf die Wichtigkeit von hilfreichen Identifizierungen hin, um überhaupt trauern zu können. Für die breite Medienlandschaft, für die verantwortlichen Regierungsleute, ist es aber leider noch immer nicht angenehm, die Erinnerung an die österreichischen Widerstandskämpfer — ob Kommunisten oder Katholiken — in das Bewußtsein der Bevölkerung zu tragen. Wenn es aber im Krieg auf dieser Seite Tote gab, die Helden waren, dann jene, mehr als alle anderen. Sagt einer, stellvertretend für allzuviele, er habe damals nur seine Pflicht getan, muß man sich fragen, was denn die kleine Schar von Widerstandskämpfern getan hat?

Solche Überlegungen führen uns auf die zweite Bedeutungsebene der Aufklärung — Gerichtsbarkeit und Rechtsprechung. In der Psychoanalyse des einzelnen werden die innerseelischen Instanzen und Repräsentanzen — etwa die unbewußten Identifizierungen — untersucht, die für das Individuum Ankläger, Verteidiger, Zeugen und Richter seines wirklichen und phantasierten Tuns darstellen. Der Wiener Analytiker *R. Schindler* hat einmal das Paradigma der Strafjustiz mit dem Paradigma der analytischen Situation kontrastiert. Psychologisch wird — wie in Schumachers Konzept der „Justifizierung" — in der Strafprozeßordnung eine kollektive Gewissensentlastung durch den Abwehrmechanismus der *Verschiebung* erzielt. Einer steht da, angeklagt für viele: Beweismaterial und Zeugen werden gegen ihn angeführt, wenn er abgeurteilt wird, sind die Schadenfreude und die Erleichterung groß — daß es ihn erwischt hat und nicht mich, der ich mich in meinen unbewußten Phantasien oft zu ähnlichen Missetaten fähig gezeigt habe.

Das Paradigma der analytischen Situation hingegen ist analog jenem der klassischen griechischen Tragödie: es zielt auf Katharsis durch Bewußtwerden der eigenen Anteile am vermeintlich „schicksalshaften" Unglück. Das Subjekt, wie etwa im Ödipus-Drama, erinnert sich laut an die Vorgeschichte, assoziiert dazu, stellt eigens seine Verbindungen und Verknüpfungen her und wird dabei vom Chor — bzw. im anderen Fall vom Analytiker — mit Fragen, Klarstellungen oder Deutungen konfrontiert, bis so etwas wie eine intersubjektive Wahrheitsfindung entsteht, an der jeder teilhaben kann. Ein solches Modell läßt sich schwerlich auf unseren Justizapparat anwenden, aber es mangelt ihm dennoch nicht an aktueller Brisanz.

Vorbildhaft für eine Nation, die sich ihrer Vergangenheit stellen will, kann nur die Haltung ihres verantwortlichsten Protagonisten sein. Dies ist die Chance zu einer öffentlichen Verkörperung des sprechenden — das heißt sich verantwortenden — Subjekts, das sich aktiv um die Erinnerung an Vergangenes bemüht, um damit auch Richtlinien für Gegenwart und Zukunft aufzuzeigen. Wenn seine Person jedoch im Gerichtssaal der Weltöffentlichkeit als *Objekt* der Rechtsprechung, der Verteidigung, der Anklage und der Beweisführung gehandelt wird, ist diese Chance dahin.

Die öffentliche Rechtsordnung als Kennzeichen einer demokratischen Gesinnung zeigt in Österreich zwei ausgeprägte Merkmale. Das erste liegt in den eindeutigen Reformansätzen, die Justizminister Broda in der Kreisky-Ära durchzusetzen vermochte. Innenpolitisch war diese Tat für das neutrale Österreich von ähnlich aufklärerischer Bedeutung wie Brandts Entspannungspolitik für die Außenpolitik einer mit der NATO verbündeten BRD. Müssen wir heute, hier wie dort, eine allmähliche Aufgabe der erreichten Position befürchten? (Wie, wenn das Interregnum der beiden emigrierten Widersacher des Nationalsozialismus, Brandt und Kreisky, als Bundeskanzler ihrer Länder, nur ein Zwischenspiel gewesen wäre, vor einer Politik der „Wende", die vielleicht nicht viel anderes bedeutet als die Wiederkehr des Verdrängten in neuer Gestalt — der Versuch einer „Sanierung" der Gesellschaft durch technisch-wirtschaftliche Maßnahmen, ein Wegrationalisieren von unbrauchbarem „Menschenmaterial" hinein in das asoziale Abseits des Sozialhilfeempfängers?)

Aber die Kehrseite dieser aufgeklärten Justizpolitik im Österreich der letzten Jahre — die Reform von oben — ist die zunehmend undurchsichtig gewordene Politisierung der Justiz, die vielen Korruptionsskandale, in die prominente Politiker und Beamte verwickelt sind und die nie zur öffentlichen Aufklärung gelangen. In gewissem Sinn gehört ein gesundes Ausmaß an Korruption zur Demokratie, die ja viel mehr durch populistische „Saubermänner" gefährdet wird. Nicht die Korruption selbst ist so sehr Feind der Demokratie, als das Unvermögen, sie aufzuklären. Die Gefahr ist, daß sich zunehmend jeder jeglicher Verantwortung zu entziehen vermag, bis das, was Schumacher die „schrittweise Außerkraftsetzung des Rechtsbewußtseins" nennt, auf die gesellschaftliche Dynamik wie ein tödlicher Stupor einzuwirken droht.

Zum Schluß wollen wir am Beispiel der Sexualpädagogik an die Grenzen und an die Unabschließbarkeit der Aufklärung erinnern.

Das Kind der Vorpubertät, das noch keine genitale Reife erlangt hat, kann die Organlust des Erwachsenen beim Geschlechtsleben nicht empfinden. Es kann nur über die Empfindungen der Erwachsenen phantasieren — Erklärungen dazu, wenn auch wohlgemeint, führen in der Regel nicht zu einer Erkenntnis, zu einem Verstehen, sondern zu weiteren Phantasiebildungen. Der Wunsch nach sexueller Aufklärung ist hier wie auch in der späteren Phase der Pubertät — wo die volle Organlust durchaus erlebbar wird — zu übersetzen als Wunsch nach einer Befreiung aus den Verstrickungen des Ödipus-Komplexes.

Es sind die vielfältigen lustvollen und aggressiven Phantasien über die Eltern im Unbewußten, welche die selbständige Entwicklung hemmen. Das Kind sucht Bewußtheit über diese Vorgänge und ahnt auch als Jugendlicher zumeist nicht, wie unabschließbar dieser Prozeß des Bewußtwerdens ist — auch nicht, wie wenig kognitive Erklärungen imstande sind, ihm seinen seelischen Zustand zu erhellen. So stellt sich auch der Wunsch nach Aufklärung in der Einzelanalyse dar. Der Patient bittet den Analytiker um Aufklärung über die Ursachen seines Leidens und kann sich erst allmählich darauf einstellen, daß er sich in erster Linie selbst reden hören muß, um Antwort auf seine Fragen zu erlangen, und daß in letzter Instanz für das Gelingen entscheidend bleibt, welche Fähigkeit zu einer Modifikation seiner bisherigen Identifizierungen er entwickeln kann.

Die Grenzen einer psychoanalytischen Aufklärung der zeitgeschichtlichen Vergangenheit liegen in einer gewissen Bescheidung auf ihre interpretierende, erklärende Wirkung. Die Psychoanalyse extrapoliert immer nur aus der seelischen Ontogenese des Individuums. Jenseits dieser Grenzen erstreckt sich der Bereich jener Gesellschaftswissenschaften, welche die Mechanismen funktionalisierter ökonomischer Herrschaftsinteressen zu fassen versuchen. Wir konnten und wollten hier lediglich mit Hilfe der psychoanalytischen Sichtweise einige Aspekte einer „neuen Aufklärung" andeuten — eine Allmachtsphantasie der Psychoanalyse führt zu ihrem Mißbrauch als Deutungsinstrument für jedwede gesellschaftliche Erscheinung und macht sie so zum Handlanger eines Psychologismus, der — wiederum im Sinne bestehender Herrschaftsinteressen — nicht zur Aufklärung, sondern zur Verschleierung von Tatsachen beiträgt.

Letztlich ist auch die Unabschließbarkeit der Aufklärung als das zu sehen, was sie ist — eben nicht als zeitraubendes, zermürbendes oder sinnloses Unterfangen, das man lieber sein läßt, um keine Nester zu beschmutzen, keine schlafenden Geister zu wecken, keinen Dreck unter dem Teppich hervorzukehren. Die Unabschließbarkeit der Aufklärung ist schlicht eine Sache der emotionalen Reifung und als solche aufs engste mit Trauerarbeit verbunden. Auch das Kollektiv hat sich ihr zu stellen, andernfalls tritt Stagnation ein.

Österreich ist durch seine Neutralität und seine bürgerlichen Freiheiten begünstigt — all dies ist Chance für eine eigenständige humanitäre Politik. In einer Zeit politischer Verunsicherung und weltwirtschaftlicher Umstellungen könnte eine solche Politik eine der wenigen hilfreichen Identifizierungsmöglichkeiten zwischen den großen Machtblöcken bleiben. Aber nicht dann, wenn wir uns dem Wiederholungszwang unterwerfen — blindlings dazu bereit, auch ein nächstes Mal das willige „Opfer" böser äußerer Mächte zu sein.

Anmerkungen:

[1]) Worte des Rates der evangelischen Kirche in Deutschland zu den NS-Prozessen 1963, zit. in: A. und M. MITSCHERLICH, Die Unfähigkeit zu trauern, 1968.
[2]) Kann dabei der Hitler in uns selbst hervortreten? Und wie können wir ihn assimilieren?
[3]) Dazu Adorno: „Der Haß gegen sie (die Psychoanalyse, Anm. d. Verf.) ist unmittelbar eins mit dem Antisemitismus, keineswegs bloß, weil Freud Jude war, sondern weil Psychoanalyse genau in jener kritischen Selbstbesinnung besteht, welche die Antisemiten in Weißglut versetzt."

Oliver Rathkolb

„... FÜR DIE KUNST GELEBT"

Anmerkungen zur Metaphorik österreichischer Kulturschaffender im Musik- und Sprechtheater nach dem Nationalsozialismus

„Vissi d'arte ... (ich habe für die Kunst gelebt)": Mit dem Beginn der Arie der Tosca kommentierte Elisabeth Schwarzkopf einen 1983 in der „New York Times" erschienenen Artikel, basierend auf Forschungsergebnissen des Verfassers, über ihre bisher immer „verdrängte" ehemalige Zugehörigkeit zur NSDAP während ihrer Zeit am Deutschen Opernhaus in Berlin. Auf den ersten Blick könnte man meinen, daß es sich um eine gelungene Formulierung handle, um weitere Diskussionen zu verhindern, doch vergleicht man diesen einfachen Satz mit der heftigen öffentlichen Diskussion über Elfriede Jelineks „Burgtheater" und das darin implizierte politische Verhalten Attila Hörbigers und Paula Wesselys während der NS-Zeit, so scheint es doch angebracht, diesen Satz als Metapher für die Grundeinstellung von Repräsentanten der Hochkultur in Deutschland und Österreich während der Zeit des nationalsozialistischen Regimes zu qualifizieren.

Im Grunde genommen geht es jedoch nicht nur um die jahrtausendealte Debatte über die Wechselwirkungen zwischen Politik und Kunst, sondern auch um eine spezifische Diskussion über das Verhältnis von Kunst und Faschismus, wobei im konkreten Fall das Verhältnis von Kunst und Austrofaschismus ausgeklammert werden soll. Der Nationalsozialismus versuchte eine „totale Umwälzung der demokratischen Kulturverfassung. An die Stelle des ‚individualistischen' Prinzips sollte das völkische treten, an die Stelle eines weitgehend staatsfreien Kulturlebens eines, das der Sphäre des Staates eingeordnet war, an die Stelle des freien künstlerischen Schaffens der Dienst an der ‚Volksgemeinschaft'" (Volker Dahm, Reichskulturkammer, 1986, S. 56). Inwieweit diese revolutionäre Neuordnung im projektierten Sinne gelungen ist, bleibe dahingestellt. Sicherlich gelungen ist der bis zur Perfektion perpetuierte Mißbrauch auch der Hochkultur für die Ziele des NS-Regimes, die im Zweiten Weltkrieg und einem unvorstellbaren Genocid ihren „Höhepunkt" fanden.

Es ist sicherlich kein Zufall, daß die Diskussion über die Posse „Burgtheater" und die politische Vergangenheit von Hörbiger und Wessely nach der „Reder-Frischenschlager-Affäre" und wenige Monate vor der Diskussion über den damaligen Präsidentschaftskandidaten und heutigen Bundespräsidenten Kurt Wald-

heim stattfand. Auch in der öffentlichen Diskussion über die ideologischen Auswirkungen des Faschismus auf die Gegenwart steht die Kultur dort, wo sie schon
im „Dritten Reich" stand: in der Mitte.

Aufgrund der Tatsache, daß es bis heute keine grundlegende Arbeit über das
Verhalten von Künstlerinnen und Künstlern bzw. von Kulturmanagern während
der NS-Zeit in Österreich gibt — abgesehen von verdienstvollen Detailstudien
respektive Analysen von Detailbereichen wie dem Verlagswesen (Murray
Hall) —, erscheint es dem Verfasser zweckmäßig, überblicksartig die tragenden
Institutionen unserer Hochkultur, die auch in der traditionellen Auslandsdarstel-
lung eine essentielle Rolle spielen, und ihre Repräsentanten auf ihre politischen
Selbstdarstellungen hin zu untersuchen.

Um allen bewußten Fehlinterpretationen vorzugreifen, sei mit aller Deutlichkeit festgestellt, daß es weder um ein „Tribunal" (Lothar Höbelt) ex post geht
noch um ein „Blabla ... von Leuten inszeniert, die seit 40 Jahren den Blick auf
die Vergangenheit lenken wollen, damit man die Verbrechen der Gegenwart
übersieht" (Viktor Reimann). Bei der konkreten Analyse des politischen Verhaltens der Kulturelite während des Nationalsozialismus und der Reflexion über
dieses Verhalten nach 1945 stehen keineswegs moralisierende Verfahrenswei-
sen im Vordergrund, sondern bewußte und offene Analysen von Fakten, Ursachen, Zusammenhängen und Hintergründen. Aus diesem Grund möchte der
Verfasser die prägenden Hochkulturinstitutionen getrennt skizzieren.

Die Wiener Staatsoper und das Musiktheater

Um deutlich zu machen, daß die Glorifizierung der Nachkriegsära der Wiener
Oper keineswegs in dem in der Gegenwart propagierten Ausmaß zutrifft, soll an
dieser Stelle ein „Theaterpraktiker" zu Wort kommen, Oscar Fritz Schuh (So war
es, S. 85):

> „Von revolutionärem Geist auf dem Theater kein Hauch. Einem so ver-
> dienten Mann wie dem damaligen Unterrichtsminister ... Ernst Fischer,
> ist bei der Auswahl des Personals für die leitenden Positionen an den
> Staatlichen Bühnen nur Peinliches unterlaufen. Er hat mir das 1968 ...
> selbst bestätigt. Fischer bestellte, statt der Jugend eine Chance zu
> geben, einen alten Burgtheaterschauspieler zum Burgtheaterdirektor
> (Raoul Aslan, Anm. d. Verf.) und ernannte einen österreichischen Folk-
> lorekomponisten zum Operndirektor (Franz Salmhofer, Anm. d. Verf.),
> was einen völligen Ausschluß des modernen kompositorischen Schaf-
> fens an der Wiener Staatsoper bedeutete."

Der weltberühmte Regisseur Schuh hatte diese Vorbehalte jedoch nicht erst ex
post formuliert, sondern bereits 1946 in der Kulturzeitschrift „Der Turm" eindeutig formuliert:

> „Jahrelang hat man gestöhnt über die Knebelung des Geistes. Jetzt, da
> die Freiheit wiedererlangt ist, geschieht angesichts der existierenden

Möglichkeiten reichlich wenig. Statt dessen erlebt man eine unproduktive Zeit des Wartens und Zögerns."

Der institutionelle Hintergrund für diese Kontinuität im Programm der Wiener Staatsoper läßt sich aus einer mehrschichtigen Interessenskonstellation heraus erklären. Die bis Ende August 1945 in Wien dominierende politische Kraft war — zumindest de lege — die sowjetische Besatzungsmacht, deren Kulturoffiziere jedoch vom ersten Moment an eine Fortsetzung des traditionellen Hochkulturbetriebs unter bewußter Beibehaltung auch politisch belasteter Künstler (aufgrund ihrer Stellung in der NS-Propagandamaschinerie) per Befehl durchsetzten. Die sowjetischen Kulturoffiziere, die in den ersten Wochen auch mit politischen Aufgaben im engeren Sinn betraut waren und die Kontakte zur österreichischen Provisorischen Staatsregierung um Karl Renner etablierten, wollten ganz offensichtlich Ruhe in die Bevölkerung bringen und bewußt Zeichen setzen, daß eine Kontinuität im Sinne einer geordneten institutionellen Weiterarbeit gegeben sei. Entnazifizierungsfragen spielten damals noch keine Rolle — ganz im Gegensatz zur Situation 1946, als die sowjetische Besatzungsmacht sich gegen die Weiterbeschäftigung von belasteten Musikern und Dirigenten aussprach. Am 27. April 1945 mußte jedoch Clemens Krauss, einer der Lieblingsdirigenten Hitlers, mit den Wiener Philharmonikern das erste Konzert nach der Befreiung Wiens zur Aufführung bringen.

Neben der sowjetischen Besatzungsmacht, deren Kulturpolitik primär Kontinuität und Ruhe realisieren sollte — unter bewußter Einbeziehung politisch „belasteter" Künstler —, und der Ministerialbürokratie unter Ernst Fischer gab es an der Wiener Staatsoper auch eine Art basisdemokratischer Repräsentanz. Auf der Seite des künstlerischen Personals wurde Alfred Jerger „künstlerischer Leiter", unterstützt vom „Leiter der administrativen Kanzlei", Matthäus Flitsch — dem wohl am meisten totgeschwiegenen Kodirektor der Wiener Staatsoper. Heinz Fischer-Karwin fand es in seiner Geschichte der Wiener Staatsoper seit 1945 nicht einmal wert, seinen Namen zu erwähnen — es „reichte" ein polit-polemischer Hinweis (S. 21): „Die Russen haben zwar einen Kommunisten in die Direktion der Staatsoper gesetzt, der Mann ist aber ziemlich unbemerkt geblieben." Bereits 1945 wurde der US-Kulturoffizier österreichischer Herkunft, Otto de Pasetti, über die „politische Gefährlichkeit" von Flitsch aufgeklärt: Flitsch war angeblich vor 1938 Kommunist gewesen und nach dem Bürgerkrieg im Februar 1934 gezwungen, in die Sowjetunion zu fliehen. 1939 kehrte er zurück und arbeitete in der Staatsoper als Feuerwehrmann und später als Verwaltungssekretär.

Es ging jedoch in der politischen Diskussion über Flitsch, der am 11. August 1945 zum „Verwaltungsdirektor" bestellt wurde, während dem Kapellmeister des Burgtheaters, Franz Salmhofer, der Titel eines „provisorischen Direktors der Wiener Staatsoper" verliehen wurde, auch um kulturpolitisch unterschiedliche Konzepte. Bereits am 10. Juni 1945 hatte sich Alfred Jerger in einer Denkschrift gegen die Bespielung zweier großer Opernhäuser durch das Ensemble der Wiener Staatsoper ausgesprochen — sonst würde der Staatsoper (bei gleichzeitiger Betreuung der Volksoper) der „Weltruf" verlorengehen. Das betriebswirtschaftlich vernünftigere Konzept von Flitsch, das auch eine wesentlich geringere Subventionierung erfordert hätte, entsprach jedoch nicht dem herrschenden Kulturkonzept der ÖVP, welches an Traditionen der „historischen Musikkultur" aus der Zeit des Ständestaates anknüpfen sollte. In diesem Zusammenhang muß aber darauf hingewiesen werden, daß die Betonung des klassischen Musikbetriebs auch eine eminent politische Bedeutung besaß, die Kurt Blaukopf in Jacques Hannaks „Bestandsaufnahme" (S. 394) zu Recht als „Ansatz zu einer nationalen Besinnung" skizzierte.

Akzentuiert formuliert wurden derartige ideologische Überlegungen durch den neuen Leiter der Bundestheaterverwaltung, Egon Hilbert. Hilbert war vor seiner Inhaftierung Presseattaché in Prag gewesen und wurde 1938 in das KZ Dachau gebracht, wo er u. a. auch den späteren Bundeskanzler Leopold Figl und andere ÖVP-Spitzenfunktionäre kennenlernte. Hilbert schrieb im Jänner 1946, daß die

> „Ausgestaltung des Spielplanes des Wiener Burgtheaters eine intensivere werden wird, besonders unter Berücksichtigung der Tatsache, daß Wien und das übrige Österreich systematisch während der sieben Jahre der nationalsozialistischen Besetzung von den Geistesströmungen in der Welt, im Westen und Osten, ausgeschaltet worden ist. Der Nationalsozialismus machte aus den beiden Wiener Bühnen Provinztheater."

Hilbert wandte sich zwar gegen die „Bevormundung aus Deutschland", sprach sich jedoch für die Weiterverwendung „wertvoller deutscher Künstler, die eine politisch tadellose Vergangenheit haben", aus. Seinen Plänen nach mußte die „Staatsoper die repräsentative Wiener Oper in der Welt werden", wohingegen die „Volksoper" der komischen Oper vorbehalten blieb.

In all diesen Fragen war Flitsch anderer Auffassung, da er ein engeres, austrozentriertes Konzept forcieren wollte, welches 1945 das einzige und bis heute letzte subventionsfreie Spieljahr der Staatsoper ermöglicht hatte. Überdies gab es auch interne Konflikte mit den Wiener Philharmonikern hinsichtlich ihrer geplanten Tournee nach Salzburg, wobei es vor allem um die Eigenständigkeit des „Staatsopernorchesters" ging, die Flitsch einschränken wollte. Letzten Endes stolperte Flitsch über die Tatsache, daß sein Berater in künstlerischen Fragen, der Chorsänger Heinrich Berthold, seine Zugehörigkeit zur NSDAP verschwiegen hatte, Hilbert dies Flitsch anlastete und ihn auf den bedeutungslosen Posten eines Direktionsrates abschob.

Mit welchen Methoden „Antifaschismus" 1945/46 angewandt wurde, sollte jedoch an dieser Stelle ausführlicher geschildert werden, da Antifaschismus eine ebenso ungleichgewichtige „Waffe" wie „Antikommunismus" war. So hatten Flitsch und Salmhofer veranlaßt, daß bis September 1945 69 Personen aus dem künstlerischen und nichtkünstlerischen Personal der Staatsoper entlassen worden waren — 20 ehemalige Mitglieder der NSDAP waren von einer Kommission entlastet worden. Weitere 29 sollten gekündigt werden, sobald es die Situation erlauben würde. Eigenartig bei der ganzen „Prozedur" ist jedoch, daß der US-Kulturabteilung und Egon Hilbert seit Ende 1945 bekannt war, daß Franz Salmhofer laut eigenen Angaben seit 1. Januar 1934 Mitglied der NSDAP gewesen war, Industriegruppe Demar-Schenker, eine „Prominentengruppe". Der Burgtheaterdirektor Ulrich Bettac bestätigte Salmhofer 1939, daß „er illegaler Parteigenosse gewesen war und durch die Feststellung der jüdischen Versippung seiner Frau aus der Partei austreten mußte. Er hat sich in jeder Beziehung politisch einwandfrei benommen." Trotzdem stellte Salmhofer 1938 den Antrag auf „Ausstellung einer vorläufigen Mitgliedskarte". Durch dieses insistente Verhalten gefährdete er überdies seine Frau Margit, geborene Gál (Grünwald), da das Reichssippenamt 1942 feststellte, daß sie „Jüdin" sei — „die vorgelegten eidesstattlichen Erklärungen sind zur Stützung der Behauptung einer Kindesunterschiebung allein nicht ausreichend". 1945/46 wurde dieser Vorgang, der auch auf politische Einstellungen während der NS-Zeit Rückschlüsse zuläßt, nicht diskutiert — weder von den Österreichern noch von amerikanischen oder sowjetischen Kulturoffizieren. 1985 wurde in der „Ausstellung Wien 1945 — davor/danach" sogar das Gegenteil versucht — Salmhofer als Paradigma eines Musikers im Widerstand gegen den Nationalsozialismus hochzustilisieren — ein Beispiel dafür, daß man Mythisierungen — gleich in welcher Richtung — vermeiden und auf dem Boden der Realität bleiben sollte.

Zusammenfassend für den Bereich der Wiener Staatsoper wäre zu sagen, daß sie — stärker als die Sprechtheater — eher restaurative Aufgaben erfüllen sollte, mit dem eindeutigen Primat der Klassikerpflege, wo es keine Brüche zur NS-Zeit gab. Hilbert klammerte die Staatsoper, der sein besonderes Interesse galt, bewußt aus einem „Erziehungsprogramm zur Ausmerzung der Naziideologie und Einprägung demokratischer Grundsätze" aus. Moderne Musik hatte daher nach Auffassung Hilberts und Salmhofers keinen Platz an der Staatsoper, wobei diese beiden „Musikfunktionäre" durchaus den herrschenden Geschmack innerhalb der dominierenden politischen Kräfte repräsentierten. Damit in Übereinstimmung war das absolute Desinteresse an der Etablierung moderner Musik oder deren Repräsentanten wie Arnold Schönberg, dessen Rückholung durch den Stadtrat für Kultur und Volksbildung in Wien, Viktor Matejka, scheiterte und dessen Verleihung der Ehrenbürgerschaft der Stadt Wien 1949 tragikkomisch anmutet. Es sollte noch bis weit in die siebziger Jahre hinein dauern, ehe moderne Musik auch von der etablierten Kulturbürokratie anerkannt und gefördert wurde.

Dieses „Beharrungselement" im Musikbetrieb schlägt sich auch in der antifaschistischen Auseinandersetzung nieder, da das Primat der perfekten Darstellung konventioneller bis klassischer Musikwerke eine optimale Ausnützung des Potentials an reproduzierenden Künstlerinnen und Künstlern erforderte. Besonders deutlich wurde dieser Prioritätenkonflikt bei einem homogenen Ensemble wie den Wiener Philharmonikern. Sie bildeten einen weltbekannten einheitlichen Klangkörper, hatten aber gleichzeitig einen unverhältnismäßig hohen Anteil an ehemaligen Mitgliedern der NSDAP in ihren Reihen — unter ihnen zahlreiche „Illegale". Daß die Mitgliedschaft zur NSDAP nicht gleichbedeutend sein mußte mit Zwangsmitgliedschaft, ergibt sich allein schon aus der Tatsache, daß bei den Berliner Philharmonikern von insgesamt 110 Musikern nur acht der NSDAP angehört hatten. Im Vergleich dazu gehörten bei der Befreiung Wiens durch die Rote Armee von 117 Philharmonikern 45, das sind rund 40%, der NSDAP an — 22 als „Illegale" sowie zwei als Angehörige der SS.

Trotz der Propagandawirkung dieses Ensembles — ein Faktum, das bereits im Ständestaat durch die politischen Kontakte des Vorstands Hugo Burghauser mit der Vaterländischen Front und nach dessen Entlassung 1938 als „jüdisch versippter" durch seinen Nachfolger, den Kontrabassisten und Angehörigen der SS, Wilhelm Jerger, im nationalsozialistischen Sinn ausgenützt worden war — stand das Orchester von allem Anfang an außerhalb aller Entnazifizierungsnormen, unterstützt von der sowjetischen Besatzungsmacht und dem kommunistischen Staatssekretär für Volksaufklärung, für Unterricht und Erziehung und für Kultusangelegenheiten.

Unter dem neuen Vorstand, Fritz Sedlak, einem politisch integren Mann, wurden durch eine interne Entnazifizierungskommission, der neben Ministerialbeamten auch einer der 1938 auf Intervention Wilhelm Furtwänglers von der Entlassung ausgenommenen „Mischlinge und jüdisch versippten" Musiker angehörte, 8,8% der Parteimitglieder (das waren 3,4% des gesamten Orchesters) entlassen. Weitere 14 Orchestermitglieder wurden pensioniert.

Im Vergleich dazu waren die Nationalsozialisten nach dem „Anschluß" wesentlich kompromißloser bei Entlassungen vorgegangen — abgesehen davon, und dies außerhalb jeder Vergleichsmöglichkeit, daß die Geiger Viktor Robitsek und Max Starkmann in Massenvernichtungslagern ermordet wurden: 1938 wurden neun „Volljuden" und zwei „jüdisch versippte" Mitglieder der Wiener Philharmoniker „pensioniert". Wie sollten sie jedoch ihre Pensionen im Ausland oder im Konzentrationslager beziehen?

Für weitere neun „jüdisch versippte" Musiker suchte der Dirigent Wilhelm Furtwängler — eines der vielen Beispiele für seine ambivalent mutige Haltung während des „Dritten Reiches" — um eine Sonderbewilligung an, die acht von ihnen das Weiterarbeiten ermöglichte. Unter den „Volljuden" befanden sich Künstler ersten Ranges wie Arnold Rosé, Friedrich Buxbaum, Ludwig Wittels und Josef Geiringer.

An dieser Stelle soll dargelegt werden, daß es dem Verfasser nicht darum geht, zu geringe „Säuberungen" nach 1945 zu beklagen, sondern um den Mangel an politischem Bewußtsein bei der Beurteilung der Frage, welche Rolle beispielsweise das Wiener Staatsopernorchester, das sich aus Mitgliedern der privaten Vereinigung „Wiener Philharmoniker" zusammensetzt, im Dritten Reich gespielt hat. Bezeichnend für das Unvermögen selbst politisch Verfolgter wie Egon Hilbert, diese Frage 1945 kritisch zu beurteilen, ist sein Entwurf für den Vortrag des Bundesministers für Unterricht, Felix Hurdes, an den Ministerrat vom 28. März 1946:

> „Infolge des Einbruches des Nationalsozialismus schieden wohl eine
> Reihe prominenter Künstler aus rassischen Gründen aus ..., jedoch
> gelang es immerhin, das künstlerische Niveau nicht zuletzt dadurch zu

erhalten, daß ungeachtet der Rassengesetzgebung eine Reihe von Mischlingen und Versippten belassen wurde.

Wohl auch aus dem Gedanken heraus, die Zusammensetzung des Orchesters möglichst unangetastet zu erhalten und Zerstörungstendenzen keine Handhabe zu bieten, hat sich ein verhältnismäßig großer Teil der Orchestermitglieder zur NSDAP gemeldet und in den Personalfragebögen des Jahres 1938, mit den Tatsachen in Widerspruch stehend, auf Illegalität hindeutende Angaben gemacht, die jetzt zum Großteil bestritten werden und deren Unrichtigkeit sich auch erweisen dürfte."

Außer dem Eingeständnis des Opportunismus, dem keinerlei gesellschaftspolitisch bedingte Zwangsmitgliedschaft 1938 zugrunde lag, enthält die Feststellung Hilberts keinerlei kritische Analyse der Rolle und Situation des Orchesters im Faschismus — wobei auch seiner Behauptung, daß das Orchester „vor der Befreiung Österreichs in keiner Weise nationalsozialistische Tendenz aufwies", an Hand der Erinnerungen Hugo Burghausers widersprochen werden muß.

Was das Orchesterprogramm betraf, so versuchte das Orchester zumindest in den ersten Konzerten Signale zu setzen, so am 3. Juni 1945 unter der Leitung von Robert Fanta bei einem Außerordentlichen Konzert mit der 1. Symphonie des „verfemten" Gustav Mahler. Vor allem — und hier sind die Parallelen zum „Fall Waldheim" wirklich erschreckend ähnlich — im Ausland wurde diese stillschweigende Kontinuität ohne sichtbares Zeichen politischer Auseinandersetzung keineswegs goutiert. Dies war auch der Grund, warum eine geplante Auslandstournee in die Schweiz, nach Frankreich und Großbritannien im April 1946 abgesagt bzw. verschoben werden mußte. In weiterer Folge versuchte der Vorstand der Wiener Philharmoniker nach mehr als zehn Monaten des Schweigens, durch eine Pressekonferenz die Vorbehalte hinsichtlich des überdurchschnittlich großen Anteils an Nationalsozialisten im Orchester zu entkräften, wobei er auch „das Vergangene schärfstens verurteilte" und sich „rückhaltslos zum neuen Österreich bekannte". Konzerte zugunsten von Opfern des Nationalsozialismus in den eigenen Reihen und zugunsten Naziopfern insgesamt sollten zur „Imagebesserung" beitragen.

Der Chefredakteur des „Neuen Österreich", Rudolf Kalmar, selbst ein ehemaliger KZ-Häftling, formulierte zwar die politische Bedeutung einer öffentlichen Diskussion über den Nationalsozialismus richtig, doch subsumierte er sie zu Unrecht unter die Aktivitäten der Philharmoniker:

„Was wir ... erwarten ... ist ein offenes und mannhaftes Bekenntnis seines Irrtums von gestern. Österreich will nach der unabsehbaren Katastrophe der letzten sieben Jahre seine kulturelle Weltgeltung zurückgewinnen. Im Bewußtsein der Humanität und voll aufrichtiger Verehrung für jeden Künstler, der die kollektive Mitschuld des Schweigens erkannt, der sie bekannt und damit seinen unerläßlichen Beitrag zur Entsühnung geleistet hat."

Wobei noch zu ergänzen wäre, daß es mit Einzelaktivitäten nicht getan ist. Demokratisches Bewußtsein muß täglich gelebt und verwirklicht werden. Zu

Recht erwiderte ob einer derartigen, kurzfristig etablierten Imagekorrektur der Chefredakteur der US-Zeitung für Österreich, „Wiener Kurier", Hendrik J. Burns, ein ehemaliger Berliner Journalist, der über Österreich 1938 in die USA emigrieren mußte:

> „Braucht Wien und braucht Österreich heute ein philharmonisches Orchester, das voll und ganz seiner alten Tradition entspricht — oder soll das neue Österreich und das neue Wien vorübergehend ein weniger gutes Orchester besitzen — dafür jedoch ein neues und wirklich demokratisches? Die Entscheidung liegt im Gewissen aller Österreicher — nicht nur in den Händen des Orchesters —, und die Frage ist: Ja oder Nein?"

Die Suggestivfrage läßt die tatsächlichen gesellschaftlichen Verhältnisse 1946 völlig außer acht, da sowohl die österreichische Bundesregierung als auch die öffentliche Meinung für eine langsame Aufhebung von Entnazifizierungsmaßnahmen eintraten.

Bemerkenswert in diesem Zusammenhang ist aber, daß sechs Mitglieder des Staatsopernorchesters gegen die Darstellung Sedlaks schriftlich protestierten und nachzuweisen versuchten, daß sehr wohl genügend Musiker vorhanden wären, um auch bei Durchführung von Entnazifizierungsmaßnahmen die künstlerische Qualität zu gewährleisten. Da die Orchester der Staatsoper und der Volksoper, die 1945 zusammengelegt worden waren, wieder getrennt wurden, kam es zu weiteren Entlassungen, die keineswegs politisch gerechtfertigt waren.

Von den 18 außer Dienst gestellten Philharmonikern waren vier „schwer belastete Nationalsozialisten", vier weitere waren „formale" Parteimitglieder, vier weitere Herren waren keineswegs Mitglieder der NSDAP gewesen, hatten aber das Pensionsalter erreicht, wohingegen weitere sechs „Pensionierte" bereits längst das Ruhestandsalter erreicht hatten, aber aufgrund ihrer Zugehörigkeit zur NSDAP im Dienst behalten worden waren. Aus diesem Gesichtspunkt betrachtet, erscheinen die Entnazifizierungsmaßnahmen noch marginaler zu sein, als auf den ersten Blick erkennbar.

Betroffen von der politischen Konsistenz des Orchesters waren außer diesen Insidern aber schließlich sogar die alliierten Besatzungsmächte, sodaß diese Frage auch auf der Ebene des „Allied Denazification Bureau" der Alliierten Kommission diskutiert wurde. Im Juni 1947 forderte das Alliierte Entnazifizierungsbüro die Entlassung von 28 Musikern — auch unter Berücksichtigung der Tatsache, daß die Philharmoniker ihre erste große Nachkriegstournee beginnen wollten. Eine österreichische Reaktion blieb aus, und die Tournee fand statt — signifikanterweise in jenes Land, das sich schon sehr früh gegen eine Entnazifizierung des Orchesters ausgesprochen hatte: nach Großbritannien. In der „New York Times" mußte ein Philharmoniker, der dem Orchester vor 1938 angehört hatte, mit „Erstaunen" feststellen, „daß noch immer eine Anzahl von Nazi Mitglieder dieser Vereinigung seien. Er erinnerte sich dieser Männer genau, als sie noch mit Hakenkreuzbinden in Wien herumliefen und die übrigen Mitglieder des

Orchesters mit jener Arroganz und Frechheit behandelten, die typisch für die Nazi war."

An dieser Stelle möchte ich wieder auf das Zitat Elisabeth Schwarzkopfs, den Beginn der Arie der Tosca, zurückkommen, um die Position des Verfassers hinsichtlich der politischen Verantwortung des Künstlers während der NS-Zeit deutlich zu machen. Dies impliziert weder strafrechtliche noch aktuelle moralische Vorhaltungen, sondern einzig und allein die Feststellung, daß auch Künstler in einem gesellschaftlichen System mit Interessenskonstellationen und wechselseitigen Abhängigkeiten leben — also trotz vermeintlich isolierter Kunstausübung nicht autark oder autonom —, und daß sie für ihre Kunst die Öffentlichkeit benötigen. Das Moment der Berufsausübung vor einem größeren oder kleineren Publikumskreis bedeutet aber gleichzeitig eine politische Außenwirkung, die je nach dem politischen System häufig für propagandistische Zwecke benützt und mißbraucht werden kann.

Selbstverständlich wäre es absurd, im nachhinein zu fordern, daß alle demokratischen Künstler emigrieren oder in den Widerstand hätten gehen müssen. Der analytische Maßstab ergibt sich aus dem Grad der Anpassung an das nationalsozialistische System, da es sowohl den Opportunismus um des Überlebens willen gibt als auch den „echten" Opportunismus zur Ausnützung karrierefördernder Kontakte mit dem faschistischen Regime. Ein weiterer Analysebaustein in dem Zusammenhang ist sicherlich die kritische öffentliche Selbstreflexion ex post zur Stärkung des aktuellen demokratischen Bewußtseins. Die Beispiele, die der Verfasser im folgenden kurz skizzieren möchte, stehen in direktem Zusammenhang mit dem Musiktheater.

Ein weiteres Argument sollte nicht ausgeklammert werden, da es mit der Öffentlichkeit der Künstlerinnen und Künstler zusammenhängt und von einem „impresario" in der Diskussion um Elisabeth Schwarzkopf in der „New York Times" verbalisiert wurde: „These personalities are so rare. Why throw dirt? . . . Don't let's warm up former horrors. You can't change anything." Diese Feststellung eines ehemaligen KZ-Häftlings sollte in einer Demokratie zwar als Meinung akzeptiert werden, doch entspricht sie nicht unserem gesellschaftspolitischen Auftrag als demokratische Geschichtsschreiber. Wenn Geschichte keinen Bezug mehr zur Gegenwart besitzt — auch wenn die Gegenwart selten aus der Geschichte lernt —, so wäre ihre Tätigkeit im weitesten Sinne des Wortes „asozial". Daher sollten eher Fälle mit einer entsprechenden Breiten- und Vorbildbzw. Negativwirkung analysiert werden.

Klaus Mann hat seine Eindrücke nach der Befreiung, hinsichtlich der Selbstreflexion der vom Faschismus befreiten Deutschen und Österreicher, pointiert formuliert zusammengefaßt:

". . . Allied observers . . . are struck and irritated by Germans' complacency, self-pity and ignorance. They don't seem to regret anything, except their own unpleasant plight . . . they will ask you . . . ‚haven't we always been hard working, law-abiding citizens?' "

„Fräulein Schwarzkopf" war bereits auf der Hochschule für Musik in Berlin

1935 bis 1938 Funktionärin (Hochschulgruppenführerin) innerhalb des National-sozialistischen Studentenbundes gewesen; am 1. August 1938 war sie vom Gene-ralintendanten Wilhelm Rode als „blutige Anfängerin" an das Deutsche Opern-haus in Berlin engagiert worden. Sie machte als „Koloratur-Soubrette" relativ große Fortschritte und erhielt günstige Vertragsbedingungen — trotz vielfacher Undiszipliniertheiten. Am 1. März 1940 trat sie der NSDAP als Mitglied bei. 1942/43 nützte sie eine Konfliktsituation zwischen den Operndirektionen Wiens und Berlins über ihr Engagement optimal für ihre Karriere aus, obwohl der Vor-wurf des Vertragsbruchs im Raum blieb. Nach 1945 ließ sie den Hinweis auf ihre Zugehörigkeit zur NSDAP auf den Fragebögen aus — ein Faktum, das sie in einem Schreiben ihres Rechtsanwalts Otto Mayr vom 21. Juni 1946 zugab. Obwohl Ende Dezember 1945 ihre Parteimitgliedschaft bekannt wurde, verfüg-ten die US-Behörden erst im März 1946 ein Auftrittsverbot, nachdem sie aus per-sönlichen Gründen von einem hohen Propagandaoffizier auch an der Wiener Staatsoper protegiert worden war. Ab März 1946 protestierten zwar die sowjeti-schen Kulturoffiziere aufs schärfste gegen ihre Auftritte an der Staatsoper, gleich-zeitig erhielt sie aber von Marschall Konjew eine Sondergenehmigung, jene Par-tien singen zu dürfen, in denen es keinen Ersatz für sie gäbe. Die Franzosen überlegten ihre Verhaftung, und trotz eines Auftrittsverbots durch die Amerika-ner, Briten und Franzosen konnte Frau Schwarzkopf weiterhin in Wien singen — nur an den Salzburger Festspielen durfte sie nicht teilnehmen. Ende 1946 wurde das indirekte Auftrittsverbot, welches eigentlich kaum wirksam gewesen war, vom Exekutiv-Komitee der Alliierten Kommission und vom „Internals Affairs Directorate" aufgehoben — vor allem aufgrund österreichischer Interventionen durch Hilbert, der auch Viktor Matejka eingeschaltet hatte, da sonst „Die Entfüh-rung aus dem Serail" nicht stattfinden hätte können — so die Interpretation Hil-berts.

1983 verglich Frau Schwarzkopf ihren Beitritt zur NSDAP mit dem Beitritt zu einer Gewerkschaft. Sie vergaß dabei zu erwähnen, daß sich „die höchsten Stel-len" im Reichsministerium für Volksaufklärung und Propaganda „ganz beson-ders um den richtigen Einsatz der Nachwuchskräfte kümmern, vor allem derjeni-gen, die sich — wie Fräulein Schwarzkopf — schon bewährt haben".

Ein zweiter prominenter Fall, der die öffentlichen Diskussionen über kultu-relle Entnazifizierung nach 1945 bewegte, war die Zulassung Herbert von Kara-jans zur Konzerttätigkeit. Anders als Schwarzkopf, die versucht hatte, ihre Mit-gliedschaft überhaupt zu bestreiten, gab Karajan schon bei seinen ersten Verhö-ren durch den US-Music and Theatre Officer Pasetti Ende 1945 an, 1935 aus Kar-rieregründen in Aachen der NSDAP beigetreten zu sein. Hansjakob Kröber zitiert in seiner Karajan-Biographie mehrere Aussagen Karajans, die eindeutig in diese Richtung deuten.

Die Amerikaner — bedrängt vor allem durch die österreichischen Organisato-ren der Salzburger Festspiele, die glaubten, in dem Salzburger Karajan einen Stardirigenten gefunden zu haben —, gaben sich ebenso wie die „beratende österreichische Kommission für die politische Untersuchung der Künstler" mit dieser Behauptung vollkommen zufrieden, denn „Opportunismus" allein sollte bei Künstlern nicht strafbar sein — „nur" aktive Unterstützung des Nationalsozialismus durch Denunziation, Arisierungen, ideologische Parteinahme für den Faschismus, aktiver Antisemitismus sollten ohne Rücksicht auf die Parteimitgliedschaft mit „Berufsverbot" belegt werden.

Karajan hatte jedoch 1945 in Salzburg „vergessen" anzugeben, daß er bereits am 8. April 1933 in Salzburg der NSDAP beigetreten war. Dies ist eindeutig durch Originalakten belegt, die überdurchschnittlich komplett sind, da sich Karajan kurz nach dem Eintritt in die NSDAP auch gleich an seinem neuen Arbeitsort in Ulm am 1. Mai 1933 der NSDAP anschloß, so daß die beiden Lokalorganisationen die Frage der Mitgliedschaft und der Beitragszahlungen klären mußten. Da er in Salzburg dem „Pg. Herbert Klein" der „Ortsgruppe V ‚Neustadt', Salzburg" 5 Schilling „Werbebetrag" gezahlt und den Anmeldeschein übergeben, sich in weiterer Folge jedoch nicht mehr gemeldet hatte, weil er nach Ulm verzogen war, wurde ihm seine alte Nummer 1 607 525 aberkannt und er erhielt eine neue für den „Gau Köln-Aachen", 3 430 914.

Dies scheint eine unnötige Zahlenspielerei zu sein, aber bis heute weigert sich Karajan, diesen früheren Parteibeitritt zuzugeben. So erklärte er gegenüber einem seiner zahlreichen Biographen, Roger Vaughan, der ihn mit den Dokumenten konfrontierte:

> „I showed them to the Maestro in his house in Anif. He first wanted to know where I had obtained them, and registered annoyance that such things would be made available. Then he took the papers, regarding them with wary curiosity. He held them under a lamp to see them better, and examined them for several seconds. ‚Where is my signature?' he asked. ‚They are not signed, you see?' I asked him what he made of them. He shrugged, looked at me: ‚They are false.' (NSDAP membership cards were not signed. They were filled out by party officials)."
> (S. 109 f.)

Der Grund für den konstruierten Parteibeitritt 1935 liegt vor allem in der österreichischen Entnazifizierungsgesetzgebung begründet, da „illegale" Mitglieder der NSDAP, das heißt jene, die während der „Verbotszeit" (1. Juli 1933 bis 13. März 1938) in Österreich beigetreten waren, wesentlich länger Berufsverbot hatten. Offensichtlich hatte sich diese juridische Konstruktion derart in der Erinnerung Karajans eingeprägt, daß er alle anderen Beweise als Fälschungen abqualifizieren mußte.

Es ist jedoch sinnlos, hier über Beitrittsdaten zu argumentieren. Viel wesentlicher ist es, festzuhalten, welche propagandistische Rolle Karajan im Dritten Reich gespielt hat, und für künftige Generationen am relevantesten, wie sich Karajan heute in der Öffentlichkeit zum Problem des Nationalsozialismus stellt.

Nach den Anfängerjahren in Ulm und Aachen holte ihn der Generalintendant der preußischen Staatstheater, Heinz Tietjen, nach Berlin, und schon einen Monat nach dem ersten Auftritt schrieb der Kulturkritiker der „B. Z. am Mittag", van der Nüll, über „Das Wunder Karajan". Es handelt sich bei dieser Kritik keineswegs um ein alltägliches Faktum, sondern um eine Publikation mit größter kulturpolitischer Brisanz:

> *"Staatsrat Tietjens großer Griff*
> In der Staatsoper: Das Wunder Karajan. Ovationen für den Dirigenten des "Tristan" ... Er hatte ... einen Erfolg, der ihn in eine Reihe stellt mit Furtwängler und de Sabata, den größten Operndirigenten, die zurzeit in Deutschland zu hören sind."

Mit dieser Kritik — und diese Feststellung läßt sich an Hand der Zeugenaussagen beim Berliner Spruchkammerverfahren Wilhelm Furtwänglers eindeutig belegen — wurde Furtwängler, dem politisch unbequemen ehemaligen Präsidenten der Reichsmusikkammer und Staatsrat, der im Dezember 1934 seine Ämter zurückgelegt hatte, ein deutliches Signal gegeben, daß seine Position in Berlin auch im künstlerischen Bereich keineswegs mehr unerschütterlich sei. Der Konflikt Furtwängler — Karajan, der sich bis zum Tode Furtwänglers fortsetzen sollte, war jedoch auch Ausdruck eines kulturpolitischen Machtkampfes zwischen nationalsozialistischen Machthabern, wobei Karajan durch einen skrupellosen Konzertagenten, Rudolf Vedder, der als Mitglied der SS ausgezeichnete Verbindungen zu Heinrich Himmler hatte, vertreten wurde. Auch in Wien hatte Karajan einen noch prominenteren Fürsprecher aus den Kreisen der SS, Wilhelm Jerger, nach dem "Anschluß" Vorstand der Wiener Philharmoniker, der die "Wunderkritik" an den damaligen Staatssekretär Kajetan Mühlmann sandte, mit dem "Gefühl, daß Herr Karajan für Wien zu haben wäre".

Der Konflikt zwischen den beiden läßt sich auch an Hand von Tagebucheintragungen des Reichsministers Goebbels belegen. Am 2. November 1940 notierte er über ein Gespräch mit Hitler:

> "Ich erzähle ihm von Wien. Von der Musizierfreudigkeit der Stadt, von Furtwängler und Prof. v. Sauer, was ihn alles sehr interessiert. Er lobt an der alten Schule den Fleiß und die Regsamkeit, die Systematik und den guten Fundus. Über Karajan und seine Dirigententätigkeit hat er ein sehr absprechendes Urteil. Die Stadt Wien gewinnt in zunehmendem Maße seine Sympathie zurück."

An einer anderen Stelle (2. Dezember 1940) zeigt sich Karajans propagandistische Bedeutung beim 50. Wunschkonzert: "... Aufmarsch der Prominenten ... Leander, ... Karajan und viele andere. Ein voller Erfolg. Und das ganze Volk, Front und Heimat, sitzt am Lautsprecher. Ich bin sehr zufrieden mit dieser großartigen Leistung."

Am 22. Dezember 1940 bezieht Goebbels deutlich Position zugunsten des in PR-Sachen erfolgreichen Karajan: "Krach Furtwängler gegen Karajan, Karajan läßt sich zu sehr anhimmeln in der Presse. Darin hat Furtwängler recht. Schließlich ist er eine Weltgröße. Ich stelle das ab."

Trotzdem fiel Karajan keineswegs in Ungnade — selbst nach der Heirat mit einer "Vierteljüdin" am 22. Oktober 1942. Erst drei Wochen später erkundigte sich die Kanzlei des Führers der NSDAP, Hauptamt für Gnadensachen beim Reichsschatzmeister der NSDAP, ob Karajan noch Mitglied in der Reichskartei sei. Karajan behauptet, damals seinen Austritt aus der NSDAP erklärt zu haben — ein Faktum, das in den Akten keinen Niederschlag gefunden hat, denn noch am 29. Mai 1943 schrieb Goebbels, daß er zwischen Furtwängler und Karajan „eine Einigung herbeiführen" wolle.

Zwar geriet Karajan zunehmend in existentielle Schwierigkeiten, wobei neben der Heirat mit einer prominenten Angehörigen der Nähseidendynastie Güter-mann vielleicht die Tatsache noch ausschlaggebender war, daß Karajan seinen, wie der Musikwissenschaftler Fred K. Prieberg in einem Leserbrief an den „Spie-gel" (9. Juli 1984) feststellte, „rührigen und rüden Betreuer und Konzertagenten Pg.- und SS-Untersturmführer Rudolf Vedder durch Berufsverbot, nämlich Aus-schluß aus der Reichsmusikkammer wegen Unzuverlässigkeit", verlor. Trotzdem drohte Karajan keine wirkliche Gefahr, denn der Sicherheitsdienst stellte in einem Bericht zu Inlandsfragen am 27. Dezember 1943 fest:

> „Nach allen vorliegenden Äußerungen ist diese zwingende Kraft, die im gesamten Ausland die *deutsche Musik zum stärksten kulturpoliti-schen Faktor* macht, vor allem bei W. Furtwängler und H. v. Karajan vorhanden. Das Pariser Gastspiel der Berliner Staatsoper im Mai 1941 unter Karajan habe nach übereinstimmenden deutschen und französi-schen Äußerungen den Erfolg aller deutschen Veranstaltungen vor dem Krieg bei weitem übertroffen und noch auf Monate hinaus das Denken vieler einflußreicher französischer Kreise beherrscht."

Derartige Beispiele ließen sich beliebig fortsetzen und sind mehr als Indizien für die propagandistische Wirkung Karajans zugunsten des NS-Regimes sowohl im Ausland als auch an der Front bzw. in der Heimat.

Doch über derartige Dinge reflektiert der Maestro nicht — Hansjakob Kröber schildert ein ZDF-Interview zu Karajans 75. Geburtstag (S. 62):

> „Dabei mußte es auch dem wohlwollendsten Fernsehzuschauer den Atem verschlagen angesichts der offensichtlichen (oder gespielten) Naivität des Dirigenten: ‚Es gab sehr viele Juden', sagte da Karajan, ‚die von der Idee (des Nationalsozialismus, Anm. d. Verf.) begeistert waren. Er (Anm.: Otto Schulmann) war so einer. Und eines Tages kam er herein und sagte mir wortwörtlich: Wir haben gesiegt. Und jetzt muß ich sie verlassen, weil mein Leben hier nicht mehr sicher ist . . . Erstaun-lich, nicht?' "

1945/46 wagte er derartige absurde Generalisierungen von Einzelfällen jedoch noch nicht. Während der gesamten Entnazifizierungsdiskussion über Karajan bis zu seinem Auftritt Ende Oktober 1947 im Wiener Musikvereinssaal mit den Phil-harmonikern und Bruckners c-Moll-Symphonie blieb er bei seiner Legende, er sei 1935 beigetreten, welche die Amerikaner, aber auch österreichische Behör-den überzeugte — zumindest temporär. Am 12. Januar 1946 konnte er — nach-dem Pasetti bei seinen sowjetischen Kollegen erfolgreich interveniert hatte — wieder in Wien dirigieren. Eine weitere Konzertserie im März wurde aber von hochrangigen US-Stellen untersagt und eine österreichische Kommission mit den Untersuchungen betraut. Die österreichische Kommission gestattete jedoch Karajan — aufgrund seiner Illegalität (hier differierte die Rechtsmeinung von Karajans Rechtsberatern) — das „Auftreten als Dirigent, aber nicht in leitender Stellung".

Mit diesem merkwürdigen „Wahrspruch" sollte Karajans Probentätigkeit für die Salzburger Festspiele gewährleistet bleiben. Der neue US-Kulturoffizier und einflußreiche österreichische Schriftsteller und Theaterdirektor Ernst Lothar hatte zwar die verdeckte Probentätigkeit Karajans bei den Festspielen gutgeheißen, mußte sie aber auf Druck seiner Vorgesetzten revidieren. Er erteilte daher dem Festspieldirektor Puthon die Weisung, Karajan nicht dirigieren und auch keine Proben leiten zu lassen. In seinen Erinnerungen „Das Wunder des Überlebens" publizierte er aber ein gegenteiliges Memorandum, aus dem die Zulassung Karajans hervorging. In den US-Akten findet sich eine diametral entgegengesetzte Darstellung. Offensichtlich hatte Lothar 1961 einen Entwurf unter seinen Unterlagen gefunden, der jedoch nicht in den Entscheidungsprozeß eingeflossen ist.

Bei keinem Entnazifizierungsverfahren wurde so viel interveniert wie im Falle Karajans — selbst die Bundesregierung wurde eingeschaltet, doch im Alliierten Rat blieb die Stimmung bis Ende 1947 negativ. Karajan nützte diese Zwangspause zu später sehr erfolgreichen Plattenaufnahmen und fand überdies die Publicity keineswegs karrierehemmend.

Letztlich setzte sich jedoch auch bei den Alliierten die Ansicht durch, die der britische Diplomat im Foreign Office, Michael F. Cullis, folgendermaßen klassifizierte:

„Matters like the ‚purge' of the Vienna Philharmonic Orchestra and the suspension of their only first-rate conductor, Karajan, do seem to me to be rather inappropriate at the present juncture. Individuals guilty of serious crimes, whether against humanity or of treason against the Austrian State, should of course continue to be punished: but I would myself far rather see a more general inclination to bury the hatchet and get on with the serious tasks of reconstruction in Austria."

Der Wiederaufbau und der Kalte Krieg hatten seit 1946/47 die inhaltlichen Überlegungen hinsichtlich einer politischen Auseinandersetzung mit dem Nationalsozialismus völlig verdrängt. Auf seiten der westlichen Alliierten setzte sich die Politik der ideologischen und ökonomischen Westintegration durch, und die Sowjetunion selbst hatte gerade in Entnazifizierungsfragen eine viel zu wechselhafte Politik verfolgt, als daß sie ihre rigide Haltung ab 1946 politisch hätte untermauern können. So unpolitisch sich in diesem Zusammenhang manche Künstler gaben, so deutlich spürten sie, wie umworben sie waren. Es gab für sie daher auch keinen Grund, ihre Haltung während der NS-Zeit zu reflektieren. Vielleicht hätte ein internationaler Kulturaustausch mehr Konkurrenz und Druck auf eine offene demokratische Diskussion ausüben können. Versuche von amerikanischer Seite, 1945 beispielsweise die Salzburger Festspiele durch ausländische Gäste wie Bruno Walter, die Pianisten Arthur Rubinstein und Wladimir Horowitz, die Geiger Yehudi Menuhin und Jascha Haifetz zu einer Demonstration kultureller Art für die Demokratie auszunützen, wurden von den Falken innerhalb der vorgesetzten Administration abgeblockt — denn in den ersten Nachkriegsmonaten galten noch die Direktiven, die eine Politik der Härte und Bestrafung gegenüber Deutschen und Österreichern vorsahen. Auch Bundeskanzler Figl versuchte, Toscanini zurückzugewinnen, der 1938 als Protest gegen die ersten Salzburger Festspiele unter NS-Aufsicht die Luzerner Festspiele gegründet hatte, doch sprach sich beispielsweise Puthon ganz offen gegen eine Teilnahme Toscaninis aus. Überdies war der naive Ton des Schreibens von Figl, in dem die Jahre 1938 bis 1945 übersprungen wurden, keineswegs dazu geeignet, Toscanini wirklich zu einer Rückkehr zu motivieren.

Doch gerade durch eine bewußte und umfassende Rückführung von Künstlerinnen und Künstlern aus dem Exil oder zumindest durch temporäre Gastverträge hätte man jene austrozentrierte Treibhausatmosphäre vermieden, in der zwar ständig über kulturelle Entnazifizierung diskutiert wurde, aber außer von Berufsverboten und deren möglichst rascher Aufhebung über nichts anderes geredet wurde. Die künstlerische Elite wurde dadurch keineswegs animiert, sich mit ihrem eigenen politischen Verhalten zu beschäftigen, denn die Kontinuität zu den Jahren vor 1945 wurde von Monat zu Monat stärker — und bald hatte das Publikum jene Dirigenten vergessen, die wie beispielsweise Josef Krips und andere die Salzburger Festspiele und die Wiener Staatsoper über eine „Durststrecke" von zwei Jahren gebracht hatten.

Krips war 1938 als „Halbjude" von seinem Posten als Kapellmeister beurlaubt und später gekündigt worden. Während des Dritten Reiches arbeitete er in einer Maschinenfabrik. Zwischen Mai 1945 und Juni 1946 dirigierte er 200mal, doch bereits während der Salzburger Festspiele 1946 begannen die Intrigen gegen ihn. Nach einer offiziellen Einladung, in Moskau zu dirigieren, wurde er ein Opfer des Kalten Krieges, da diese Reise in der Öffentlichkeit als Beweise für seine KP-Lastigkeit interpretiert wurde.

Es würde Bände füllen, alle übrigen Fälle der Sonderkommissionen nach 1945 in Österreich zu diskutieren — bewußt wurden jene ausgewählt, deren politische Aktualität gegeben ist und die nicht zur „passiven" Musikgeschichte gehören, wie Wilhelm Furtwängler, über dessen Tätigkeit im Dritten Reich Fred K. Prieberg vor kurzem eine ausgezeichnete Monographie publiziert hat, oder Clemens Krauss, Rudolf Nilius und Anton Konrath. Über all die genannten Dirigenten hat die Begutachtungskommission für die politische Beurteilung von Künstlern beim Bundesministerium für Unterricht im ersten Vierteljahr ihrer Tätigkeit beraten und hat „endgültige positive Vota hinsichtlich Dr. Furtwängler, Herbert von Karajan und Elisabeth Schwarzkopf abgegeben und der Alliierten Kommission mitgeteilt".

Über Karl Böhm sollte jedoch auch noch etwas gesagt werden, da er nicht nur zu den ersten Fällen gehörte, die nach Kriegsende diskutiert wurden, sondern weil er selbst 1979 im Zuge eines Strafverfahrens in Preßsachen wegen „übler Nachrede" geklagt hat, da er der Mitgliedschaft bei der NSDAP beschuldigt wurde. An seinem Beispiel zeigt sich überdies, wie wenig eigentlich die Parteimitgliedschaft als Formalakt über die politische Nähe zum Nationalsozialismus aussagt und daher keineswegs in allen Fällen ein gerechtes, wenn auch ein während der Entnazifizierungszeit leicht administrierbares Kriterium darstellt. Gleichzeitig soll auch der Eindruck widerlegt werden, daß sogenannte unpolitische, „reine" Künstler wie Karl Böhm von unwissenden amerikanischen Kulturoffizieren nur deswegen mit Berufsverbot belegt worden seien, weil sie — wie Viktor Reimann in seinem Buch „Dirigenten, Stars und Bürokraten" (S. 57) behauptete — „wie die meisten großen Dirigenten nicht emigrierten".

Diese unqualifizierte Feststellung Reimanns — dessen apologetisches Interpretationsregister schier unerschöpflich und von den „romantischen" Vorstellungen des einstigen illegalen Nationalsozialisten Reimann beeinflußt zu sein scheint, dessen „reichsdeutsche" Mitgliedskarte vernichtet wurde, weil er in ein Hochverratsverfahren verwickelt war — läßt aber völlig außer acht, daß es erst die gewaltsame Emigration erfolgreicher Dirigenten wie Fritz Busch, Erich Kleiber, Otto Klemperer, Bruno Walter und anderer war, die geeignete Stellen für Talente wie Böhm freiwerden ließ.

Daß Böhm keineswegs so „unpolitisch" war, wie es Reimann bzw. Böhm selbst in seiner Autobiographie suggerieren, soll an Hand einiger Fakten bewiesen werden, ohne auf sein eigentliches Entnazifizierungsverfahren einzugehen — einzelne Zitate ausgenommen. So erklärte Böhm am 18. Juli 1946 der Sonderkommission schriftlich,

> „daß ich mich in der Vergangenheit und besonders auch während der Dauer der Annexion Österreichs immer als Österreicher gefühlt und auch danach gehandelt habe."

Drei Monate nach dem politisch motivierten Rücktritt von Fritz Busch wurde Böhms Vertrag mit der Hamburger Oper auf Wunsch des „Führers" Adolf Hitler gelöst und Böhm gab einige Gastspiele in Dresden. Ab 1. Januar 1934 stand er „auf Wunsch des Reichskanzlers" als „parteiloser, aber durchaus national gesinnter Künstler", wie die Leipziger „Neuesten Nachrichten" am 27. Mai 1933 berichteten, ausschließlich der Sächsischen Staatsoper und der Staatskapelle Dresden zur Verfügung. Bereits im Juni 1933 intervenierte der Hauptreferent für Oper der NSDAP im Gau Sachsen für „Generalmusikdirektor Dr. Böhm", damit dieser eingeladen würde, „am Bayreuther Werke mitzuschaffen". Zwar kam diese Intervention zu spät, doch Böhm erfreute sich weiterhin steigender Beliebtheit bei den Machthabern — der „Führer" selbst bereinigte eine erste Krise Böhms zu dessen Gunsten. 1935 intervenierte Böhm selbst beim Präsidenten der Reichstheaterkammer, Rainer Schlösser, um die Erlaubnis zu erhalten, drei Konzerte in Wien dirigieren zu dürfen:

> „Da ich von Geburt aus Österreicher bin, jetzt seit zwölf Jahren reichsdeutscher Staatsangehöriger, und natürlich in Wien viele Anhänger, besonders im nationalsozialistischen Lager habe, glaube ich, daß diese Konzerte propagandistisch von größtem Vorteil für Deutschland sein können ...
>
> Mit deutschem Gruß"

Auch in musiktheoretischer Richtung betätigte sich Böhm; so in einem Sonderheft der „Kameradschaft Deutscher Künstler" vom 20. April 1939, als er den entsprechenden Artikel über „Der Weg der heutigen Musik" verfaßte — seine Mitautoren waren für das „Drama" der SS-Brigadeführer Friedrich Bethge, der oben genannte Rainer Schlösser für „Theater", und Benno von Arent (Mitglied bei der NSDAP seit 1927, bei der SS seit 1933 und Kultursenator) über das „Bühnenbild im Dritten Reich".

Böhm schrieb gleich im ersten Absatz, daß

> „der Weg der heutigen Musik — auf dem Gebiete des sinfonischen Schaffens ebensosehr wie auf dem der Kammermusik und des Musikdramas — gebahnt und vorgezeichnet ist durch die Weltanschauung des Nationalsozialismus ..."

und endet mit den Worten, daß

> „alle etwaigen künstlerischen ‚Entgleisungen', die dem Volksempfinden nicht Rechnung trügen, von vornherein unmöglich gemacht werden ... Dann können sich die jetzt schon sichtbaren neuen positiven Kräfte erst voll entfalten und eine ‚Neue Musik' heraufführen, die wirklicher Ausdruck einer Volksgemeinschaft ist."

Diese Aussage war der österreichischen Kommission nicht bekannt, wohl aber eine Stelle aus dem Buch Weinschenks „Künstler plaudern", erschienen 1938 (S. 48), in der Böhm ebenfalls kein Hehl aus seiner nationalsozialistischen Einstellung machte:

> „In München hatte ich ein unvergeßliches Erlebnis: Es war an jenem denkwürdigen 9. November 1923, da die braunen Kolonnen Adolf Hitlers zum Marsch nach der Feldherrnhalle antraten ... Plötzlich hallten Schüsse über den Platz, wir eilten zum Fenster und sahen die vor den mörderischen Kugeln zurückweichenden Nationalsozialisten. Unter ungeheurer Aufregung erlebten wir den Abtransport der Verwundeten, sahen Blut, das für die Idee vergossen wurde, die siegreich geworden ist."

Die österreichische Kommission gelangte zur Ansicht, daß er zwar „den bekannten Druckmitteln des nationalsozialistischen Regimes nicht immer den Widerstand entgegengesetzt hatte, den man vom österreichischen Standpunkte erwarten konnte", aber er hätte sich „keineswegs im nationalsozialistischen Sinne betätigt". Böhm erhielt eine Sühnefrist von zwei Jahren, beginnend mit 1. Mai 1945.

Diese völlig unpolitische Entscheidung, die eigentlich am Wesentlichen vorbeiargumentiert und sozusagen Absolution nach zwei Jahren erteilt, erklärt auch die unkritischen Reflexionen Böhms in seinen Erinnerungen, obwohl es genügend Details gegeben hätte, an denen sich die Vernichtungspolitik des Nationalsozialismus nach außen und nach innen zeigen ließ: So z. B. in der Frage, warum Böhm 1942 eine von der Gestapo beschlagnahmte Villa kaufte, die einem jüdischen Ingenieur namens Paul Regenstreif gehört hatte. Böhm mußte von der „Arisierung" wissen, da der Kaufvertrag zwar mit dem Deutschen Reich geschlossen wurde, aber eine Klausel enthielt, die darauf hinwies, daß das Eigentumsrecht des Deutschen Reiches vor Vertragsgültigkeit erst im Grundbuch eingetragen werden mußte. Nach Kriegsende schlossen Böhm und seine Frau Thea einen Vergleich und gaben die Villa zurück.

Welch überdurchschnittlichen Wert Böhm für die NS-Propaganda vor allem in Österreich besaß, zeigte sein Auftritt während des ersten Konzerts des Wiener Konzertvereins im „neuen großdeutschen Raum" 1938, als er vor einem riesigen Bild Adolf Hitlers ein „persönliches Bekenntnis zur deutschen Kunst" ablegte und als Wahlempfehlung zur Pseudolegalisierung des „Anschlusses" im April 1938 eine der glühendsten Formulierungen entworfen hatte: „Wer dieser Tat unseres Führers nicht mit einem hundertprozentigen JA zustimmt, verdient nicht, den Ehrennamen Deutscher zu tragen."

Mit Fortdauer des Krieges ließ Böhms Begeisterung für den Nationalsozialismus merklich nach, ein Faktum, das der Sicherheitsdienst registrierte. Auch im kulturpolitischen Bereich hatte Böhm zu kämpfen, da er 1944 von Goebbels nach Berlin zitiert worden war, „um ihn schärfstens zu bestandpunkten wegen seiner illoyalen Engagementpolitik".

Diese Fakten lassen jedoch keineswegs jene unpolitische Selbstdarstellung Böhms zu, die er nach 1945 auch durch zahlreiche „Empfehlungsschreiben" und seinen Einsatz für den später „verbotenen" Komponisten Richard Mohaupt, der mit einer Jüdin verheiratet war, bzw. einen jüdischen Kollegen namens Singer im positiven Sinne unterstreichen wollte. Böhm wich, wie die meisten anderen auch, einer grundsätzlichen Auseinandersetzung mit seinem subjektiven Deutschnationalismus aus. Er sah sich 1945/46 als Opfer einer von den Alliierten aufgrund ihrer kulturellen Ungebildetheit initiierten Entnazifizierungspolitik — Gründe zur Reue und Reflexion blieben ihm völlig fremd.

Das Wiener Burgtheater

Noch während des Ständesstaates zeigten sich im Programm des Burgtheaters intensive kulturpolitische Interventionen, und es bedurfte in concreto nicht der Außerkraftsetzung der parlamentarischen Verfassung durch Bundeskanzler Engelbert Dollfuß, um die faschistische Kultur Premieren feiern zu lassen: Im April 1933 waren Sforzanis und Mussolinis „Hundert Tage" im Burgtheater zu sehen. Auch ein zweites Stück Mussolinis, „Julius Cäsar", wurde 1933/34 aufgeführt. 1937 hatten die „christlichen" Autoren schließlich auch „künstlerische Glanzleistungen" für das Burgtheater verfaßt, wie Rudolf Henz mit seinem „Kaiser Joseph II.". Henz, ein engagierter Kulturpolitker und Schriftsteller im Austrofaschismus, „vermittelt nicht nur eine tiefe, starke Dichtung, sondern auch einen gläubigen Ausdruck österreichischen, katholischen, konservativen Wollens, wie wir es brauchen in dieser Kampfzeit". Derartige katholisch-konservative Kampfparolen sollten auch durch weitere Stücke ideologische Unterstützung finden, wie etwa Josef Wenters „Die Landgräfin von Thüringen", „die letzte große deutsche Heilige", oder Heinz Ortners „Himmlische Hochzeit". Das Theater entwickelte sich immer mehr zur konservativ-reaktionären „moralischen Anstalt", und beispielsweise Musil erwähnte, daß aus dem Faust-Monolog das Wort „Theologie" gestrichen worden sei. Der Theaterzensor verordnete „Selbstzensur", um Schwierigkeiten zu vermeiden. Gleichzeitig mit dieser Zensur gab es vor allem seit 1936 — offensichtlich ein Ergebnis der Schuschniggschen Vorstellungen von Österreich als einem „zweiten deutschen Staat" — immer stärkere Zugeständnisse an die „betont nationalen" Autoren — auch im Bereich der Direktion des Burgtheaters unter dem Direktor Hermann Röbbeling, so daß Franz Theodor Csokor zu dem Ergebnis kam, deutsche Emigranten seien nach 1933 in Österreich nicht aufgeführt worden, wohl aber hätten Bühnenwerke, die in Berlin zu sehen waren, großen Anklang gefunden.

Diese latente deutschnationale Unterwanderung des Theaterbetriebs machte auch vor Klassikern nicht halt, die plötzlich in einem „neuen Licht" interpretiert wurden — so löste beispielsweise „Wilhelm Tell" bei Nationalsozialisten heftigen Beifall aus: „Ans Vaterland, ans teure, schließ dich an." Selbst die wenigen „aufgeklärten" Premieren waren von tagespolitisch motivierten Eingriffen nicht verschont, obwohl Franz Theodor Csokors „3. November 1918" eher als nostalgische Bestandsaufnahme der zentrifugalen Kräfte, die die Monarchie zerstört hatten, konzipiert worden war. Im April 1937 schrieb Csokor an Ferdinand Bruckner, der bereits in die USA emigriert war, folgende, für die Kulturpolitik des Austrofaschismus charakteristische, Sachverhaltsdarstellung eines Zensurversuchs des damaligen Direktors Röbbeling:

> „Mit Röbbeling bekam ich Krach. Er benützte meine Abwesenheit, um im letzten Akt des ‚Dritten November' bei der Grablegung des Obersten Radosin dem jüdischen Regimentsarzt Dr. Grün, wenn er Erde auf den Sarg wirft, den Satz ‚Erde für Österreich' zu streichen, angeblich aus Angst vor Demonstrationen der ‚Illegalen', die sich neuerdings wieder durch Böller in Telefonzellen und Klosettanlagen bemerkbar machen. Meinem Protest wurde nicht stattgegeben. Man vermeidet es also schon, an ein Gefühl für Österreich zu appellieren; ‚nicht genannt soll es werden', aber existieren soll es noch? Das ist der neue ‚weiche' Kurs gegenüber einem Gegner, der weder Pardon verlangt noch geben wird."

Nach dem „Anschluß" 1938 flüchtete sich das Burgtheater bei seinen Uraufführungen in eine Habsburger-Renaissance — von Wenters „Die schöne Welserin" über Ortners „Isabella von Spanien", Helkes „Maximilian von Mexiko", Wenters „Kaiserin Maria Theresia" bis hin zu Alexander Steinbrechers „Brillanten aus Wien" — einem den am meisten aufgeführten Stücke während des Dritten Reiches. Zwar war das Burgtheater — entgegen ersten Absichtserklärungen des neuen Direktors Mirko Jelusich — kein Hort nationalsozialistischer Tendenzautoren, doch mit Beginn des Krieges begannen die Zensureingriffe durch das Reichsministerium für Propaganda und Volksaufklärung selbst bei Klassikern spürbar zu werden. Sogar der ehemals vielgerühmte „Willhelm Tell" wurde 1941 verboten. Im Zuge der militärischen Auseinandersetzungen mit Großbritannien und der Sowjetunion wurden auch englische und russische Stücke untersagt. Das

Publikum sollte durch möglichst nicht an Krieg und Konflikten reiche Stücke unterhalten werden, um vom Alltag und den Greueln der Front abzulenken. In diesem Sinne wirkte auch die „Habsburger-Renaissance" auf das öffentliche Bewußtsein kalmierend und dadurch „kriegsnützlich".

Wesentlich kompromißloser ging die Kulturbürokratie gegen die „jüdischen" Theaterbesucher(innen) vor. Mit offizieller Anordnung vom 12. November 1938 „über die Teilnahme von Juden an Darbietungen der deutschen Kultur" wurde ihnen der Theaterbesuch untersagt.

Auch gegenüber jüdischen Schauspielern zeigte sich das NS-Regime keineswegs tolerant: Bereits am 11. März 1938 wurden die Schauspieler Fritz Strassny, Fritz Blum, Hans Wengraf sowie die Schauspielerin Lilly Karoly als „Volljuden" beurlaubt und ihre Bezüge mit 30. April 1938 eingestellt. Dieses Schicksal ereilte auch den Dramaturgen Friedrich Rosenthal und die Chormitglieder Jakob Wolf und Adolf Zombor. Die Souffleure Max Blumenthal und Sabine Krischke und der Arbeiter Max Krügler wurden trotz ihrer „nichtarischen Abstammung" vorerst noch im Dienst belassen, bis Ersatz beschafft werden konnte. Dies traf auch für die (nach der NS-Pseudolegistik) „Halbjüdinnen" Elisabeth Ortner-Kallina, Lisa Thenen und Lilly Stepanek zu, sowie auf die Ballettgouvernante Johanna Gründel und Maria Loidold. Die „Volljüdin" Else Wohlgemuth wurde, da sie italienische Staatsbürgerin war, mit vollen Bezügen, Burgtheaterdirektor Röbbeling sofort aus politischen Gründen beurlaubt. Über weitere 13 Burgtheatermitglieder und Karl Eidlitz wurden noch weitere Nachforschungen angestellt.

Während einige Sondergenehmigungen erhielten (Maria Eis, die mit einem „Volljuden" verheiratet war, Inge Engerth-Leddihn, die als „Vierteljüdin" qualifiziert worden war, Reinhold Häussermann, dessen Ehefrau „Volljüdin" war, u. a.), gab es für Max Blumenthal und Sabine Krischke keine Hilfe mehr — sie wurden deportiert und „vergast". Strassny kam um, ebenso wie Friedrich Rosenthal, der seit seiner Flucht nach Südfrankreich verschollen ist, und Ernst Arndt.

Nicht alle Schauspieler akzeptierten das NS-Regime: Maria Eis versuchte, den Souffleur Blumenthal bei sich zu verstecken, andere gingen 1940 zu geheimem, aktivem Widerstand über wie der Schauspieler Fritz Lehmann, das Orchestermitglied Friedrich Wildgans und der Löschmeister Kubitzer, die sich der Widerstandsgruppe um den Theologieprofessor Karl Roman Scholz angeschlossen hatten. Ein Kollege am Burgtheater, Otto Hartmann, denunzierte diese Gruppe bei der Gestapo, und seinem „Wirken" als Agent provocateur fielen 10 Menschen zum Opfer, mehr als 100 kamen ins Konzentrationslager oder ins Zuchthaus. Am Burgtheater selbst wurden vor allem Lehmann (31 Monate in Untersuchungshaft, so daß seine „Strafe", zwei Jahre Kerker wegen Vorbereitung zum Hochverrat, bereits verbüßt war) und Wildgans (16 Monate in U-Haft und vom 2. Senat des Volksgerichts in Wien zu 16 Monaten Kerker verurteilt) und Kubitzer, der im Konzentrationslager starb, von dem Verrat dieses vor 1938 „vaterländisch" eingestellten Schauspielers betroffen. 1947 wurde Hartmann wegen seiner Denunziationen zu lebenslänglichem Kerker verurteilt. Es wäre jedoch sicherlich, vom Gesichtspunkt der gesellschaftspolitischen Wirksamkeit des Kulturapparates während der NS-Zeit aus betrachtet, inadäquat, die Diskussion über die Entnazifizierung „nur" auf derartige strafrechtliche Faktoren zu beschränken, denn sonst hätte es — außer Hartmann — in Österreich keinen nationalsozialistisch eingestellten Künstler gegeben.

1945 gab es nur drei „Wiedergutmachungen", für Else Wohlgemuth, Lilly Stepanek und Lilly Karoly, die zu ihrem Bruder nach Italien geflüchtet war — noch 1939 hatte der damalige Burgtheaterdirektor Ulrich Bettac, ein illegaler Nationalsozialist, der zum Staatsschauspieler und Ratsherrn der Stadt Wien avancieren sollte, im systemadäquaten Jargon zynisch festgestellt: „Lilly Stepanek, Lisa Thenen, tätig am Burgtheater, Halbjüdin, beide verwendbar, doch würde Ausscheiden keinen wesentlichen Verlust für das Burgtheater bedeuten."

Trotz politischer Maßnahmen unmittelbar nach der Befreiung Wiens durch sowjetische Einheiten — 92 Solomitgliedern wurde der Vertrag nicht erneuert, bei 16 stellte die neue Direktion die Erneuerungen zurück — begann auch am Burgtheater die von dem Journalisten Franz Taucher so treffend formulierte „damalige Phase des beflissenen Verschweigens und Vertuschens, des Verleugnens und der Heuchelei", wobei nur „das Verhalten von Hennings ein aufleuchtendes Beispiel" bleiben sollte. Fred Hennings, „illegaler" Nationalsozialist, meldete sich ohne Zögern zu den in den ersten Nachkriegswochen für ehemalige Nationalsozialisten vorgesehenen Arbeitseinsätzen. Ein Faktum, welches der damalige Stadtrat Viktor Matejka als überaus positiv wertete, weil Hennings „der erste Nationalsozialist war, der sich mir (Matejka, Anm. d. Verf.) gegenüber freimütig und ohne Hintergedanken als solcher bekannte, der seinen Irrtum eingestand".

Anders im Falle des schwerst belasteten NS-Burgtheaterdirektors Lothar Müthel, 1930 als einer der ersten im Berliner Schauspielhaus erklärter „Nationalsozialist", der in Wien durch seine Bearbeitung der Schlegel-Übersetzung von Shakespeares „Der Kaufmann von Vendig" ein Paradebeispiel lieferte, „wie ein Regisseur einen Text für ideologische Zwecke vergewaltigen kann". In der Weihnachtsvorstellung des Burgtheaters im Ronacher am 20. Dezember 1945 führte Müthel sinnigerweise bei Lessings „Nathan der Weise" Regie. Wohl wurde Müthel eine weitere Regiearbeit untersagt, doch die negative öffentliche Wirkung seines kommentarlosen Wiederauftretens konnte nicht mehr rückgängig gemacht werden — als wenn nichts geschehen wäre, als wenn die deutsche Expansionspolitik, die den Zweiten Weltkrieg auslöste, und das nationalsozialistische Genocid nie existiert hätten.

Die zunehmende Formalisierung des Entnazifierungsprozesses führte schließlich auch dazu, daß jene Künstler, die nicht der NSDAP als Mitglied angehört hatten, nicht mehr unter die Kategorien des österreichischen Verbotsgesetzes aus 1947 fielen. Wie politisch unklug diese Maßnahme war, zeigt am besten die Diskussion über Werner Krauß. Da Krauß aber „reichsdeutscher" Staatsbürger war, mußte zuerst die Einbürgerung aktualisiert werden, was Hilbert auch in Aussicht stellte. Noch 1946 stellte jedoch Lothar nach einer Aussprache mit Krauß fest:

„Mr. Krauss' appearance in the violent nazi propaganda film ‚Jud Süss' in which he volunteered to do not one, but four roles, and his performance of Shylock in ‚The Merchant of Venice‘ at the Burgtheater in Vienna, which was also violently pro-Nazi, were sufficient to ban him from stage and screen in Austria.“

Man könnte unzählige Blätter mit authentischen Informationen über das zutiefst politische Verhalten Krauß' auf der Linie des Nationalsozialismus beschreiben, doch hat ihn wohl Berthold Viertel im Neuen Tagebuch (September 1937) am aussagekräftigsten und prägnantesten charakterisiert:

> „Immer schon deutschnational und ein bekannter Kultur-Antisemit gewesen, brauchte er nicht erst mitzumachen, als es endlich losging . . . Doch mochte ein Werner Kraus (sic!) — der mit seinen besten Gaben in diese Zeit gehörte und mit ihr hochgekommen war — sich nach Einheit und Reinheit sehnen . . . Ein falscher Klassizismus ist erreicht, hohl wie eine Attrappe.“

Die völlig unreflektierten und von Selbstmitleid triefenden Erinnerungen dieses zweifelsohne großartigen Schauspielers sind Beweis genug, daß er es nie verstanden hat, welche Auswirkungen Faschismus und Nationalsozialismus auf unsere Welt gehabt haben. Mit seinem kommentarlosen Wiederauftritt im Akademietheater im November 1948 in dem französischen Boulevardstück „Die Frau deiner Jugend“ von Jacques Deval wurde die Chance einer breiten öffentlichen Diskussion und ideologischen Wiedergutmachung versäumt — die Bevölkerung spürte ganz deutlich, daß über das Thema Nationalsozialismus nicht mehr geredet werden sollte. Demonstrationen im politisch sensibleren Berlin gegen Krauß während eines Gastspiels mit Ibsens „John Gabriel Borkman“ am Theater am Kurfürstendamm hatten in Wien nur negative Schlagzeilen. Die Vergangenheit sollte endgültig begraben werden.

Umso überraschender war daher die breite Diskussion über Elfriede Jelineks Stück „Burgtheater“. Zwar war diese „Posse mit Gesang“ bereits 1983 in Buchform erschienen, doch erst anläßlich der Uraufführung in Bonn am 10. November 1985 entzündete sich ein in dieser Form nicht gekannter „Pressekrieg“, der in einem anderen Bereich anläßlich der „Reder-Frischenschlager-Affäre“ begonnen hatte und in der weltweiten Diskussion über die NS-Vergangenheit des ehemaligen Generalsekretärs der Vereinten Nationen, Kurt Waldheim, seinen Höhepunkt finden sollte.

Jelinek wollte ein „Stück über Sprache, geschrieben in einer Kunstsprache, die Beziehungen von Kunstfiguren darstellend, zum zweiten aber auch ein Stück über die unselige Kontinuität im österreichischen Kulturbetrieb, über die nicht stattgefundene Entnazifizierung und Vergangenheitsbewältigung“. Nachdrücklich betonte Elfriede Jelinek, daß es ihr in dieser Posse „nicht um Personen geht — und schon gar nicht um Wessely und Hörbiger —, sondern um die Rollen, die diese Personen gespielt haben“.

In einem hatte sich Jelinek sicherlich getäuscht — aufgrund der jahrzehntelangen Erfahrungen mit dem Thema „kulturelle Entnazifizierung“ und dessen völlig verdrängter, höchstens punktuell aktualisierter Diskussion war eigentlich mit einer derart breiten öffentlichen Diskussion nicht zu rechnen. Nach einem überaus informativen Artikel von Sigrid Löffler im „Profil" (25. November 1985) beeilte sich sogar der Chefredakteur des Blattes, Peter Michael Lingens, insbesondere Frau Wessely zu exkulpieren:

> „Es gibt, glaube ich, keine Schauspielerin, für die die Bretter der Bühne so sehr die Welt bedeuten. Deshalb erscheint mir entschuldbarer, daß sie die Welt, wie sie damals wirklich war, so wenig wahrnehmen wollte."

Lingens vergißt, daß es heute nach mehr als 40 Jahren nicht mehr um Schuldzuweisungen geht, sondern um eine rationale Analyse, derer sich sogar Frau Wessely selbst bewußt wurde:

> „Ich will mich nicht mit dem Stück der Frau Jelinek auseinandersetzen, werde es aber sicher nicht verbieten lassen. Wohl aber setze ich mich mit der Rolle auseinander, die ich damals in der NS-Zeit gespielt habe: Ja, es tut mir leid, daß ich damals nicht den Mut gefunden habe, zurückzuweisen, daß sich dieses Regime mit mir brüstet, daß ich nicht den Mut gefunden habe, die Dreharbeiten zu ,Heimkehr' einfach abzubrechen. Vielleicht habe ich aber doch einiges von dem wieder gutgemacht, indem ich konkreten Menschen, jüdischen Kollegen und Freunden, in dieser Zeit konkret geholfen habe."

Das einzige, das an dieser „Antwort" auf die Moralisierungen Lingens' auszusetzen ist, bleibt die Tatsache, daß diese Erklärung überhaupt notwendig war.

Das wirklich Bedauerliche an der „Burgtheater"-Diskussion waren jedoch die Reaktionen in den Massenblättern. In der „Neuen Kronen-Zeitung" bemühte Michael Jeannée unter Ausnützung all seiner Vulgärsprachelemente die „weisen Rabbi-Augen" Simon Wiesenthals und dessen Aussage, daß sich Hörbiger und Wessely längst von der Nazi-Ideologie gelöst hätten, um dann festzustellen (1. Dezember 1985, S. 18):

> „Jene selbsternannten Selbstgerechten, die da triefen und schmieren und triefen. Die da vorgeben, zu enthüllen, aufzuarbeiten, anzuklagen. Die da aber in Wahrheit nichts anderes tun, als auf einen gottverdammten Zug mit großen Namen aufzuspringen, um gottverdammte Auflage zu machen. Die da heißen Peter Michael Lingens (,profil'), Klaus Khittl (,Wochenpresse'), Sigrid Löffler (,profil')."

Mit pseudobiblischem Pathos nannte Jeannée die Namen auf der „Neuen schwarzen Liste". Unterstützung fand er bei Peter Weiser in „Die ganze Woche" (5. Dezember 1985), der — ohne auch nur mit einem Wort auf die inhaltliche Debatte einzugehen — unter „Scheinheilige Heilige" „der Autorin Busenfreundinnen" attackierte und sich über die „Scheinheiligkeit dieser Sauberweiber" mokierte, die „in der Vergangenheit von zwei Menschen herumstieren".

1946 stimmten 52% der Befragten in den amerikanischen und britischen Zonen Wiens folgender Ansicht zu: Ehemalige NS-Mitglieder sollten, ohne deren Einsatz für das „Dritte Reich" zu berücksichtigen, wieder als Schauspieler oder Schauspielerinnen auftreten. Es scheint heute jedoch, daß die nachgeborenen

Generationen jetzt jene Fragen stellen, die 1945 bis 1947 nicht beantwortet wurden. Geschichtsfälschung und Betrug an der Wahrheit wäre es, dieser durchaus berechtigten Forderung nicht nachzukommen. Hätten die ängstlichen Biographen der Kulturelite, hätten die naiven Schulbuchautoren nicht diesen Themenkreis ausgeklammert oder hätten die Betroffenen in ihrer öffentlichen Tätigkeit über derartige Probleme gesprochen — die Posse „Burgtheater" wäre nie geschrieben worden.

Wessely und Hörbiger sind wahrlich nur zwei, wenn auch prominente Rädchen der NS-Kulturmaschinerie gewesen. Eine britische Liste über österreichische Künstler, die Mitglieder bei der NSDAP waren, enthält fast 200 Namen und ist keineswegs komplett. Ein US-Pendant führt 258 Namen an — unter ihnen jedoch nur Attila Hörbiger; Paula Wessely war bereits „entnazifiziert" worden.

Es scheint heute, retrospektiv betrachtet, als ob die „erste" Entnazifizierung, jene Paula Wesselys, auch gleichzeitig die letzte in breiter Öffentlichkeit diskutierte war. Ende Dezember 1945 konnte sich Pasetti gegen Widerstände aus der Filmabteilung der US-Forces in Austria durchsetzen, die weiterhin ein Auftrittsverbot für Wessely wegen ihrer Rolle in dem NS-Propagandafilm „Heimkehr", der stark antipolnische, aber auch antisemitische Züge trug, forderte. Eine Ablehnung dieser Rolle hätte, nach Pasettis Ansicht, das Leben der Schauspielerin gefährdet — eine Ansicht, der die NS-Akten widersprechen: So wurde Wessely mehrmals im Reichsministerium für Volksaufklärung und Propaganda denunziert — 1936, weil sie in Wien von dem jüdischen Arzt Dr. Keller entbunden wurde, oder anläßlich einer öffentlichen Gratulation zu Alfred Polgars 60. Geburtstag. Auch nach dem „Anschluß" gab es Denunziationen, da Wessely einen „Vertrag mit dem Juden Reich abgeschlossen hatte, ausschliesslich für seine Rollenbücher zu spielen. Weiterhin steht sie im Verdacht, für einen Juden Schmucksachen nach der Machtübernahme in Österreich über die Grenze nach der Schweiz geschmuggelt zu haben."

So verbürgten sich auch einige Österreicher, die in die USA emigrieren mußten, wie der Schauspieler Hans Jaray, Marcel Frym (= Prawy) und Otto Riek 1945 für die Künstlerin. Es spricht eigentlich nichts dagegen, über derartige Fakten zu sprechen, ebensowenig, wie über die politischen Ziele und die Wirkung des Films „Heimkehr" offen gesprochen werden sollte. Daß ein großes Interesse daran besteht, steht außer Zweifel.

In diesem Zusammenhang würde sich auch herausstellen, daß Attila Hörbiger in einem Fragebogen der „Fachschaft Film" am 20. Juli 1934 zwar angab, Mitglied bei der in Österreich verbotenen NSDAP zu sein, daß er aber offensichtlich nur Unterstützungsbeiträge gezeichnet hat — ebenso wie er, was 1938 kritisiert wurde, „zur Unterstützung des jüdischen Schwimmvereins ‚Hakoah' 5.000 Schilling gezeichnet haben soll".

Abgesehen von einigen Zeitungsmeldungen in den ersten Nachkriegsjahren und vereinzelten Publikationen — in der Bundesrepublik Deutschland seit den sechziger Jahren, bei uns in den siebziger und achtziger Jahren — gibt es nach wie vor ein großes Informationsmanko über die Rolle der österreichischen Kulturelite in der nationalsozialistischen Propagandamaschinerie. Dies erklärt auch das überdurchschnittliche Presseecho auf Einzelfälle und fordert geradezu zu einer breit angelegten Diskussion auf. Da diese Diskussion in den seltensten Fällen von den Betroffenen selbst geführt wird — abgesehen von den Publikationen von Fred Hennings —, ist es keine Frage der Moral oder pseudorichterlichen Selbstlegitimation, über jenes Verhalten in der NS-Zeit zu schreiben. Wenn aber der Präsident der Österreichischen Industriellenvereinigung meint, daß wir „vorauseilenden Intellektuellen nicht sehen, daß sie mit ihrem manischen Verlangen nach ‚Aufarbeitung' in erster Linie das Spiel der sozialistischen Regisseure spielen", so muß Herrn Professor Krejci mit aller Deutlichkeit entgegengehalten werden, daß das bewußte Verschweigen politischer Traditionen, Entwicklungen und Kontinuitäten an den Fundamenten unserer Demokratie rüttelt — und zu diesen bekennen sich die Intellektuellen ebenso wie andere Staatsbürger auch.

Bereits 1962 schrieb Theodor W. Adorno einen Aufsatz über „Was bedeutet: Aufarbeitung der Vergangenheit", dessen Anfang hier zitiert werden soll, da er auch für die aktuelle Diskussion Gültigkeit besitzt, obwohl eine Bewältigung der Vergangenheit an sich nicht möglich ist — die „Vergangenen" können, um mit Adorno zu sprechen, „unter dem Schatten der Vergangenheit gar nicht leben", und die „Nachgeborenen" müssen sich jene Vergangenheit erst erarbeiten bzw. überhaupt erst schreiben:

> „Mit Aufarbeitung der Vergangenheit ist in jenem Sprachgebrauch nicht gemeint, daß man das Vergangene im Ernst verarbeite, seinen Bann breche durch helles Bewußtsein. Sondern man will einen Schlußstrich darunter ziehen ... Der Gestus, es solle alles vergessen und vergeben sein, der demjenigen anstünde, dem Unrecht widerfuhr, wird von den Parteigängern derer praktiziert, die es begingen."

Karl Müller

NS-HINTERLASSENSCHAFTEN
DIE ÖSTERREICHISCHE LITERATUR IN IHRER AUSEINANDERSETZUNG MIT ÖSTERREICHISCHEN GEWALTGESCHICHTEN

Motto: So erinnere dich doch *(Oskar Jan Tauschinski, 1962)*
Damals, nach 1945, habe ich auch gedacht, die Welt sei geschieden, und für immer, in Gute und Böse, aber die Welt scheidet sich jetzt schon wieder und wieder anders..., sie waren Opfer oder Henker, und je tiefer man hinuntersteigt in die Zeit, desto unwegsamer wird es, ich kenne mich manchmal nicht mehr aus in der Geschichte.
(Ingeborg Bachmann: Unter Mördern und Irren, 1961)

1. Zugänge

Eine Beschäftigung mit der österreichischen Literatur nach 1945, die sich nicht der Frage nach dem Umgang der Schriftsteller, ja des gesamten literarischen Lebens, mit der(n) österreichischen bzw. ostmärkischen Gewaltgeschichte(n), ihren vielschichtigen Ursachen und ungeheuren Konsequenzen seit den dreißiger Jahren stellte, wäre unangemessen und verfehlte die österreichische(n) Nachkriegsliteratur(en) vollkommen. Ein Blick in diese genügt, um das weite Land zu erkennen, das sich hier ausbreitet. Wo sonst in der österreichischen Kultur nach 1945 als in der österreichischen Literatur wurden die Ungeheuerlichkeiten, die Dramen, Verbrechen und das Ausmaß an Leid, Schuld, präpotenter und dummer wie naiver Verleugnung, von Verdrängung und anmaßendem Weitertun, so als ob nichts geschehen wäre, genauer, ehrlicher, umfassender, komplexer und differenzierter behandelt? Es ist jedoch schwer zu bestreiten, daß die poetische Art der Auseinandersetzung, vielleicht gerade wegen ihres überwiegend hohen ästhetischen und gedanklichen Niveaus, wenig bis keine Chance hatte, in diesem Österreich von breiten Teilen der Bevölkerung und nicht einmal von vielen Bildungsbürgern beachtet zu werden. Sollte es ein Zufall sein, daß z. B. Ilse Aichingers Roman „Die größere Hoffnung" (1948), ein Text, der freilich nicht nur die antisemitische Gewalt thematisiert, sondern überdies eine lyrisch-symbolträchtige Sprache spricht (Heinz F. Schafroth, 1978 ff.), ein paar lächerliche tausend Stück Auflage erzielte und somit „nicht die geringste Sensation" (Hans Weigel, 1966) erregte, während z. B. eine Reihe von im Jahr 1946 auf der „Liste der gesperrten Autoren und Bücher" stehenden Titel von Karl Springenschmid, Mirko Jelusich, Bruno Brehm, Erwin H. Rainalter, Robert Hohlbaum, Friedrich Schreyvogl und Heinrich Zillich Auflagen von bis zu 200.000 Stück erreichten?

Das sollte jedoch nicht verwundern angesichts der bekanntermaßen hohen Beständigkeit einmal gewonnener Identität (politisch, ideologisch, kulturell, ästhetisch) bzw. der Trägheit von Vorurteilen, die anderes, „Fremdes", „Störendes" nicht an sich heranlassen, um sich nur ja nicht in unabsehbare kritische Kommunikation mit den literarischen Texten begeben zu müssen. „Net amoi ignorier'n" und Denunzieren scheinen allemal die besseren Alternativen. Nicht auszudenken, wenn mühsam erworbene und hart eingetrichterte Auffassungen dabei kaputtgehen sollten oder sich bloß teilweise verändern müßten, wenn man ehrlich wäre und sich auf ästhetisch vermittelte Argumente einließe. Beispiele ließen sich genügend anführen: Als 1948 die österreichische Erstaufführung von Ödön von Horváths „Geschichten aus dem Wienerwald" im Wiener Volkstheater stattfand, empörte sich ein Teil des Publikums über ein Stück, das ihm seinen eigenen kleinbürgerlichen Mief vorsetzte, der wohl mit eine der Bedingungen für den Sieg faschistischer Bewegungen dargestellt hatte (Wolfgang Lechner, 1978).

Im Jahr 1952 konnte man in der VdU-Zeitung „Die Neue Front" anläßlich der Veröffentlichung der Anthologie „Stimmen der Gegenwart" (Hans Weigel, 1951 ff.) — Jeannie Ebner war maßgeblich an den Entscheidungen beteiligt, welche Texte publiziert werden sollten — aus der Feder von Viktor Reimann als Ergebnis seiner Bemühungen um die Rettung von Freiheit und Kultur folgendes lesen:

> „Es gibt zwar Schmutz- und Schundgesetze, doch auf dem Umweg über die sogenannte ‚moderne Kunst', beispielsweise eines Wotruba, kommt der Schmutz in ganzen Kübeln über unsere Jugend." Und weiter: „Jedenfalls täte diese aufgewühlte Philosophie-Doktorin (gemeint ist Ingeborg Bachmann, die in Weigels Anthologie mit einigen lyrischen Proben vertreten war) gut daran, eine handfeste Arbeit zur Beruhigung ihrer zitternden Nerven aufzunehmen" (Die Neue Front, 1952).

An einem angeblich obszönen Text, der von Ingeborg Bachmann stammen sollte, was nachweislich falsch ist — Herbert Eisenreich war der Verfasser des inkriminierten Textes mit dem Titel „Betty und die Idee vom Tod", in dem es weniger um Sexualität als um die nüchterne Abhandlung des Grauens bei der Liquidierung von Menschen geht —, wittert Reimann einen angeblich ungehindert fortschreitenden „Zersetzungsprozeß". Ingeborg Bachmann, die „aufgewühlte Philosophie-Doktorin", war ein Jahr später, im zweiten Band der „Stimmen der Gegenwart", mit einer Auswahl von lyrischen Texten aus ihrer „Gestundeten Zeit" vertreten. Im Gedicht „Ausfahrt" steht der Satz: „Wie lange noch,/wie lange noch/wird das krumme Holz den Wettern standhalten?" Viktor Reimann hatte gemeint: „Immerhin aber ist es bezeichnend, daß dieses Werk (,Stimmen der Gegenwart') in Österreich gefördert wurde … Das Hauptverdienst für das Erscheinen des Werkes aber bleibt unbestritten Hans Weigel; ob er damit den jungen Autoren Österreichs wirklich gedient hat oder überhaupt nur dienen wollte, ist allerdings zweifelhaft."

Oder: Wer erinnerte sich nicht an den Sturm der Entrüstung, als Carl Merz' und Helmut Qualtingers „Der Herr Karl" (1961) in einer Fernsehfassung einem breiteren Publikum bekannt wurde. Die „Dämonie der Gemütlichkeit" (Hilde Spiel, 1971) wollte von den „Gemütlichen", ähnlich wie schon bei Ödön von Horváth, nicht akzeptiert werden.

Noch die wütenden Proteste anläßlich der Ausstrahlung von Wilhelm Pevnys und Peter Turrinis „Alpensaga. Eine sechsteilige Fernsehserie aus dem bäuerlichen Leben", die sich in den beiden letzten Folgen („Der deutsche Frühling", „Ende und Anfang") mit der österreichischen/ostmärkischen Geschichte seit dem Jahr 1938 beschäftigt, sprechen zum Teil eine sattsam bekannte Sprache: „Sie (die Autoren) beschmutzen zu Unrecht ihre eigene Nation! Ich staune nur, daß dergleichen nicht von der ORF-Leitung zensuriert wird. Besteht dort auch kein Landesehrgefühl mehr?" (vgl. Gustav Ernst/Klaus Wagenbach, 1979, S. 95 f.).

Zwei Literaturen

Österreichische Schriftsteller, aber auch solche, die erst nach 1945 behaupteten, solche zu sein, Schriftsteller unterschiedlichster Provenienz („Ehemalige", „Mitläufer", innere und äußere Emigranten, Widerständler, junge Autoren, die ab 1945 zum ersten Mal veröffentlichten, aber die Zeit vor 1945 als Jugendliche miterlebten, und sogenannte „Nachgeborene") haben sich aus verschiedensten politisch-ideologischen und ästhetischen Perspektiven, mit mehr oder weniger Distanz bzw. Nähe zum Bedrängenden, mit unterschiedlichsten Absichten und Zielen, mit den heterogensten und doch, recht besehen, immer wieder zusammengehörenden Aspekten des Phänomens beschäftigt. Die Tradition des „kritischen Volksstücks", die sogenannte „Anti-Heimatliteratur" und die Film-Erzählungen der siebziger/achtziger Jahre dürften dabei noch das breiteste Leser- bzw. Zuschauerinteresse gefunden haben. Ob sie tradierte Einstellungen zur und Denkweisen über die NS-Zeit nachhaltig verändern konnten, bleibt angesichts der hochgeschwappten Emotionen und Ressentiments im Zuge der „Waldheim-Affäre" diskutierenswert.

Betrachtet man die vielfältige und vielschichtige literarische Auseinandersetzung mit diesem Thema, so erscheint sie als Ausdruck einer Kultur, in der sich — grob gesprochen — zwei „Literaturen" gegenüberstehen: auf der einen Seite jener anti-faschistische, antinationalsozialistische, österreichbewußte Strang, der sich dem „Niemals vergessen!" (Viktor Matejka, 1946) im Sinne des Mottos verpflichtet fühlt, das anläßlich einer Ausstellung in Wien 1946 formuliert wurde:

> „Nicht der Verewigung des Hasses dient diese Ausstellung. Wir alle (hier freilich scheiden sich die Geister!) sind schuldig. Jeder erkenne selbst sein Maß an Schuld. Keiner verschließe sich den dargereichten Argumenten, vor allem nicht, wer — bedrängt von Not oder irregeleitet — in der Front des Verderbens stand. Erkenntnis allein ermöglicht den Bau einer besseren Welt" (Viktor Matejka, 1946).

In diesem Kontext ist von der Schuld und der politisch-moralischen Verantwortung der Täter die Rede, da wird vom Widerstand und vom grauenvollen Völkermord gesprochen, da ist von Anklage, Mahnung, Warnung und Verpflichtung die Rede, vom „No pasarán! — getreu dem Geist, der den Krieg gewann" (Hans Weigel, 1946) und vom „Aufruf zum Mißtrauen (uns selbst) gegenüber" (Ilse Aichinger, 1946). Aber auch das Ausmaß an Erpressung, Zwang und menschlichem Versagen wird nicht verschwiegen.

> „... Uebt euch im Mut und nicht im Haß!
> ... Stellt Wachen aus und laßt euch nicht umgarnen!
> Des Menschen Feind wird sich unfaßbar tarnen.
> Prüft seine Hände, schaut nicht auf den Mund!
> Baut euer Haus auf wohlerprobtem Grund!
> Wir wecken euch. Wir mahnen euch. Wir warnen."
> (Hugo Huppert, 1946).

Eine antinationalsozialistische Einstellung aber ist noch keine Gewähr für ideologische Unbedenklichkeit. Rudolf Henz z. B., einer der höchsten Kulturfunktionäre des austrofaschistischen Regimes, der im Jahre 1938 als Angestellter der RAVAG fristlos entlassen wurde, schließlich aber aufgrund verständlicher Existenznöte gezwungen war, sich dem Führer und dem Dritten Reich zu unterwerfen (Lohn: Aufnahme in die Reichsschrifttumskammer), stellte sich im August 1945 in der Eröffnungsnummer der Zeitschrift „Der Turm" mit seiner Perspektive ein. In drei Gedichten, zusammengefaßt unter dem Titel „März 1938", wird der nationalsozialistische Überfall auf Österreich als Heimsuchung, als schicksalhafte Fügung bedauert, zugleich aber das Österreich vor 1938 als „das Land/'Das ich gestern froh durchschritt" bezeichnet. Dies mag zwar subjektivem lyrischen Sprechen durchaus angemessen sein, angesichts der austrofaschistischen Ausgrenzungspolitik aber ist diese Sprache im August 1945 zumindest bemerkenswert, weil sie, unterstützt durch ihre ästhetische Qualität, die Wahrnehmung des Lesers steuert: Die Lüge von der sogenannten „Heimkehr ins Reich" wird bei Henz, ebenso metaphorisch gewendet, zum „Abend", zum Einbruch der „Dämonen". War für Henz Aufklärung nicht gefragt? Und schließlich heißt es von jenen, die vor 1938 tätig — wohl besser — an der Macht waren: „Ach, wir scherzten der Mahnung,/Wir, dem Lichte verschworen,/Selig der bunten Bewegung,/Wochen verpflichtet und Jahren,/Trächtigen Saaten gestellt" (Rudolf Henz, 1945). Für alle, die unter dem Dollfuß-Schuschnigg-Regime zu leiden hatten, dürfte dieser Text wohl wenig Hoffnung auf eine wahre österreichische Erneuerung gegeben haben. Carry Hauser, zwischen 1939 und 1945 als Emigrant in der Schweiz, erinnert sich an 1946:

> „Als ersten Freund von früher ... traf ich Anfang des Jahres Rudolf Henz ... Sonderbar unwirklich und doch fast, als wäre es wirklich gestern gewesen, daß wir den letzten Karfreitagsspaziergang über die Höhenstraße gemacht hatten — und plötzlich doch ein ganz anderer Mensch, von anderswoher. Das war das erstemal, daß ich erkennen mußte, daß den Emigranten etwas trennt von denen, die zurückgeblieben waren, ein Graben, der nicht ausgefüllt werden kann" (Jochen Jung, 1983).

Auf der anderen Seite hingegen steht jener Strang, deren Vertreter sich, sicher nicht minder betroffen und subjektiv ehrlich, der Katastrophe des Zusammenbruchs der alten nationalsozialistischen Ideale, Sehnsüchte und Hoffnungen widmen. Fragen der Identität, Gefahren der Verharmlosung, des Ausblendens, des heimlichen bis offenen Legitimierens und Zurechtrückens im nachhinein, des doppelzüngigen und bewußtseinslosen, sprachunkritischen Umgehens mit sich und der Vergangenheit prägen das Bild. Repräsentativ für eine solche Haltung, die sich der angeblich ewigen Gültigkeit und Schönheit von Texten ehemals mit dem Nationalsozialismus verbundener Autoren bedient (z. B. Josef Weinheber, Franz Tumler, Gertrud Fussenegger, Max Mell, Bruno Brehm usw.), scheint mir die im Jahr 1952 im Salzburger „Akademischen Gemeinschaftsverlag" erschienene Anthologie mit dem Titel „Den Gefallenen. Ein Buch des Gedenkens und des Trostes" (Den Gefallenen, 1952):

> „In dankbarer Ehrfurcht ist dieses Buch jedem (!) Toten des Krieges gewidmet, der sein Leben in der Heimat oder Ferne für uns (!) zum Opfer brachte. — Allen (!), denen der Krieg eine Herzenswunde schlug, sei es zugedacht. Ihnen will es den Glauben und Trost bringen: daß selbst das Furchtbare, das uns auferlegt wurde, nicht sinnlos war (!), sondern überwunden und umgewandelt werden kann in unseren Herzen, wenn wir die Toten nicht vergessen und den Sinn ihres Sterbens recht verstehen (!)" (Den Gefallenen, 1952).

Es fällt schwer zu verstehen, warum der versprochene Trost und die behauptete Sinnhaftigkeit des Sterbens für alle, die z. B. als Juden, Christen, Sozialisten, Kommunisten, Liberale, Zigeuner usw. ermordet wurden (gefallen sind?), ausgerechnet aus jener Literatur strömen sollte, die zum Zeitpunkt ihres Entstehens nichts anderes tat, als verblendeterweise noch in der Klage über die Toten das herrschende Terrorregime und seine „Logik" zu verherrlichen, was den Nationalsozialisten nachweislich gelegen kam. Diese Literatur sprach ihre Unterdrückungssprache: „E u e r Ruhm ist des Volkes/Treue zum Volk./Denn eines Volkes Gräber sind nicht seine Trauer allein,/eines Volkes Gefallene/sind eines Volkes Stolz,/und eines Volkes Stolz, dieser höchste, gebiert/wieder die Welt!" (Josef Weinheber, 1936). Es gehört zu einer bedenklichen Erscheinung der österreichischen Nachkriegskultur, daß solche Texte trotz der nachweislichen Einsicht z. B. Josef Weinhebers in seine tragisch-schuldhafte Verstrickung, für die er mit seinem Leben einstand (Albert Berger, 1985), als „schöne" Literatur weiterhin ihren Beitrag zur Aufrechterhaltung des „Nebels der NS-Propaganda" (Ernst Hanisch, 1985) leisten konnten. Aber auch jene Texte gehören zu diesem Strang, die schon kurz nach dem Krieg, wohl aus einer schwer erträglichen Spannung angesichts des Geschehenen heraus sprechend, dem pauschalen Vergeben und Verzeihen das Wort reden, indem sie die Geschichte einebnen und damit einem unkritischen Verhältnis zu ihr Vorschub leisten. Ein Beispiel dafür lieferte Viktor Reimann, der sich nicht nur als Kulturjournalist betätigte, sondern auch als Poet. Die Haltung, die im folgenden Gedicht zum Ausdruck kommt, ist umso bemerkenswerter, als sie von einem Mann stammt, der zwar ab 1936 Mitglied einer illegalen NS-Zelle in Klosterneuburg war, zwar im Mai 1940 ein Aufnahmeansuchen in die NSDAP stellte, dann aber wegen Differenzen „vor allem in Fragen der persönlichen Freiheit, der Kirchenpolitik und der religiösen Kindererziehung" (Fritz Hausjell, 1986) zum „aktiven Gegner der NSDAP" wurde und am 2. Dezember 1943 zu 10 Jahren Zuchthaus und 10 Jahren Ehrverlust verurteilt wurde:

> „Aufbruch
> Von Viktor Reimann
>
> Ich seh im Geiste Gräber dicht sich reihen,
> Wo Freund und Feind nebeneinander ruhn
> Und ihren Haß der höchsten Liebe weihen,
> Gesühnt schon längst ihr freventliches Tun.
>
> Ich hör im Geist Posaunen ehern schallen
> Vom hohen Turme einer goldnen Stadt.
> Zu deren Tore Millionen wallen,
> Die jener Ruf erweckt vom Tode hat.
>
> Ich fühl im Geist, wie alles strömt zum Leben
> Und jeder auf das göttlich Wort vertraut,
> Daß alle Schuld für immer ist vergeben
> Und über Grabesnacht der Friede blaut."
> (In: Salzburger Nachrichten, 24. 12. 1945, S. 8).

Wo bleibt da der aufrüttelnde und eben nicht einlullende Geist, der z. B. Wolfgang Borcherts Stück „Draußen vor der Tür" (1947) beherrscht, ein Stück, in dem sich viele der jungen Heimkehrer aus dem Krieg wiederentdeckten?

Beispiele

Wo sonst also wurde die prägendste Geschichtserfahrung der Österreicher, der

Untergang der Demokratie, der faschistische Terror und imperialistische Krieg in allen Tiefen, in allen politisch-ideologischen, materiellen, moralischen und psychischen Folgen und mit all den offenen Fragen breiter und intensiver besprochen als in der Literatur? Jeder, der guten Willens ist, kann sich darüber in einschlägigen Veröffentlichungen umfassend informieren und sich mit der dort genannten österreichischen Literatur auseinandersetzen (vgl. Kurt Adel, 1982; Kurt Adel, 1985; Wilhelm Bietak, 1980; A. Feinberg, 1985; Gerhard Fritsch, 1961; Michaela Heberling, 1987; Faschismus/Nationalsozialismus in der Kinder- und Jugendliteratur 1984; Hilde Spiel, 1976; Viktor Suchy, 1973; Joseph McVeigh, 1984; Walter Weiss, 1972; Viktor Zmegač, 1984).

In einem geistigen Spannungsfeld, wie es vorhin kurz beschrieben wurde, spielt sich auch die literarische Auseinandersetzung mit der NS-Zeit, ihren Vorgeschichten, Ausprägungen und Nachwirkungen ab. Die Palette ist reich bestückt: Sie reicht z. B. von den Romanen der Antifaschisten Ilse Aichinger („Die größere Hoffnung", 1948), Erich Fried („Ein Soldat und ein Mädchen", 1960), Hans Lebert („Die Wolfshaut", 1960), Gerhard Fritsch („Fasching", 1967) bis zu jenen der ehemaligen Nationalsozialisten bzw. dem NS-Regime Dienlichen, wie z. B. Bruno Brehm („Das zwölfjährige Reich", 1960/61) und Franz Tumler („Ein Schloß in Österreich", 1953); sie umfaßt so Heterogenes, inhaltlich wie formal, wie z. B. George Saikos Roman „Der Mann im Schilf" (1956 — NS-Putschversuch 1934), Herbert Zands existentialistischen Kriegsroman „Letzte Ausfahrt" (1953), Ingeborg Bachmanns Erzählung „Unter Mördern und Irren" (1961), Fritz Hochwälders Stück „Der Himbeerpflücker" (1965), Rudolf Henz' Roman „Die Geprüften" (1985), die sogenannte Heimkehrerliteratur (Kurt Klinger, Ernst Lothar, Erich Landgrebe, Franz Tumler, Franz Theodor Csokor usw. usw.); die Palette reicht vom Werk Paul Celans, von Texten Ernst Jandls (z. B. „vater komm erzähl vom krieg"), Jutta Schuttings (z. B. „Mauthausen 1976") und Elfriede Gerstls, von Marie-Thérèse Kerschbaumers „Der weibliche Name des Widerstands" (1980), von Robert Neumanns „Die Kinder von Wien" (1948) bis zu Elfriede Jelineks „Burgtheater" (1985), Thomas Bernhards autobiographischen Romanen und Gert Hofmanns Erzählung „Veilchenfeld" (1986). Besondere Eindringlichkeit vermittelt das Werk Jean Amérys; anläßlich seines Freitodes sagte Hans Mayer:

> „Jean Améry folgte dem Beispiel von Paul Celan und von Peter Szondi. Drei Menschen aus dem Lande Kakanien, wie Robert Musil es genannt hat. Drei Juden. Drei Überlebende, die erfahren mußten, was gemeint ist mit jenem wiederkehrenden Vers aus der ‚Todesfuge': ‚der Tod ist ein Meister aus Deutschland'. Auch Jean ist in Auschwitz gewesen: wie Celan. In Bergen-Belsen: wie Peter Szondi. Sie alle empfanden das Überleben als unerlaubt" (Hans Mayer, 1978).

Auch das 1985 erschienene Buch „Nachtwache. 10 Jahre KZ Dachau und Flossenbürg" von Karl Röder, der sich selber nicht Schriftsteller nennen mag, sei wegen seiner aufrüttelnden, wenn auch nicht mit ästhetischen Mitteln hervorgerufenen Wirkkraft erwähnt und jedem ans Herz gelegt (vgl. auch viele Beispiele aus den Anthologien/Zeitschriften: Milo Dor, 1962; Hugo Huppert/Roland Links, 1980;

Gustav Ernst/Klaus Wagenbach, 1979; Michael Scharang, 1984; Jochen Jung, 1983; Manuskripte 1960 ff; Die Wiener Gruppe, 1967).

Wie es Aufzählungen an sich haben, so ist auch diese unvollständig, das Ergebnis völlig subjektiver Erinnerung, auch ästhetischer Wertung und subjektiver Einschätzung in bezug auf ihre poetisch-ideologische Repräsentativität. Sie enthält auch Beispiele, die von der Kritik als Kunstwerke anerkannt sind, aber erwähnt — aus Platzgründen — solche nicht, die wahre Dichtung sind. Sie ist überdies eine Aufzählung, die sich gegen keinen österreichischen Schriftsteller richtet, wie jemand aus dem Fehlen bestimmter Autorennamen schließen könnte.

2. Hinterlassenschaften

Es ist klar, daß man im Jahr 1945, angesichts der militärischen Niederlage des Dritten Reiches, die ehemals „ostmärkischen" Schriftsteller und ihre Literatur, seien sie nun als prononcierte Apologeten oder auch „bloß" als Mittäter/Mitläufer in schlimmer und frischer Erinnerung gewesen, nach ihrer Verantwortung befragte. Es schien so, als ob sie und ihre Literatur(en) in jeder Hinsicht abgewirtschaftet hätten. Es sollte darum gehen, „den Schutt wegzuräumen, den auf geistigem Gebiet, und erst recht auf diesem, die unsägliche Zerstörung der faschistischen Diktatur zurückgelassen hat" (Plan, 1945).

Um zu verstehen, welcher und in welchem Ausmaß hier „Schutt" „weggeräumt" werden sollte, fügen wir einen kurzen Rückblick in die nationalsozialistischen Literaturverhältnisse und auch in die ständestaatlichen vor 1938 ein, weil letztere unserer Auffassung nach zur Vorgeschichte der ab 1938 herrschenden gehören, wenn auch ihre Produkte nach 1945 weitgehend nicht als „Schutt" betrachtet wurden.

Die meisten der Schriftsteller, die im Jahr 1938 ihr (auch) poetisch formuliertes Bekenntnis zum nationalsozialistischen Deutschen Reich ablegten, hatten sich schon im Herbst 1936 im „Bund der deutschen Schriftsteller Österreichs" (vgl. Gerhard Renner, 1981) organisiert, der in engstem Kontakt mit der NS-Reichsschrifttumskammer (RSK) in Berlin und der deutschen Gesandtschaft in Wien unter Herrn von Papen stand und die Funktion hatte, auf der Basis der rassistischen Grundsätze der NS-Kulturpolitik schon vor 1938 „die literarischen Kontakte mit Deutschland zu monopolisieren" (Klaus Amann, 1986).

Die NS-Literaturpolitik war eine dezidierte und brutale Ein- und Ausgrenzungspolitik. Sie zielte unter Einsatz ihrer Zensur- und Lenkungsmaschinerie auf die Zerstörung eines freien, pluralistischen literarischen Lebens. Nach neuesten Forschungen wurden während der NS-Zeit ca. 9.000 österreichische Künstler und Wissenschaftler aller Sparten, davon ungefähr 1.500 Schriftsteller und Journalisten, verfolgt, verhaftet, eingesperrt, sie mußten emigrieren, lebten als „innere Emigranten" in der fremden Heimat oder kamen gewaltsam zu Tode. Die Nationalsozialisten verstanden es sehr gut, u. a. auch mit großen materiellen Anreizen, viele Autoren für die verschiedenen und sich verändernden Ziele ihrer Politik einzusetzen. Viele Schriftsteller brauchten aber freilich gar nicht mehr vereinnahmt oder gekauft zu werden. Nicht nur ideologische Überzeugung und Abhängigkeiten, nicht nur Gewalt und Erpressung waren für die „Vernetzung" der Autoren ausschlaggebend, auch das Geld und die plötzliche Anerkanntheit und Bekanntheit, die ungeahnten Wirkungsmöglichkeiten verbanden und ließen mögliche Bedenken verstummen. Jene Autoren, die nach den politischen und rassistischen Kategorien der Nationalsozialisten untragbar waren, hatten keine Chance, sehr oft nicht einmal eine Lebenschance. Auch jene, die in ihren Texten nicht von den gesellschaftlichen Konflikten der Zeit absahen, wurden „ausgesperrt". Die Nationalsozialisten denunzierten sie als zersetzende Volksschädlinge, die keinen Beitrag zur Verherrlichung der Volksgemeinschaft leisteten oder unwürdig wären, als Deutsche bezeichnet zu werden. Die anderen aber machten Karriere, als „Sänger deutschen Heldentums" bzw. „Priester des deutschen Herzens", wie Max Stebich im Vorwort des vom „Bund deutscher Schriftsteller Österreichs" herausgegebenen „Bekenntnisbuch(es) österreichischer Dichter" im Jahre 1938 den inhaltlichen und formalen Rahmen absteckte, in dem sich die von den Nationalsozialisten geschätzte Literatur zu bewegen hatte und auch bewegte (Bekenntnisbuch, 1938). Salopp formuliert: Der Kampf um die Futterkrippe, das heißt die organisierte Auseinandersetzung um den Zugang zum literarischen Markt wurde unter den Vorgaben und mit Hilfe der Nationalsozialisten für jene gewonnen, die — rückblickend betrachtet und mit Einschränkung gesagt — sowohl intellektuell als auch künstlerisch bestenfalls die dritte Garnitur der damaligen Schriftsteller waren. Freilich, sogar ein Gottfried Benn, ein Josef Weinheber, ein Wilhelm Furtwängler oder ein Gustaf Gründgens, Persönlichkeiten aus verschiedenen Kulturbereichen, gingen dabei ins Netz. So unklug waren die NS-Kulturfunktionäre denn doch nicht, z. B. Furtwängler und Weinheber nicht in die „Gottbegnadetenliste/Sonderliste" (Jutta Wardetzky, 1983) aufzunehmen, was jedoch weniger über den hohen literarischen Geschmack der zuständigen Entscheidungsträger aussagt, als vielleicht etwas über ihr politisches Geschick. So schafften es die Nationalsozialisten seit 1933, konsequent alles ästhetisch Moderne, Avantgardistische, inhaltlich Liberal-Bürgerliche, Demokratische und Marxistische aus ihrem „Reich" zu verdammen und die sogenannte „volkhafte Dichtung" (Hellmuth Langenbucher, 1933) zur bestimmenden Literatur hochzustilisieren. Sie waren sich vollkommen klar über die Wichtigkeit der Literatur als Propagandainstrument zur Lenkung der Gehirne und Herzen, aber auch und insbesondere als Medium zur Herstellung eines schönen Scheins, der Ablenkung, Trost, auch individuelle geistige Fluchtmöglichkeiten garantierte: Gerade dies aber diente der Stabilisierung der NS-Herrschaft.

Zur Vorgeschichte des Jahres 1945 gehören aber nicht nur die Vorgänge im literarischen Leben seit 1938, denn die reichsdeutsche Literatur- und Kulturpolitik traf, als sie auch in der „Ostmark" ungehemmt „arbeiten" konnte, bereits auf eine hausgemachte österreichische Enge, die auch auf das Konto der ständestaatlichen Kulturpolitik verbucht werden muß. Diese hatte sich literatur-ideologischen Prämissen verschrieben, die in vielen Aspekten der nationalsozialistischen Auffassung aufs Haar glichen. Vereinheitlichung und Zensurdenken waren auch in Österreich in Mode geraten. Auch hier war das sogenannte bodenständige Schrifttum im Aufwind. Profitiert im wahrsten Sinn des Wortes haben fast ausschließlich jene österreichischen Schriftsteller, die sich schon seit 1933, aber spätestens ab 1938 auch im Literaturkanon der Nationalsozialisten fanden, in den allermeisten Fällen freilich, ohne offen politische Texte zu schreiben, so z. B. Karl Heinrich Waggerl, Josef F. Perkonig, Max Mell, Franz Nabl, Josef Weinheber usw. (Friedbert Aspetsberger, 1980).

Die Bücherverbrennungen im NS-Staat 1933 waren der Anlaß für eine tiefe Spaltung und Fraktionierung der österreichischen Schriftsteller. Da waren jene, die gegen die barbarischen Nazimethoden protestierten, damit zwar ihrer antifaschistischen Identität treu blieben, aber vom deutschen Markt ausgeschlossen waren. Dann gab es jene, die entweder selber schon überzeugte Nationalsozialisten und meist Antisemiten waren und endlich alle ihre literarischen und wirtschaftlichen Chancen vorerst einmal im Dritten Reich kommen sahen oder ihr Gewissen, ihre meist katholische Überzeugung verleugneten und damit auf dem reichsdeutschen Markt, dann auch immer besser in Österreich reüssieren konnten. Freilich sind die Trennlinien, was die beiden letzten Gruppen betrifft, oft sehr schwer zu ziehen. Die Hinterlassenschaft dieser „katholischen" Haltung bringt im Jahr 1948 ein „katholischer Priester" in der Zeitschrift „Plan" auf den Begriff:

> „Wie erklärt sich aber (nach dem Krieg) dieses Schweigen der katholischen Autoren? Abgesehen davon, daß eine wahrlich nicht geringe Anzahl katholischer Schriftsteller und Schriftstellerinnen (Friedrich Schreyvogl, Rudolf List, Josef Friedrich Perkonig, Josef Georg Oberkofler, Karl Heinrich Waggerl, Fanny Wibmer-Pedit, Josefine Widmar, die Wahlösterreicherin Juliane Stockhausen u. v. a.) mit fliegenden Fahnen ins Lager der Nationalsozialisten überlief und dann ‚Blut-und-Boden-Romane' schrieb, flüchteten die übriggebliebenen entweder in das bergende Halbdunkel der Vergangenheit oder in die weihrauchduftende Stickluft der Sakristeien" (Plan, 1948).

Das Österreich vor 1938 war kein Garant weltbürgerlicher Offenheit für die Autoren und die Literatur. Guido Zernatto, ähnlich wie Rudolf Henz führender Kulturfunktionär, zuletzt Staatssekretär und Minister der Schuschnigg-Regierung, schrieb anläßlich der Gründung der Kulturorganisation der Vaterländischen Front, nämlich des sogenannten „Frontwerkes Neues Leben" (vgl. die Zeitschrift Neues Leben, 1937 f.):

> „Liberales Herrentum auf der einen Seite und marxistischer Sozialismus auf der anderen haben dazu geführt, Volk und Kultur, ähnlich wie es auf dem Gebiete des Materiellen geschehen war, immer mehr zu entfremden. . . . Es gibt keine ‚Kunst für die Kunst' und es gibt keine Klassenkultur und Klassenkunst. Sie ist da für das ganze Volk, zur inneren

Bereicherung und zu edlem Genuß. ... Wir wollen, daß an den Gütern der Kultur und der Kunstleistung alle teilhaben, wir wollen den durch die Unrast der Zeit, durch die Nöte und Existenzsorgen beschwerten Menschen aller Gesellschaftsschichten und aller Stände wieder das Gefühl des gleichberechtigten Mitbesitzes geben. Das geschieht auf dem Gebiete der Erholung wie auf dem der inneren Bereicherung. Deshalb schaffen wir unseren Mitgliedern im Frontwerk ‚Neues Leben' alle diese Erleichterungen und verbilligten Möglichkeiten zum Sportbetrieb, weil wir allen wieder das Gefühl der unlösbaren Verbundenheit mit der heimatlichen Landschaft, dem heimatlichen Grund und Boden geben wollen. ... Darum pflegen wir in Stadt und Land das alte Brauchtum, die Volksmusik und unternehmen auf der anderen Seite den Versuch, die klassischen Leistungen auf dem Gebiete der Kunst allen zugänglich zu machen" (Guido Zernatto, 1937).

Wenn bei Zernatto nicht später das Wörtchen „österreichisch" vorkäme und sich dieser Text nicht antisemitischer Anspielungen enthielte, könnte man glauben, eine zumindest deutsch-völkische Abhandlung über Kultur, Literatur und Sport zu lesen: die Kunst als ein angeblich „bodennahes", „erdhaftes"(?), aus einem unbestimmt Volkhaften entquellendes „Schmücke-dein-Heim"-Medium (Sigurd Paul Scheichl, 1986). Texte z. B. von Robert Musil, Bert Brecht, Honoré de Balzac, Boccaccio, auch von Sinclair Lewis, James Joyce usw. dürften nicht zur „inneren Bereicherung" beigetragen haben, denn sie waren entweder verboten (für die Ausleihe), wurden fast nicht zur Kenntnis genommen oder gehörten nicht zur gelobten Klassik (vgl. Ursula Weyrer, 1984; Alfred Pfoser, 1980; Murray G. Hall, 1985). In Sachen Literatur jedenfalls war es der „Bodenständigkeitskitt", der das Deutsche Reich der Nationalsozialisten und das vaterländische Österreich der „besseren Deutschen" in Österreich (Anton Staudinger, 1978) verband.

„Die Verpflichtung des Geistigen" (Plan, 1946)

Der Zorn und die Empörung über diejenigen, die als „Dichter" mit dem NS-Regime verstrickt waren, war im Jahr 1945 unbändig und groß. Otto Basil schrieb im Oktober 1945 folgendes:

„Die großen und kleinen Schwätzer, die dem ‚Aufbruch der Nation' und dem daraus sich entwickelnden Blutrausch Hymnen, Oden, Päane, Dithyramben und andere Lyrik-Kränze gewunden haben — denn bei dem Geschäft ging es verdammt klassisch zu, wie in der Walpurgisnacht! —, sind Legion. Als Vorspann der deutschen Bestialität sind sie mitverantwortlich für all das, was Hitler-Deutschland der Welt angetan hat. (Keiner versuche daher, sich jetzt zu drücken!) Man kennt sie — oder wird sie kennen: An den Pranger mit ihnen! ... Auch die ‚Ostmark' hatte ihre munterste Mannschaft gestellt. Um nur einige daraus zu nennen: Erna Blaas, Bruno Brehm, Edmund Finke, Siegfried Freiberg, Hermann Graedener, Maria Grengg, Robert Hohlbaum, Karl Itzin-

ger, Mirko Jelusich, Hans Gustl Kernmayr, Joseph Georg Oberkofler, Hermann Heinz Ortner, Erwin H. Rainalter, Ernst Scheibelreiter, Franz Schlögel, Friedrich Schreyvogl, Max Stebich, Karl Hans Strobl, Fritz Stüber, Hermann Stuppäck, Ingeborg Teuffenbach, Franz Tumler, Josef Weinheber, Kurt Ziesel; während die Billinger, Danszky, Dworschak, Hartlieb, Kotas, Landgrebe, Leitgeb, List, Löser, Maix, Menghin, Rendl, Sacher, Spunda, Urbanitzky, Waggerl, Wenter u. a. willig ‚mittaten'"
(Plan, 1945).

Und schon im März/April-Heft des Jahres 1946 (!) derselben Zeitschrift heißt es:

> „Vom österreichischen NS-Parnaß kommen etliche der jetzt meistgeschätzten österreichischen Dichter her. ... Uns interessieren ... weit weniger die patent-republikanischen Nazischriftsteller als die Dunkelmänner, die ihnen in den echt österreichischen Sattel geholfen haben"
> (Plan, 1946).

Otto Basil lieferte also schon einige Monate nach Kriegsende die Themen, die auch unsere „Hinterlassenschafts-Diskussion" behandelt: Entnazifizierung/ Selbstverantwortung und die Frage nach der Konstituierung der österreichischen Literatur nach 1945.

Entnazifizierung/Selbstverantwortung

Wie gehen NS-Schriftsteller und solche, die von den Nationalsozialisten für ihre Zwecke benützt, vereinnahmt und mißbraucht wurden, mit der eigenen politischen und literarischen Vergangenheit nach 1945 um und wie wird mit ihnen umgegangen? Was haben sie selbst also zu ihrem Verhalten, ihrer Verstricktheit, ihrer Verantwortung als Schriftsteller und homines politici zu sagen? Welche Fragen an ihr Verhalten und ihre (poetischen) Texte wurden ihnen von den Alliierten, den „äußeren" und „inneren" Emigranten, den Widerständlern, von der jungen Schriftstellergeneration, die nach 1945 zu publizieren begann, vom Lesepublikum und überhaupt von jener Öffentlichkeit gestellt, die am Aufbau einer antifaschistisch orientierten politischen und ästhetisch neuen literarischen Kultur interessiert waren?

Zur Erinnerung an das Ausmaß des Problems: Thomas Mann notierte 1933 (!) in sein Tagebuch:

> „Es gibt ferner einige hundert oder, mag sein, ein paar tausend Intellektuelle, Professoren, Schriftsteller, Blubo-Literaten (von den unmittelbaren Nutznießern des Systems und den Anpäßlingen und Mitmachern aus Opportunität ist hier nicht die Rede), deren Gehirne unterworfen sind und es schon vorher waren, geistige Wegbereiter also und solche, die der Erfolg überwältigte, Germanisten, Nordschwärmer und sinnig-völkische Philologen der Urtümlichkeit, die es fertigbringen, ihren frommen Gelehrten-Traum vom Ewig-Deutschen mit der niedrigsten Travestie und Verhunzung des Deutschtums zu verwechseln" (Thomas Mann, 1986).

Nachdem das NS-Regime von den alliierten Truppen besiegt worden war, unterwarfen die Militärbehörden das gesamte Leben in Österreich mit Hilfe von Verordnungen, Dekreten und Erlässen ihrer Kontrolle. In der ersten von Dwight D. Eisenhower unterzeichneten Proklamation der „Militärregierung Österreich" ist unter Hinweis auf die sogenannte Moskauer Deklaration vom 1. November 1943 einerseits von der beabsichtigten Wiederherstellung Österreichs „in Freiheit und Unabhängigkeit" die Rede, andererseits aber auch davon, „daß es (Österreich) wegen seiner Teilnahme am Kriege eine Verantwortung auf sich geladen hat, der es sich nicht entziehen kann", daß zugleich aber „bei der endgültigen Regelung der Beitrag Österreichs zu seiner Befreiung unvermeidlicherweise in Rechnung gezogen werden wird" (Verordnung Nr. 3 der Militärregierung Österreich, 1945).

Eine der ersten Verbotsmaßnahmen der Militärregierung war die Auflösung der NSDAP und ihrer 62 Zweigstellen, darunter z. B. der „Parteiamtlichen Prüfungskommission zum Schutze des NS-Schrifttums" und der gesamten „Reichskulturkammer" (RKK). Die Alliierten, insbesondere die westlichen, kamen mit konkreten Entnazifizierungsvorstellungen ins Land (Dieter Stiefel, 1981; Sebastian Meissl, 1986). Im Zuge der sogenannten Registrierung sollten in den dafür zur Verfügung stehenden Fragebögen auch Angaben über eigene Schriftwerke und ihre Veröffentlichung gemacht werden. Als im Mai 1945 das sogenannte „Verbotsgesetz" in Kraft trat, unterlagen Schriftsteller nur insofern den gesetzlichen Bestimmungen, als sie als NSDAP-Mitglieder ohnehin registrierungspflichtig waren.

Erst zwei Jahre später vergaß man die Schriftsteller als eigene Gruppe nicht mehr. Nach dem Inkrafttreten des „Nationalsozialisten-Gesetzes" vom Februar 1947 unterlagen „Verfasser von Druckschriften jedweder Art", deren Texte von einer Kommission wegen ihres nationalsozialistischen Gehalts als verbotene Werke erklärt wurden, den verschiedenen Sühnebestimmungen, die das Gesetz vorsah. Im August 1948, also eineinhalb Jahre später, waren erst sechs Schriftsteller davon betroffen, und über neun weitere wurde gerade diskutiert. Eine Kommission im Unterrichtsministerium erstellte daneben, anscheinend ohne gesetzliche Basis, eine sogenannte „Ablieferungsliste" von Werken, die „zwar nationalsozialistisches Gedankengut enthalten, aber dieses nicht in propagandistischer Absicht darstellen" (vgl. Dieter Stiefel, 1980), wie es hieß und was immer das heißen mag. Ganze fünfzehn Titel standen bis August 1948 auf dieser Liste; eine vernachlässigenswerte Größe, bedenkt man, daß die repräsentative „Nationalsozialistische Bibliographie", die die den NS-Funktionären genehme Literatur aus allen Sachbereichen verzeichnete, zwischen 1936 und 1944 immerhin ca. 25.000 Titel auflistete. Das schon im Juni 1945 in Kraft getretene Kriegsverbrechergesetz hätte die strafrechtliche Verfolgung von Schriftstellern vorgesehen, die in Druckwerken und verbreiteten Schriften zum Kriegführen aufhetzten (KVG 1945, § 2). Doch dürften diese Bestimmungen auf Dichter nicht systematisch angewendet worden sein. Es ist nur ein Fall bekannt, der des Schriftstellers Edmund Finke (vgl. Gerhard Renner, 1986). Daß man es systematisch hätte

machen müssen, davon gab es nur unmittelbar nach 1945 und in Emigranten-
Kreisen ein Bewußtsein.

> „Auch in Frankreich wurde die Säuberung vielfach mit Lauheit durchge-
> führt. Nur gegen einen Kreis von Menschen war das befreite Frank-
> reich unerbittlich: gegen die Geistigen. Mit Recht, weil sie mehr als
> irgendeine Gruppe mit an der Verantwortung trugen.
>
> Was mir praktisch notwendig erscheint: ein methodisches Durchar-
> beiten der Presse der Nazizeit nach den Schuldigen, von den Behörden
> geleitet. ... Man wende nicht ein: Nazimethoden. Es wäre Seelenträg-
> heit und Bequemlichkeit" (Plan, 1946).

Die weitaus umfangreichste Entnazifizierungsmaßnahme im Literaturbereich,
die ohne gesetzliche Grundlage schon seit Mai 1945 im Gange war, war die Säu-
berung von Bibliotheken von NS-Schrifttum. *Ein* Ergebnis war eine „Liste der
gesperrten Autoren und Bücher" (1946), die vom Unterrichtsministerium für alle
Buchhandlungen und Bibliotheken erstellt wurde (vgl. Gerhard Renner, 1986;
Heimo Gruber, unveröffentlichtes Manuskript, 1985). So wurden z. B. von den
150.000 Bänden der Wiener Städtischen Büchereien ca. 40% als faschistisches
Buchmaterial ausgesondert und der Nationalbibliothek übergeben, die es zum
Teil einstampfen ließ.

Wie stand es mit den belletristischen Autoren aus Österreich auf dieser „Liste"?
Nur ein Drittel der in den diversen ostmärkischen Literatur-Anthologien vertrete-
nen Dichter tauchten in dieser „Liste" auf. Das waren ca. 60 Autoren. Von ca. 30
von ihnen war ihr Gesamtwerk auf dem Index, u. a. von Erna Blaas, Anton Graf
Bossi-Fedrigotti, Robert Hohlbaum, Karl Itzinger, Mirko Jelusich, Paul Anton Keller, Erich Kern, Erich Landgrebe, Karl Springenschmid, Hermann Stuppäck, Ingeborg Teuffenbach, Franz Tumler, Carl Hans Watzinger und Kurt Ziesel. Über 700
belletristische Buchtitel waren verboten. Bis zum Jahr 1965 wurden jedoch ca. 90
von ihnen in ca. 70 deutschsprachigen Verlagen und Buchgemeinschaften in
Europa wiederaufgelegt, die Hälfte davon sogar in mehreren Auflagen. Das
Interesse an den zumindest moralisch belasteten Schriftstellern nach 1945 dokumentiert sich auch daran, daß sich an die 180 Verlage und Buchgemeinschaften
bis 1965 erneut um alte und neue Texte der in der genannten „Liste" verzeichne-
ten Autoren annahmen. Im Jahr 1953 berichtete „Die Neue Front. Zeitung der
Unabhängigen" erleichtert von der angeblich unter bloßem Zwang zusammengestellten „Liste" und einer Auskunft des Unterrichtsministers Dr. Kolb:

> „Zweifellos sind Buchhandel und Büchereien von der Liste ganz abge-
> kommen. Niemand mehr beachtet die (maßgebliche) Liste. Die
> Entwicklung ist längst über die (Sperre) hinausgegangen, sie wäre da-
> her ... durch Gewohnheitsrecht abgeschafft" (Die Neue Front,
> 26. 9. 1953).

Der Unterrichtsminister und die Zeitung hatten recht. So verständlich die Empörung über die politische und wohl auch künstlerische Verantwortung vieler ostmärkischer Schriftsteller in der historischen Situation des Jahres 1945 war, so daß
die eben beschriebene Form der Entnazifizierung einsetzte, so bedenklich und

umstritten blieben diese Maßnahmen, da sie nur schwer mit einem demokratischen Pluralismus und der postulierten Freiheit der Kunst zu vereinbaren waren. Das war den österreichischen Behörden auch bewußt:

> „Diese Maßnahme (das Erstellen der erwähnten Liste) geschieht nicht aus Gründen einer Einengung der Kulturaufgaben der Literatur — eine solche Einengung ist weder heute noch in Zukunft beabsichtigt —, vielmehr hat sich diese Maßnahme als notwendig herausgestellt, um propagandistischen Mißbrauch der Literatur zu vereiteln" (Liste der gesperrten Autoren und Bücher, 1946).

Die Befürchtungen, daß die Beliebtheit der mit dem NS-Regime mehr oder weniger eng verbundenen Schriftsteller ohne solche Maßnahmen nicht sehr beeinträchtigt würde, sollten sich schließlich trotz der durchgeführten Säuberungen bestätigen. Dabei ist zu beachten, daß die allermeisten Texte der zur Diskussion stehenden Autoren keine offen politischen Texte waren, so wie die von den Nationalsozialisten besonders geförderte Literatur nur zu einem kleinen Prozentsatz sogenannte politische Literatur war.

Eine weitere Behördenmaßnahme im Rahmen der Entnazifizierung war z. B. die Errichtung des „Camps Marcus W. Orr" durch die Amerikaner in Glasenbach/Salzburg. Bis zu 12.000 Nationalsozialisten waren dort inhaftiert, unter ihnen auch die Schriftsteller Bruno Brehm, Karl Itzinger, Erich Kernmayer und Franz Resl (vgl. Joseph Hiess, 1956; Franz Langoth, 1951). Nach übereinstimmenden Erinnerungen ehemaliger Inhaftierter soll es im Lager auch ein reges kulturelles Leben gegeben haben. Der Mundartdichter Franz Resl trug seinen Teil dazu bei. Seine Art der „Vergangenheitsbewältigung" liest sich folgendermaßen: „Wann ma nur wissat'n,/was von uns hab'n woll'n,/Wann ma nur wissat'n,/was ma mach'n soll'n/Wir tät'n ja alles — gern — von Herzen!/Wir tragat'n a rote Nelk'n oder a weiße Kerzen/Oder — is ja a Jammer — von mir aus Sichel + Hammer!" (Camp Marcus W. Orr, 1957 „dem Gedenken an unser aller Vater Franz Resl, gest. 1955, der uns gelehrt hat, daß unbesiegbar bleibt, wer lacht!"). Während die einen inhaftiert waren, tauchten die anderen unter, so z. B. der NS-Landesrat und „Goebbels von Salzburg" Karl Springenschmid (vgl. Salzburger Nachrichten, 28. 6. 1945; Karl Springenschmid, 1975).

Mirko Jelusich, einer der bekanntesten und erfolgreichsten NS-Literaten, stand, soweit mir bekannt, als einziger ehemals prominenter „ostmärkischer" Schriftsteller; (vgl. Volksgerichtsbarkeit und Verfolgung von nationalsozialistischen Gewaltverbrechen, 1977) zwischen 1946 und 1949 zweimal vor einem sogenannten Volksgericht nach dem „Verbotsgesetz". Das Verfahren wurde „mangels eines strafbaren Tatbestandes" im Dezember 1949 eingestellt (vgl. Johannes Sachslehner, 1985).

Auch die Beschäftigung mit Leben und Werk einzelner Autoren aus der Gruppe der „muntersten Mannschaft" der „Ostmark" und der „Mittuer" (Plan, 1945) war, entgegen aller heutigen Jammerei über das angeblich plumpe Totschweigen nach 1945, z. B. in der Presse, den Literatur-Zeitschriften usw. weit ausgiebiger und differenzierter, als heute von vielen vermutet wird. Zwar gab es auch pauschale Aburteilungen, die bei solchen Autoren, deren poetische Leistungen nicht gerade überwältigend waren, verhältnismäßig leicht fielen — „Wer die Kraft seines Wortes mißbraucht hat im Dienste des verabscheuenswürdigsten Regimes der Weltgeschichte, der kann nicht pardoniert werden" (über B. Brehm, K. Ziesel, F. Spunda usw., „Österreichische Zeitung", 1949) —, am Beispiel des Verhaltens und des Werkes von Josef Weinheber jedoch entzündete sich eine Diskussion, die in alle Nischen und Ecken des Verhältnisses von Künstlertum und politisch-moralischer Verantwortlichkeit leuchtete. Franz Theodor Csokor z. B. schrieb 1947: „Vor seinem Grabe darf man nur sagen, daß darin ein Dichter ruht, der die Probe auf den Menschen in sich nicht bestand, aber ein Mensch zugleich, der männlich seine Schuld gesühnt hat, als er sie erkannte." (Der Turm, 1947) Ernst Waldinger urteilte schärfer und stellte die Weinheber-Diskussion der Jahre 1947/48 in einen größeren Zusammenhang:

> „Weinhebers Verhältnis zur Formkunst ist ebenfalls ein Mißverständnis. Wie alles, was er in späteren Jahren anfaßte, wurde auch dieses Credo zu Besessenheit. Nun ist Form ein Mittel zur Klärung, und Formbesessenheit ist ein Widerspruch in sich selbst. . . . Von Hölderlin hatte er nun auch schon gar keinen Hauch. . . . Was hat der unglückliche Seraph mit dem Luzifer aus Ottakring zu tun!? Weinhebers Kraft liegt im rein Lyrischen und im Volkstümlichen. . . . Mit der Aufrollung der Weinheber-Debatte können sich gewisse Dorfbürgermeister oder gewisse großdeutsche Ästheten, die einmal fromme Mysterienspiele schrieben, kaum reinwaschen, umso weniger, als Weinheber aus seinem absoluten Heidentum mir gegenüber nie ein Hehl gemacht hat wie auch aus der Tatsache, daß er sich an die Nazis um Geld und Geltung verschacherte" (Plan, 1948).

Während Friedrich Schreyvogl die „Gnade" erbat, als ewiger Österreicher und Wiener gelten zu dürfen (zur Rolle F. Schreyvogls in den dreißiger Jahren vgl. Gerhard Renner, 1981), um weiter im literarischen Leben der Republik dabeisein zu können — die „Österreicherei" war hoch im Kurs und erntete bei den Informierten zum Teil zynisch-ironische Kommentare (z. B. Otto Basil über Max Mell im Plan, November 1946) —, reagierten andere, so z. B. der „Mittuer" (Otto Basil) Karl Heinrich Waggerl, u. a. ehemaliger Landesobmann der Reichsschrifttumskammer in Salzburg, aggressiver, aber auch nicht minder selbstmitleidig. Sein Beispiel ist insofern von Interesse, als Waggerl ein wichtiger Bestandteil einer regionalen, sprich Salzburger Identität ist, wobei jedoch wichtige Aspekte von ihr oft ausgeblendet bleiben. Außerdem sind gerade die sogenannten „Mittuer" auch unter den Schriftstellern ein besonderes österreichisches Phänomen.

Die Diskussion um Waggerl kreist um zwei Bereiche: um das Ausmaß des willigen bzw. unwilligen Mitlaufens im nationalsozialistischen Kulturbetrieb und um die Rolle und das Wirkungspotential von Waggerls Dichtung. Die Kritiker warfen ihm sowohl geschäftstüchtige kollaborationistische Neigungen als auch die „übliche Schlamperei vieler (geistiger) Menschen" vor (Viktor Matejka, 1947).

Waggerl reagierte mit Zynismus: „Als Dichter zeigte ich schon in frühester Jugend kollaps- (Pardon!) kollaborationistische Neigungen. Mit acht Jahren sagte ich dem Kaiser Franz Josef I. bei einer Bahneröffnung einen Vers auf, ohne zu bedenken, daß derselbe Habsburger etliche Jahre später einen verbrecherischen Angriffskrieg vom Zaun brechen würde. Ich habe mich oft gewarnt." (Berichte und Informationen, 1947). Waggerl erhielt z. B. für die Abfassung von Werbesprüchen für die Volksabstimmungs-Propaganda vom April 1938 ein Ehrenhonorar. Er schreibt: „Aber ich habe mich auch nie verkauft, weder an die faschistische Regierung Schuschnigg, obwohl sie mich mit dem großen Staatspreis und dem Ehrenzeichen für Kunst und Wissenschaft bedachte, noch an die Regierung Hitler, die es mit anderen Mitteln versuchte." (Österreichisches Tagebuch, 1948). Die Kritiker meinten, seine Texte hätten „sehr gut zu der allgemeinen Verwischungstaktik der NS-Literaturpolitik gepaßt", indem sie wegen der „Furcht vor der Auseinandersetzung mit den fundamentalen Fragen unserer Zeit" in „zeitferne . . . Idyllik und Romantik" abgleiten würden (Plan, 1947). Eine völlig andere Literaturauffassung als die Waggerls kennzeichnet die Kritik: Waggerl wollte Trost spenden — wem? Andere meinten, das adäquate Verhältnis des Künstlers zur Wirklichkeit in Zeiten der Folter und der industriell durchgeführten Vernichtung sei es, „den Angstschweiß ächzender Kreatur und die Tränen gequälten Menschentums" (Plan, 1947) selbst dort nicht zu vergessen, wo er als Schriftsteller lacht. Aber — traf dies Waggerl überhaupt? War er selber nicht einer, der sich nach Frieden und Gewaltlosigkeit sehnte, auch als er 1938 den „Führer" als Friedensapostel begrüßte (Bekenntnisbuch, 1938)? Und hatte Waggerl nicht gegen den Krieg protestiert und wurde von der Gestapo überwacht (Karl Springenschmid, 1979)?

Waggerls Schreibweise impliziere das Verschweigen bzw. Idyllisieren der Wirklichkeit, sagten einige Kritiker. Die Waggerl-Liebhaber werden ihnen sicher gern zustimmen. Gerade eine solche Sichtweise, die Waggerl als unpolitischen Dichter hinstellen will, trifft aber für sein Romanwerk der dreißiger Jahre, mit dem er bei den Nationalsozialisten anerkannt war, nicht zu. Gerade diese Romane wurden, entgegen Waggerls wiederholten Behauptungen über angebliche Verbote dreier seiner Bücher, bis 1945 in sehr hohen Auflagen verlegt und können keineswegs als unpolitische Bücher verstanden werden.

> „Und dort, wo bei aller Romantik konkrete politische Töne angeschlagen werden, sind sie eindeutig reaktionär, faschistisch, ob sie nun aus der Dollfuß-Schuschnigg-Ära stammen oder schon im Schatten des Hitlerreiches angestimmt werden. So harmlos also wie vielleicht die Person Waggerls . . . ist jedenfalls das Werk Waggerls nicht. . . . Der Leser, der von Anzengrubers ‚Sternsteinhof' etwa oder Roseggers ‚Jakob, der Letzte' zu Waggerls Bauernromanen kommt, stellt mit der Feinfühligkeit des einfachen, unvoreingenommenen, aber eben fortschrittlich gesinnten Mannes die berechtigte Frage: Ja, es ist ja net schlecht, aber ist denn der Dichter nicht ein Faschist, ein Nazi?" (Österreichisches Tagebuch, 1948).

Der Roman „Brot" sollte 1934 verfilmt werden, gerade weil er „die beste Grundlage gibt für die Idee des Reichskanzlers und die Forderungen, die der Reichser-
nährungsminister an einen solchen nationalen und Bauernfilm stellt" (Hanns
Arens, 1934). Waggerls Behauptung in seinem aus dem Jahr 1945 stammenden
„Lebenslauf" (Karl H. Waggerl, 1945), seine Bücher der dreißiger Jahre seien
nicht einzuordnen, das heißt sie seien nur der Kunst verpflichtet gewesen, ist
zwar als Schutzbehauptung verständlich, sie ist aber unhaltbar. Simon, die
Urbauerfigur aus „Brot", war für die Kritik der Inbegriff deutschen Bauerntums,
stark, natürlich, unverdorben, ewig. Was für Waggerl kompensatorische „Bewältigung" schwerer psychischer Krisen im Prozeß des Schreibens gewesen sein
dürfte, wobei ihm das verwendete Bauernromanmodell insofern Glück brachte,
als er wegen des gerade bestehenden Leserbedürfnisses nach solchen Romanen
seinen eigenen gut verkaufen konnte, war für die ideologisierte Kritik ein besonderer Leckerbissen: „Ein Vorbild ist er (Simon Röck, die Hauptfigur) und ein
Sinnbild, denn am selben Werk wie er wirkt heute das ganze deutsche Volk"
(Lily Biermer, 1935).

Waggerls Rechtfertigungsantworten nach 1945 fielen auch explizit literarisch
aus. In seiner 1947 erschienenen Erzählung „Die Pfingstreise" stehen Passagen,
die als Aussagen über eine Position der „inneren Emigration" während der NS-
Zeit zu interpretieren sind (vgl. das Märchen des Malers) (Karl H. Waggerl,
1970).

Otto Basil hatte Waggerl „williges" Mittun vorgeworfen. Waggerl selbst macht
daraus ein „unwilliges" und stilisiert überdies das „Mittun" zum leisen, nicht
kämpferischen Widerstand und Sich-Verweigern durch die angebliche Flucht
zum Militär, zu einem Sich-Durchschlagen und zu einem Leben für die Humanität und rettende Hilfe für andere. Aus dieser Perspektive geraten ihm die Kritiker
zu Denunzianten und zu Leuten, die „immer schon in die braune Suppe gespuckt
haben und nun mit so viel Appetit das Fett abschöpfen" (Plan, 1947). Es sei aber
festgehalten, daß, als seine Kritiker „in die Suppe gespuckt haben", Waggerl
selbst (seit 1933) Preise, Ehrungen, Ehrenhonorare, Ehrengaben, Funktionen im
Literaturbetrieb, hohe Auflagenziffern, Einladungen und Auftrittsmöglichkeiten
verbuchte, so daß ihm die „Spuckerei" wohl gar nichts anhaben konnte. Und „mit
dem Fett abschöpfen" war es, gemessen an den Erfolgen Waggerls beim Lesepublikum nach 1945, für die angeblichen „Denunzianten" auch nicht weit her.
Waggerl schreibt empört und richtig: „Es muß nicht jeder ein Schwein sein, der
einmal genötigt ist, sich durch einen Morast zu wühlen" (Plan, 1947). Nur, diesen
Vorwurf hatte niemand erhoben, und wie stand es mit dem Zwang bei Waggerl?

In einem Brief im Jahr 1960 schreibt er:

> „Die schlimmsten Vorurteile sind die Nachurteile. Wir alle werden uns
> nie an ein sicheres Ufer retten können, und die Saat der Gewalt wird
> immer wieder keimen, solang wir uns mit eitler Selbstgefälligkeit nur
> um das kümmern, was geschehen ist, und nicht einsehen lernen,
> warum es geschehen konnte" (Karl H. Waggerl: Briefe, 1976).

Waggerl selbst gab zwar weder literarisch noch in anderer Form bewußt Antworten zu diesem Warum — von „der atemlosen Meaculpaliteratur" wollte er schon gar nichts wissen —, seine Rechtfertigungen, Beschönigungen, seine Aggressionen und beschwörenden Appelle, ihn doch endlich in Ruhe zu lassen, werden jedoch auf dieses Warum hin durchsichtig.

Waggerl wird nicht nur von seinen Verehrern als ein Meister der Sprache gepriesen. Er selbst erachtete das treffsichere Umgehen mit ihr als die wichtigste Aufgabe des Dichters. Waggerl:

> „Und darum halte ich unter allen Opfern jenes Systems nur die Juden für eigentlich beklagenswert, denn sie waren wirkliche, wehrlose Opfer des Wahns. . . . Nebenbei, mich erschüttert es nicht so sehr, daß dergleichen (nämlich, daß ein Kind für den Feuertod bestimmt war) geschehen ist, als daß es immer noch geschieht" (Karl H. Waggerl: Briefe, 1976).

Waren andere keine beklagenswerten Opfer, warum sieht er von sich selber ab? Erschüttern die gestrigen Verbrechen an unschuldigen Kindern nicht mehr im selben Ausmaß wie die heutigen? Welche Sprache spricht Waggerl?

Er bittet, ja fleht bei seinen Kontrahenten wiederholt um Ruhe und Frieden für seine dichterische Arbeit. Er fühlt sich gestört und verstört. Hier treffen wir auf einen Kernbereich von Waggerls Persönlichkeit und dichterischen Quellen. Poetisch liest sich seine Geborgenheitssehnsucht folgendermaßen:

> „Mein Tisch war das erste Stück Hausrat, das ich erwarb, als ich mich in jungen Jahren entschlossen hatte, seßhaft und ein gesitteter Mensch zu werden. Von nun an, dachte ich, muß dein Dasein eine feste Mitte haben, eben diesen Tisch. Du wirst mit Anstand daran sitzen, um dein Brot zu essen, und wenn du nichts zu kauen hast, kannst du wenigstens die Ellbogen darauf stützen und deine Sorgen überdenken. Haus und Hof wirst du ja doch nie gewinnen, aber dieses kleine Geviert ist so gut wie ein Stück Land" (Karl H. Waggerl: Sämtliche Werke, 1970).

Auf analoge Weise gehört Waggerls Bekenntnis zur „Heimat" als einem Ort der Ruhe in dieselbe Kategorie sehnsüchtigen Herbeischreibens von Glück, oder besser in die Kategorie traumatischen Leidens an der Welt. Die Nationalsozialisten haben diesen Aspekt des Waggerlschen Werkes für ihre aggressive Heimatideologie mißbraucht und einen wehrlosen Waggerl vorgefunden, der ihnen bewußtseinslos in die Hände arbeitete. Waggerl konnte sogar nach 1945 noch nicht verstehen, warum es unmoralisch gewesen sein sollte, seine persönlichen Probleme auf die beschriebene Art dichterisch zu „bewältigen".

Berührungsängste mit der politischen und literarischen Vergangenheit Waggerls werden auch anderswo greifbar. In dem im Jahr 1977 von Lutz Besch herausgegebenen „Nach-Lese-Buch" (Karl H. Waggerl, 1977) wird z. B. Waggerls dichtungstheoretischer Beitrag „Dichtung und Journalismus", der schon 1933 in Heinz Kindermanns repräsentative Sammlung „Des deutschen Dichters Sendung in der Gegenwart" aufgenommen wurde, von seinen antisemitischen Untertönen „gereinigt", ohne die Kürzungen im Text zumindest zu kennzeichnen. War hier nur redaktioneller Dilettantismus am Werk?

„Neidgenossenschaft, uneigennützige Gemeinheit, gepflegte Charakterlosigkeit" (Friedrich Heer, 1955, 1983) und „Die Verachtung aller überkommenen formalen Gesetze ist jedenfalls groß" (Alfred Andersch, 1947).

Wie ist das erneute Salonfähigwerden der scheinbar so radikal diskreditierten Literatur und ihrer Verfasser ganz schnell nach dem Kriegsende (Otto Basil erahnt es schon 1946!) zu verstehen? Was spielte sich da binnen kurzem ab, daß z. B. die alten, von dieser „belasteten Tradition" ver- und mißbrauchten ästhetischen Formen und Schreibweisen erneut reüssieren konnten, so als ob nichts vorgefallen wäre? War darüber hinaus sogar binnen kurzem das Bewußtsein verlorengegangen, das z. B. Berthold Viertel, ein österreichischer Emigrant in Großbritannien und den USA, folgendermaßen beschrieb?
> „Deutsch zu sprechen hast du dir verboten,
> Wie du sagst: aus Zorn und tiefer Scham.
> Doch wie sprichst du nun zu deinen Toten,
> Deren keiner mit herüber kam?" (Berthold Viertel, 1947).

Es geht um das erneute Salonfähigwerden, aber im Rahmen und als Teil der Konstituierung der literarischen Verhältnisse in Österreich ab 1945 als Folge der NS-Hinterlassenschaft, um die Zugänge und versperrten Türen zu den literarischen Futterkrippen, um die Gründe für die bange Beobachtung der Ingeborg Bachmann: ". . . aber die Welt scheidet sich jetzt schon wieder und wieder anders" (Ingeborg Bachmann, 1961).

Allenthalben wird der kritischen zeit- und literaturgeschichtlichen Forschung vorgeworfen, sie sehe in vielem die Spur des Nationalsozialismus, wo sie in Wahrheit nicht zu finden sei. Jedenfalls ist die Problematik des (ästhetischen) „Sprechens nach Auschwitz", aber auch die Frage, wer in den beiden ersten Jahrzehnten nach 1945 am schnellsten und erfolgreichsten, mit kleiner Verzögerung, aber nicht minder erfolgreich, sehr schwer oder überhaupt nicht in die „kulturellen Startlöcher" gefunden hat, mit der NS-Hinterlassenschaft verbunden. Beide Aspekte aber haben miteinander etwas zu tun. Im Herbst 1979 verursachte die Hamburger Zeitung „Die Zeit" mit einem Essay von Fritz J. Raddatz unter dem Titel „Wir werden weiterdichten, wenn alles in Scherben fällt . . .", in dem Raddatz u. a. die Frage nach der poetischen „Stunde Null" bzw. der poetischen Kontinuität erneut aufwarf, eine heftige Debatte unter meist bundesrepublikanischen Schriftstellern, Journalisten und Professoren. Was die österreichische Literatur betrifft: Einzig und allein Erich Fried, aus Wien stammend und in London lebend, beteiligte sich an der Diskussion, und einzig und allein auf Paul Celan, aus Czernowitz stammend und in Paris gestorben, wurde hingewiesen. Aber wie war das in Österreich nach 1945? Gab es das in Österreich nicht, was Raddatz folgendermaßen formulierte: „Die Gedanken waren frisch — die Worte alt" (Fritz J. Raddatz, 1979)? Und ob es das gab! Ja, es bleibt sogar erstaunlich, daß eine solche Debatte nicht zuerst von Österreich ausging; und zwar deswegen, weil die Worte ganz besonders in Österreich bis hinein in die sechziger Jahre alt blieben (vgl. Aspetsberger, 1984; Andreas Okopenko, 1967) — trotz den Texten

z. B. von Paul Celan, Ilse Aichinger, den Texten in der Nachfolge Georg Trakls und Franz Kafkas und z. B. den Bemühungen um „den Reiz surrealen Erlebens und Ausdrucks" im Umkreis der Zeitschrift „Neue Wege" (1945 ff.), die allesamt in der unmittelbaren Nachkriegszeit das „Moderne" repräsentierten und alle damals keine Chancen hatten, die politische und geistige Kultur Österreichs entscheidend zu beeinflussen, geschweige denn zu prägen. In das „wiederaufgewärmte ständestaatliche Kulturideal" (Sigurd Paul Scheichl, 1986) schmuggelten sich die Ehemaligen mit ihrer „Literatur" ein und reüssierten blendend (siehe oben).

Jedoch waren es auch Österreicher, die folgendes im und nach dem Krieg formulierten:

(1944): „Wäre nicht eine Kunst, die nur aus Haut und Knochen besteht, wahrhaftiger, und am wahrhaftigsten eine Zeit, die bewußt auf Kunst verzichtet, weil die Kluft zwischen Zeit und Kunst unüberbrückbar geworden ist? . . .
Ich weinte nur bitterlich, aus Scham . . . und aus Verzweiflung darüber, diesem Volk immerhin noch durch Sprache und Kultur anzugehören." (Friederike Manner. In: Plan, 1946).

(1946): „Wir riefen die Jugend, weil wir erfahren wollten, wie sie leibt und seelt, wie sie denkt, plant und arbeitet, wie sie dichtet und bildet, kurz: Wie sie ist und was sie ist. . . . Allen diesen Äußerungen gemeinsam ist eine erschütternde Ratlosigkeit, eine bedrückende Primitivität des Denkens, eine ungeheure Resignation. . . . Ein Bruch ist fühlbar, man darf es nicht verschweigen. Manche unter ihnen benützen noch — wahrscheinlich unbewußt — die „zackige" Ausdrucksweise des Dritten Reiches (die den Ersatz für eine männliche darstellen sollte), die Sätze sind betont hart und karg im Ausdruck: eine Sprache, die der Kaserne und dem Rüstungskontor eignet. Dazwischen stehen dann, selten zwar, Verse von einer unsagbaren Reinheit und Schönheit, wie sie uns Älteren, der Reflexion mehr Zuneigenden kaum mehr gelingen." (Otto Basil. In: Plan, 1946).

(1970!): „Auf deutsch konnte ich das Buch (Jakov Lind: Selbstportrait) nicht schreiben, ich brauchte die Distanz zum Thema . . ." (Jakov Lind, 1970).

Wie war das also mit den „Startlöchern" respektive dem „In-den-echt-österreichischen-Sattel"-Helfen als NS-Hinterlassenschaft?

Friedrich Heer (Katholik) erinnert sich 1983 an die Nachkriegszeit:

„Die Schatten, die Verengungen, die Animositäten, die Cliquen, die Ghettos, die sich damals (in den fünfziger Jahren) bildeten, . . . prägen heute noch tief, von unten her, Mentalität und Sentimentalität, Hochmut und Eitelkeit, Selbstverschlossenheit in den einzelnen Szenerien, die in den neun Bundesländern formal ‚Österreich' bilden. . . . Österreich selbst . . . wurde mir in Wien durch Fritz Wotruba, in Innsbruck durch Ludwig von Ficker und dann durch einige damals hierzulande ganz unbekannte Leute, wie Elias Canetti und Manès Sperber, verkörpert." (Friedrich Heer, 1983).

Rudolf Henz war nach dem Krieg, nicht nur im Austrofaschismus, einer der einflußreichsten Literaturfunktionäre und kirchentreu katholischen Österreicher. Schon 1946 zeigte er in der Zeitschrift „Geist und Wort" die Richtung an, in die der Wagen rollen sollte und rollte: „Der gesunde Sinn des Österreichers, sein Abscheu vor allen Extremen", die beide „eine blinde Nachäffung oder Überfremdung" des notwendigen „Genesungsprozesses" von vornherein verhindern würden, würden zugleich die Fortführung der „Bewegung zum gewichtigeren, wesentlicheren Wort" garantieren; dies hätte sogar der Nationalsozialismus nicht „folgenschwer stören" können:

> „In der Wortkunst bahnt sich meiner Meinung nach nirgendwo eine
> Wandlung an, die sich etwa mit den naturalistischen, symbolistischen
> oder später expressionistischen Stilbrüchen vergleichen ließe. Wir
> haben keinen neuen Ismus zu erwarten. Das mag seltsam scheinen, ist
> mir aber ein Zeichen, daß die Dichter nach vielen notwendigen Experi-
> menten, nach verschieden gerichteten Vorstößen in neue Bereiche des
> Erlebens und des Wortes zu einem gefestigten und klaren Stil gefun-
> den haben. ... Wir sind, ohne daß diese Tatsache allgemein spürbar
> geworden oder klar zu erfassen wäre (!), aus bindungslosen Experi-
> menten, aus der vollendeten Desorientierung etwa der Jahrhundert-
> wende in eine klarere Ordnung eingetreten, wohl nicht in der materiel-
> len und politischen, aber doch in der geistigen Welt. Alles, was nach
> geistiger Anarchie schmeckt, klingt uns abgestanden und im tiefsten
> sinnlos" (Rudolf Henz, 1946).

In der Tat, vieles schmeckte in diesem Nachkriegsösterreich abgestanden. Was Henz darunter verstand, macht er in seiner Autobiographie 1962 noch deutlicher:

> „Gespenstisch auch wiederum ein Dadaismus à la 1918, als neuester
> Gipfel echter Sprachkunst. ... Dazu Verunglimpfung, Verachtung alles
> Bisherigen, auch des Expressionismus, dem man ja heimlich frönt,
> dazu der Wettlauf von Verlagen und Bühnen um 20jährige Autoren. Sti-
> pendien, Preise, Preisausschreiben werden mit 25 befristet. Dazu totale
> Freiheit nach links bis zu Nihilismus, Pornographie und Porcographie.
> ... Ich lehne auch heut keinen Experimentator deshalb ab, weil er
> eben zum x-tenmal Form und Sprache zertrümmert, hüte mich jedoch
> selbst, mit den Dadaisten, Neonaturalisten, Existentialisten um die
> Wette zu schreiben" (Rudolf Henz, 1962).

Rudolf Henz war, was die literarische Ästhetik betrifft, anscheinend unversehrt geblieben. Die Anziehungskraft dieses ästhetischen Konservativismus war wohl keine geringe. Hugo Huppert z. B., aus der Emigration in der UdSSR als Offizier der Roten Armee zurückgekehrt, schreibt 1947 begeistert über Alexander Lernet-Holenias Poem „Germanien": „Welch eine im Feuer historischer Erkenntnis geschmiedete Jambensprache!" (Österreichisches Tagebuch, 1947). Also nicht nur die Abrechnung Lernet-Holenias mit der „deutschen Misere" dürfte Huppert angesprochen haben, auch die Jamben blieben anscheinend „modern", trotz ihres Klangs, den sie für die Verherrlichung von Führer, Volk und Vaterland, Heimat, Treue, Opfer usw. abgegeben hatten und der im Ohr doch wohl noch nachdröhnen mußte.

Was qualifizierte nach 1945 im Zuge der Konstituierung des literarischen Lebens besonders für Erfolg, Prestige? Neben der antinationalsozialistischen, österreichbewußten, besser antipreußischen, bis 1947/48 auch demokratisch-republikanischen und sogar pazifistischen Einstellung hatten es die Autoren der älteren Generation leichter als die der jungen — nach dem Motto oder der Überlegung: Die Jungen sollen erst zeigen, was sie können! —, die sogenannte innere Emigration leichter als die äußere — der Vorwurf des Vaterlandsverrats gegen die „äußeren Emigranten" stand im Raum, nicht nur aus der „ehemaligen" Ecke!; überdies wollten die daheimgebliebenen „Emigranten" endlich wieder verdienen, obwohl es für einige auch während der NS-Zeit viel zu verdienen gegeben hatte (vgl. ad Alexander Lernet-Holenia: Klaus Amann, 1986), weil sie unter Hitler geduldet waren und publizieren durften — die Antikommunisten leichter als die Kommunisten; außerdem muß man die Frage stellen, inwiefern beim schwierigen Umgang mit den äußeren Emigranten nicht doch latente antisemitische Vorurteile eine Rolle spielten.

Aber darüber hinaus gab es zusätzliche ästhetische Grenzziehungen, die einen Schriftsteller, der vielleicht ohnehin schon genug „Disqualifizierendes" „auf dem Buckel hatte", zusätzlich „disqualifizierte": Hermetisches, „Dadaistisches", „Sprachzerstörerisches", Surrealistisches, „Experimentelles", „Verfremdendes" (vgl. Kurt Palm zum sogenannten Brecht-Boykott, 1983) usw. waren eine Hypothek. Wollte man z. B. über den Nationalsozialismus schreiben, dann war es nicht opportun, die Methode Paul Celans, Ilse Aichingers oder Ingeborg Bachmanns usw. zu verwenden, sondern jene von Kurt Ziesel oder Bruno Brehm: Ziesels traditionell erzählter Roman „Und was bleibt, ist der Mensch" (1951) wurde bis 1965 von zwei Buchgemeinschaften übernommen und erreichte 1957 schon die 6. Auflage, Teile von Bruno Brehms Romantrilogie „Das zwölfjährige Reich" (1960) erreichten schon ein Jahr später die 4. Auflage in der Höhe von 11.000 (zum Thema „innere" und „äußere" Emigration vgl. zwei äußerst aufschlußreiche Texte: Friedrich Torberg, 1947; Alexander Lernet-Holenia über Thomas Mann, in: Der Turm, 1946).

Gegen die ästhetischen Grenzziehungen, aber auch gegen den kulturpolitischen Mief richtete sich 1964 die Kritik einer Gruppe von Autoren, die aber erst jetzt in einer breiteren Öffentlichkeit auf Verständnis stoßen konnte, weil sich das „politische und soziale Voraussetzungssystem" (Sigurd Paul Scheichl, 1986) gerade wandelte: René Altmann, H. C. Artmann, Milo Dor, Jeannie Ebner, Erich Fried, Max Hölzer, Ernst Jandl, Ernst Kein, Friederike Mayröcker, Andreas Okopenko, Wieland Schmied und Hanns Weissenborn unterschrieben einen „Protest", der sich gegen „eine Stildiktatur des Konservativismus" richtete (Wort in der Zeit, 1964). Sie reagierten damit auf Proteste u. a. von Autoren mit einem so unterschiedlichen Lebensweg wie Felix Braun, Siegfried Freiberg, Franz Taucher und Rudolf Felmayer, die sich ihrerseits gegen den erstmaligen Abdruck von Texten der sogenannten Wiener Gruppe in der vom Unterrichtsministerium subventionierten Zeitschrift „Wort in der Zeit" aussprachen.

Rudolf Henz als Mitherausgeber der Zeitschrift schrieb damals:

> „Man kann Halbstarkenexzesse und Pubertätsausbrüche bedauern, sie gehören aber zur freien Welt und in Deutschland seit der Frühromantik auch zum literarischen Leben. ... Sie sind da, und wir haben sie zur Kenntnis zu nehmen, ob sie uns gefallen oder nicht. Wir brauchen es aber nicht verschweigen, wenn sie uns nicht gefallen" (Wort in der Zeit, 1964).

In der Zwischenzeit sind zwar die „Formfragen" nicht vom Tisch, aber sekundär angesichts der während der „Waldheim-Affäre" wiederaufgewärmten, beschwörenden, nett gemeinten, auch freundlichen (?) Appelle an das österreichische Gewissen: „Hört auf mit diesem Zwist und Hader!" (Leserbrief in: Schulheft, 1987), ob es die Schriftsteller schaffen, von den Wirklichkeiten abzusehen und den Menschen Anlässe für Ruhe zu schaffen? Sollten sie es tun, dann haben sie zwar nicht gerade die Literatur, aber die Kunst begraben, ob sie es dann wollten oder nicht. Das aber wäre ein schweres Gewerbe!

Bibliographie

Kurt ADEL, Die Literatur Österreichs zu Flucht und Vertreibung 1945. In: Sudetenland 27 (1985), H. 3, S. 209–217.

Kurt ADEL, Aufbruch und Tradition. Einführung in die österreichische Literatur seit 1945, Wien, Wilhelm Braumüller 1982.

Ilse AICHINGER, Die größere Hoffnung (1948), Amsterdam, Bermann Fischer 1948.

Ilse AICHINGER, Aufruf zum Mißtrauen. In: PLAN 1 (Juli 1946), H. 7, S. 588.

Klaus AMANN, Der „Anschluß" der österreichischen Schriftsteller an das Dritte Reich. Institutionelle und bewußtseinsgeschichtliche Aspekte, Habilitationsschrift, Klagenfurt 1986.

Jean AMERY, Jenseits von Schuld und Sühne. Bewältigungsversuche eines Überwältigten, München, Szczesny 1966.

Alfred ANDERSCH, Deutsche Literatur in der Entscheidung. Ein Beitrag zur Analyse der literarischen Situation, Karlsruhe, Volk und Welt 1948.

Hanns ARENS, Karl Heinrich Waggerl. Der Mensch und der Dichter, Tumringen/Baden, Verlag Kropf & Herz 1934.

Friedbert ASPETSBERGER, Literarisches Leben im Austrofaschismus. Der Staatspreis, Königstein/Ts., Hain 1980.

Friedbert ASPETSBERGER/Norbert FREI/Hubert LENGAUER (Hg.), Literatur der Nachkriegszeit und der fünfziger Jahre in Österreich. Wien, Österreichischer Bundesverlag, 1984.

Ingeborg BACHMANN, Werke. Hgg. von Christine Koschel/Inge von Weidenbaum/Clemens Münster, München — Zürich, R. Piper & Co. 1978.

Ingeborg BACHMANN, Unter Mördern und Irren. In: Das dreißigste Jahr. München — Zürich, R. Piper & Co. 1961.

BEKENNTNISBUCH ÖSTERREICHISCHER DICHTER. Hgg. vom Bund deutscher Schriftsteller Österreichs, Wien, Krystall-Verlag 1938.

Albert BERGER, Schwieriges Erwachen. Zur Lyrik der jungen Generation in den ersten Nachkriegsjahren (1945—1948). In: F. Aspetsberger u. a. (Hg.): Literatur der Nachkriegszeit, a. a. O., 1984.

BERICHTE UND INFORMATIONEN DES ÖSTERREICHISCHEN FORSCHUNGSINSTUTS FÜR WIRTSCHAFT UND POLITIK. 1946 ff.

Thomas BERNHARD, Vor dem Ruhestand. Eine Komödie von deutscher Seele, Frankfurt, Suhrkamp 1979.

Thomas BERNHARD, Die Ursache (1975) — Der Keller (1976) — Der Atem. Eine Entscheidung (1978) — Die Kälte. Eine Isolation (1981) — Ein Kind (1982). Salzburg, Residenz Verlag.

Lily BIERMER, Karl Heinrich Waggerl. In: Die Neue Literatur, Juni 1935, H. 6.

Wilhelm BIETAK, Zeitgeschichte ab 1918 in der österreichischen Literatur. In: Jahrbuch der Grillparzer-Gesellschaft 14 (1980), S. 123—188.

Bruno BREHM, Das zwölfjährige Reich. Graz — Wien, Styria 1960/1961.

CAMP MARCUS W. ORR. Salzburg. Hg. von der Wohlfahrtsvereinigung der Glasenbacher, Salzburg, Verlag Rabenstein 1957.

Paul CELAN, Ausgewählte Gedichte. Nachwort von Beda Allemann, edition suhrkamp 262, 1968.

Franz Theodor CSOKOR, Kalypso. Schauspiel in sieben Vorgängen, im Selbstverlag des Verfassers (1946; geschrieben 1941—1942).

Franz Theodor CSOKOR, (Noch einmal der Fall Weinheber). In: Der Turm 1947, Nr. 8.

Milo DOR (Hg.), Die Verbannten. Eine Anthologie, Graz, Stiasny 1962.

Gustav ERNST/Klaus WAGENBACH (Hg.), Literatur in Österreich. Rot ich Weiß Rot, Berlin, Verlag Klaus Wagenbach 1979.

Susanne EYBL/Karin ZAHLER, „Sind Sie geschichtsbewußt? Ein deutscher Mann kennt allemal Geschichte. Und erst unsere Dichter." In: Schulheft 43/1986 (Vergangenheitsbewältigung), S. 128—135 (weiterführende Bibliographie).

FASCHISMUS UND NATIONALSOZIALISMUS IN DER KINDER- UND JUGENDLITERATUR. Kommentierte Liste des Arbeitskreises Kinder — Bücher — Medien Roter Elefant, Rüsselsheim, Roter Elefant 1983.

A. FEINBERG, The Jewish Experience and „Vergangenheitsbewältigung" in Post-War Austrian Drama. A Survey. In: Colloquia Germanica 18 (1985), H. 1, S. 55—75.

Erich FRIED, Ein Soldat und ein Mädchen. Roman, 1960.

Gerhard FRITSCH, Heimsuchung und Verführung. Österreich zwischen 1934 und 1960 im Spiegel seiner Romane. In: Österreich in Geschichte und Literatur 5 (1961), S. 309—314.

Gerhard FRITSCH, Fasching. Roman, Rowohlt 1967.

DEN GEFALLENEN. Ein Buch des Gedenkens und des Trostes. Hgg. vom Volksbund Deutsche Kriegsgräberfürsorge e. V. München — Salzburg, Akademischer Gemeinschaftsverlag 1952.

Elfriede GERSTL, Spielräume. Linz, Edition Neue Texte 1977.

GOTT SCHÜTZE ÖSTERREICH. Durch uns: Achleitner, Friedrich; Artmann, H. C.; Bauer, Wolfgang; Bisinger, Gerald; Jandl, Ernst; Mayröcker, Friederike; Navratil, Leo; Priessnitz, Reinhard; Rühm, Gerhard; Steiger, Dominik u. a. Berlin, Wagenbach 1974.

Heimo GRUBER, Die Wiener Städtischen Büchereien 1945—1949. Unveröffentlichtes Manuskript, Wien, Mai 1985.

Murray G. HALL, Österreichische Verlagsgeschichte 1918—1938. Band I, II. Wien — Köln — Graz, Hermann Böhlaus Nachf. 1985.

Ernst HANISCH, Zeitgeschichtliche Dimensionen der politischen Kultur in Salzburg. In: Herbert Dachs (Hg.), Das politische, soziale und wirtschaftliche System im Bundesland Salzburg, Festschrift zum „Jubiläum" 40 Jahre Salzburger Landtag in der Zweiten Republik", Schriftenreihe des Landespressebüros 1985, S. 15—52.

Fritz HAUSJELL, Österreichische Tageszeitungsjournalisten am Beginn der Zweiten Republik (1945—1947). Eine kollektivbiographische Analyse ihrer beruflichen und politischen Herkunft, Phil. Diss., Salzburg 1985.

Michaela HEBERLING, Das Dritte Reich in der Jugendliteratur. Theoretische Betrachtungen und ihre Anwendung auf die Analyse ausgewählter Jugendbücher, Phil. Diss., Salzburg 1987.

Friedrich HEER, Nach 1945. In: Jochen Jung (Hg.): Vom Reich zu Österreich. Kriegsende und Nachkriegszeit in Österreich erinnert von Augen- und Ohrenzeugen, Salzburg, Residenz Verlag 1983, S. 166—177.

Rudolf HENZ, Österreichische Trilogie. Klage — Preislied — Mahnung. Wien, Verlag Herold 1950.

Rudolf HENZ, (Über österreichische Literatur. Aus einer Sendung der RAVAG). In: Geist und Wort 1946, H. 1, S. 6 f.

Rudolf HENZ, Die Geprüften. Roman. Graz — Wien — Köln Verlag Styria 1985.

Rudolf HENZ, März 1938. In: Der Turm (August 1945).

Rudolf HENZ, Fügung und Widerstand. 2. erweiterte Auflage, Graz — Wien — Köln, Verlag Styria 1981 (1. Fassung 1962).

Joseph HIESS, Glasenbach. Buch einer Gefangenschaft, Wels, Verlag Welsermühl 1956.

Fritz HOCHWÄLDER, Der Himbeerpflücker. Komödie in drei Akten. In: F. H.: Dramen II; Graz, Verlag Styria 1975 (1964/1965).

Gert HOFMANN, Veilchenfeld. Erzählung, Luchterhand 1986.

Hugo HUPPERT/Roland LINKS (Hg.), Verlassener Horizont. Österreichische Lyrik aus vier Jahrzehnten. Berlin, Verlag Volk und Welt 1980.

Hugo HUPPERT, Schach dem Doppelgänger. Halle/Leipzig, Mitteldeutscher Verlag 1979 (= Anläufe der Reifezeit).

Hugo HUPPERT, Prolog. In: „Niemals vergessen!" Ein Buch der Anklage, Mahnung und Verpflichtung, Wien, Verlag für Jugend und Volk 1946.

Hugo HUPPERT, Einem, der auf Goldgrund schreibt. Offener Brief an Alexander Lernet-Holenia. In: Österreichisches Tagebuch 1947, Nr. 27, S. 5 f.

FÜR ERNST JANDL. Texte zum 60. Geburtstag. Werkgeschichte. Hgg. von Kristina Pfoser-Schewig. Zirkular/Sondernummer. Dokumentationsstelle für neuere österreichische Literatur, 1985.

Elfriede JELINEK, Burgtheater. Posse mit Gesang, 1985.

Jochen JUNG (Hg.), Vom Reich zu Österreich. Salzburg, Residenz Verlag 1983.

Marie-Thérèse KERSCHBAUMER, Der weibliche Name des Widerstands. Sieben Berichte, Olten/Freiburg im Breisgau, Walter Verlag 1980.

Kurt KLINGER, Schauplätze. Dramen, Wien, Österreichische Verlagsanstalt 1971.

Erich LANDGREBE, In sieben Tagen. Roman, Gütersloh, C. Bertelsmann Verlag 1955.

Hellmuth LANGENBUCHER, Volkhafte Dichtung der Zeit. Berlin, Junker und Dünnhaupt Verlag 1933.

Franz LANGOTH, Kampf um Österreich. Erinnerungen eines Politikers, Wels, Verlag Welsermühl 1951.

Hans LEBERT, Die Wolfshaut. Roman, Hamburg, Claassen Verlag 1960.

Wolfgang LECHNER, Mechanismen der Literaturrezeption in Österreich am Beispiel Ödön von Horváths. Stuttgart, Akademischer Verlag Hans-Dieter Heinz 1978.

Alexander LERNET-HOLENIA, Der Fall Thomas Mann. In: Der Turm 1 (Februar 1946) H. 7, S. 172.

Jakov LIND, Selbstportrait. Berlin, Verlag Klaus Wagenbach 1983 (1969).

LISTE DER GESPERRTEN AUTOREN UND BÜCHER. Maßgeblich für Buchhandel und Büchereien. Hgg. vom BMfU, Jänner 1946.

Ernst LOTHAR, Die Rückkehr. Roman, Salzburg, Verlag „Das Silberboot" 1949.

Ernst LOTHAR, Das Wunder des Überlebens. Erinnerungen und Ergebnisse, Hamburg — Wien 1961.

Thomas MANN, An die gesittete Welt. Politische Schriften und Reden im Exil. Nachwort von Hanno Helbling (= Gesammelte Werke in Einzelbänden. Frankfurter Ausgabe. Hgg. von Peter de Mendelssohn), S. Fischer Verlag 1986.

manuskripte 1960 ff.

Viktor MATEJKA (Hg.), „Niemals vergessen!", Wien 1946.

Hans MAYER, Gedenkworte für Jean Améry — Berlin, Akademie der Künste, 29. Oktober 1978. In: Hermannstraße 14, Halbjahrsschrift für Literatur, Sonderheft, 1978.

Sebastian MEISSL/Klaus-Dieter MULLEY/Oliver RATHKOLB (Hg.), Verdrängte Schuld, verfehlte Sühne. Entnazifizierung in Österreich 1945—1955. Wien, Verlag für Geschichte und Politik 1986.

DIE NEUE FRONT. Zeitung der Unabhängigen. 1949 ff.

NEUES LEBEN. 1937 ff.

Robert NEUMANN, Die Kinder von Wien. München, R. Piper & Co. 1974.

ÖSTERREICHISCHE ZEITUNG 1945 ff.

(ÖSTERREICHISCHES) TAGEBUCH 1946/1950 ff.

Andreas OKOPENKO, Der Fall „Neue Wege". Dokumente gegen und für einen Mythos. In: Gerhard Fritsch/Otto Breicha (Hg.): Aufforderung zum Mißtrauen, Literatur, bildende Kunst, Musik in Österreich seit 1945, 1967, S. 279—304.

Kurt PALM, Vom Boykott zur Anerkennung. Brecht und Österreich. Wien — München, Löcker Verlag 1983.

Wilhelm PEVNY/Peter TURRINI, Alpensaga. Eine sechsteilige Fernsehserie aus dem bäuerlichen Leben. (Der deutsche Frühling, Ende und Anfang), Salzburg, Residenz Verlag 1980 (= Fernsehspiel-Bibliothek. Hg. vom ORF).

Alfred PFOSER, Literatur und Austromarxismus. Wien, Löcker Verlag 1980.

PLAN. 1945 ff.

Fritz J. RADDATZ, Wir werden weiterdichten, wenn alles in Scherben fällt . . . Der Beginn der deutschen Nachkriegsliteratur. In: Die Zeit, Nr. 42 (12. Oktober 1979), S. 33 ff.

Gerhard RENNER, Entnazifizierung der Literatur. In: Sebastian Meissl u. a. (Hg.): Verdrängte Schuld, verfehlte Sühne, a. a. O., S. 202—229.

Gerhard RENNER, Österreichische Schriftsteller und der Nationalsozialismus: Der „Bund der deutschen Schriftsteller Österreichs" und der Aufbau der Reichsschrifttumskammer in der „Ostmark", Phil. Diss., Wien 1981.

Franz RIEGER, Schattenschweigen oder Hartheim. Roman, Graz, Styria 1985.

Karl RÖDER, Nachtwache. 10 Jahre KZ Dachau und Flossenbürg. Wien — Köln — Graz, Hermann Böhlaus Nachf. 1985 (= Dokumente zu Alltag, Politik und Zeitgeschichte. Hgg. von Franz Richard Reiter).

Johannes SACHSLEHNER, Führerwort und Führerblick. Mirko Jelusich. Zur Strategie eines Bestsellerautors in den dreißiger Jahren, Königstein/Ts., Hain 1985 (= Literatur in der Geschichte, Geschichte in der Literatur Bd. 11).

George SAIKO, Der Mann im Schilf, Roman, Hamburg, Marion von Schröder 1955.

Heinz F. SCHAFROTH, Ilse Aichinger. In: Kritisches Lexikon zur deutschsprachigen Gegenwartsliteratur, edition text + kritik 1978 ff.

Michael SCHARANG (Hg.), Geschichten aus der Geschichte Österreichs 1945—1983. Luchterhand 1984.

Sigurd Paul SCHEICHL, Weder Kahlschlag noch Stunde Null. Besonderheiten des Voraussetzungssystems der Literatur in Österreich zwischen 1945 und 1966. In: Akten des VII. Internationalen Germanisten-Kongresses Göttingen 1985, Niemeyer 1986. S. 37—51.

SCHULHEFT 43/1986 (Vergangenheitsbewältigung).

Jutta SCHUTTING, Mauthausen 1976. In: Wespennest 52, zeitschrift für brauchbare texte und bilder 1983.

Hilde SPIEL (Hg.), Die zeitgenössische Literatur Österreichs. Zürich — München, Kindler Verlag 1976.

Hilde SPIEL, Die Dämonie der Gemütlichkeit. In: Wien. Spektrum einer Stadt, Wien 1971 (auch in: Carl Merz/Helmut Qualtinger: Der Herr Karl. Programmheft des Burgtheaters 1986).

Karl SPRINGENSCHMID, Der Waldgänger. Roman, Graz — Stuttgart, Leopold Stocker Verlag 1975.

Karl SPRINGENSCHMID, Servus Heiner! Erinnerungen an Karl Heinrich Waggerl. München, Rudolf Schneider Verlag 1979.

Anton STAUDINGER, Zur „Österreich"-Ideologie des Ständestaates. In: Wien 1938, Wien, Verein für Geschichte der Stadt Wien 1978, S. 198—240.

Dieter STIEFEL, Entnazifizierung in Österreich. Wien — München — Zürich, Europaverlag 1981.

Viktor SUCHY, Literatur in Österreich von 1945 bis 1970. Strömungen und Tendenzen, Wien, Dokumentationsstelle für neuere österreichische Literatur, 1973.

Oskar Jan TAUSCHINSKI, So erinnere dich doch. In: Milo Dor (Hg.): Die Verbannten, 1962.

Friedrich TORBERG, Innere und äußere Emigration. Ein imaginärer Dialog (1947). In: PPP. Pamphlete. Parodien. Post Scripta, München — Wien, Albert Langen/Georg Müller, S. 53—69.

Franz TUMLER, Ein Schloß in Österreich. Roman, München, Carl Hanser Verlag 1953.

DER TURM 1945 ff.

Joseph McVEIGH, Kontinuität und Vergangenheitsbewältigung im Aufbau der österreichischen Nachkriegsliteratur. Phil. Diss., Pennsylvania 1984.

VERORDNUNG NR. 3 DER MILITÄRREGIERUNG ÖSTERREICH. In: Landesgesetzblatt für das Land Salzburg (20. Oktober 1945).

Berthold VIERTEL, Dichtungen und Dokumente. Gedichte, Prosa, autobiographische Fragmente, ausgewählt und eingel. von Ernst Ginsberg, München, Kösel Verlag 1956.

Karl Heinrich WAGGERL, Sämtliche Werke. Salzburg, Otto Müller Verlag 1970.

Karl Heinrich WAGGERL, Nach-Lese-Buch. Eine Auswahl, hgg. von Lutz Besch, Salzburg, Otto Müller Verlag 1977.

Karl Heinrich WAGGERL, Briefe. Eine Auswahl, hgg. von Lutz Besch, Salzburg, Otto Müller Verlag 1976.

Jutta WARDETZKY, Theaterpolitik im faschistischen Deutschland. Studien und Dokumente, Berlin, Henschelverlag Kunst und Gesellschaft 1983.

Hans WEIGEL (Hg.), Stimmen der Gegenwart, 1951 ff.

Hans WEIGEL, No pasarán! In, PLAN 1 (Mai/Juni 1946), H. 6.

Hans WEIGEL, Es begann mit Ilse Aichinger. Fragmentarische Erinnerungen an die Wiedergeburtsstunden der österreichischen Literatur nach 1945. In: protokolle 1966.

Josef WEINHEBER, Den Gefallenen. In: Späte Krone, München, Langen-Müller Verlag 1936.

Walter WEISS, Literatur. In: Österreich. Die Zweite Republik, hg. von Erika Weinzierl/Kurt Skalnik, Bd. 2, Graz, Styria Verlag 1972, S. 439—476.

Ursula WEYRER, „Das Silberboot". Eine österreichische Literaturzeitschrift 1935—1936, 1946—1952. Innsbruck 1984.

DIE WIENER GRUPPE. Achleitner Artmann Bayer Rühm Wiener. Texte, Gemeinschaftsarbeiten, Aktionen, hgg. von Gerhard Rühm, Rowohlt 1967.

Karl WIESINGER, Der Wolf. Roman, Wien Frischfleisch und Löwenmaul 1980.

WORT IN DER ZEIT 1955 ff.

Herbert ZAND, Letzte Ausfahrt. Roman der Eingekesselten. Wien — Frankfurt — Zürich, Europa Verlag 1971 (1953).

Guido ZERNATTO, Das geht jeden an. In: Neues Leben, 1937.

Kurt ZIESEL, Und was bleibt, ist der Mensch. Roman, Wien, Kremayr & Scheriau 1951.

Viktor ZMEGAČ (Hg.), Geschichte der deutschen Literatur vom 18. Jahrhundert bis zur Gegenwart, Bd. III/2 (1945—1980), Athenäum 1984, S. 695 ff.

Wolf In der Maur

AUF DER SUCHE NACH EINER PATRIOTISCHEN UTOPIE

I.

Der am 12. November 1918 gegründete, am 13. März 1938 wieder von der politischen Landkarte gelöschte, aber schon am 27. April 1945 neuerlich hergestellte Bundesstaat ist der Rest eines Reiches, das an vielen gewichtigen Gründen, vor allem aber an der nationalen und der sozialen Frage zerbrach.

Der Taufpate dieses Staates, der keineswegs ganz neu und schon gar nicht so geschichtslos war, wie es einige seiner Gründer wahrhaben wollten, hieß Georges Clemenceau, damals Ministerpräsident Frankreichs; ihm wird der zynische Satz: „Der Rest heißt Österreich" zugeschrieben. Eine lapidare Feststellung, mit welcher eine der verhängnisvollsten Amputationen des 20. Jahrhunderts besiegelt wurde. Der Tatort war St. Germain-en-Laye, die Tatzeit der 2. September 1919.

Eine lange Geschichte, besser: eine Phase der Geschichte war zu Ende. 1804 begab sich Österreich als Kaiserreich aus der deutschen Nationswerdung heraus; das Herrscherhaus legte zwei Jahre später die Krone des „Heiligen Römischen Reiches Deutscher Nation" nieder. 1866 wurde Österreich-Ungarn von Preußen rüde und blutig aus dem „Deutschen Bund" hinausgeworfen.

Zwar war Bismarck bestrebt, das triumphierende Preußen zu mäßigen (er verhinderte den Vormarsch auf Wien), aber das entsprang nicht etwa seinem gehobenen Nationalbewußtsein — wie es Österreichs Deutschnationale gerne gehabt hätten —, sondern einem kühlen politischen Kalkül. Preußen-Deutschland benötigte das Habsburgerreich fürderhin als Bundesgenossen und Flankenschutz gegen den dräuenden Panslawismus und die mit diesem im Bunde stehenden imperialen Absichten des russischen Zaren.

Die zentraleuropäische Monarchie jedoch war schwer angeschlagen; während das Haus Hohenzollern aufstieg, bis es 1872 in Versailles die deutsche Kaiserkrone aus den Händen der deutschen Fürsten entgegennehmen konnte, mühte sich das Haus Habsburg dahin, von schwerer innerer Krankheit bedroht.

Seine schwersten Leiden kamen von der weit im Vordergrund stehenden „nationalen Frage". Sie ist ein Kind, oder eigentlich Enkel, der großen Französischen Revolution, in welcher die „Volkssouveränität" siegreich ausgerufen worden war.

Die von Italien (Guiseppe Mancini) ausgehende Botschaft, daß jede Nation einen Staat bilden solle, wurde ringsum in der Habsburgermonarchie gierig aufgenommen; auch darüber hinaus drang die verheißungsvolle Aufforderung. In Vielvölkerreichen mußte sie wie Dynamit wirken.

Ungefähr um diese Zeit starb als erstes das Osmanische Reich dahin: Die Unabhängigkeit Griechenlands (1830) und der Moldaufürstentümer kam zustande, das spätere Rumänien (1856), Serbien, Montenegro und Bulgarien (1878) entstanden, der Türkei verblieb in Europa nur ein winziger Rest um Konstantinopel, das heutige Istanbul.

Die Schnelligkeit, mit der sich dieser Reichszerfall vollzog, feuerte andere Völker im habsburgischen „Völkerkerker" dazu an, es ebenfalls zu versuchen. Albert Sorel, berühmter Lehrer an der nicht minder berühmten „Ecole des Sciences Politiques", sah schon alles voraus: „Wenn die türkische Frage, die Auflösung des osmanischen Reiches, gelöst sein wird, wird sich für Europa ein neues Problem stellen — das Schicksal der österreichisch-ungarischen Monarchie. Deren Ende könnte wiederum ganz leicht das Präludium zu einer gründlichen Veränderung des britischen Empires sein."

1918/19 erwies es sich jedoch als unmöglich, Mancinis auf Italien maßgerecht zugeschnittene Theorien in Zentraleuropa mit gutem Nutzen anzuwenden. Hier waren die nationalen Grenzen nur in Ausnahmefällen scharf und gerecht zu ziehen. Immer blieben Gebilde übrig, in denen nationale Mehrheiten auch über nationale Minderheiten die Herrschaft übernahmen. Fast jeder neu entstandene Staat hatte — wie auch schon die früher geborenen (z. B. Rumänien, Bulgarien) — nationale Minderheiten mit aufgenommen, waren es nun eingestreute oder solche, die zum nachbarlichen Nationalstaat gehörten. Einerseits war die Streulage daran schuld, andererseits der Umstand, daß die historischen politischen Grenzen vordem nicht von Nationen geschrieben worden waren, sondern von Fürsten und Herrscherhäusern aller Art, zumeist zu einer Zeit, wo das Volk mehr oder weniger dinglicher Besitz des jeweiligen Hauses und keinesfalls eine souveräne Nation war. So blieb ein erst zerstückeltes, dann wieder nach Macht- und Vorteilsprinzipien zusammengestückeltes Zentraleuropa zurück, in welchem Mancinis Vorstellungen einerseits gesiegt hatten und andererseits besorgniserregend fortwirkten.

II.

Neben der nationalen Frage existierte die soziale. In Zentraleuropa vielleicht mit etwas geringerer Dringlichkeit und geringerem Widerhall als etwa in den großen Industriestaaten Deutschland, Frankreich und vor allem England (wo die nationale Frage eine schwächere Rolle spielte, wo es aber ein massenhaft anwachsendes Industrieproletariat gab, das sich in einer elenden Lage befand). Der politische Aspekt der sozialen Frage in ihrer damaligen Form kam gleichfalls aus der großen Französischen Revolution und der postulierten „Volkssouveränität". Wie Mancini die „Volkssouveränität" in die nationale Richtung weiterdachte, so waren es nun die Sozialrevolutionäre, vorzüglich Karl Marx, Friedrich Engels und ein stets größer werdendes Heer an Denkern und Tatmenschen, die die soziale Frage bis hin zur sozialen Revolution verlängerten. Nicht daß die sozialrevolutionäre Richtung die nationale Frage gänzlich beiseitgeschoben hätte; aber diese schien ihr insofern sekundär, als mit der Erreichung ihrer Ziele sich — so dachten die meisten — die nationale Frage in der alten Schärfe gar nicht mehr stellen würde. Schließlich ging man ja auf eine „Neue Gesellschaft", ja auf den „Neuen Menschen" zu, ein Weg, auf welchem auch die „Überwindung des Staates" lag, wodurch der aktuelle Bezugspunkt der nationalen Bewegungen ohnedies in die Vergangenheit gerückt werden würde.

Immerhin begab sich einer der bedeutendsten Revolutionäre Rußlands, Josef Stalin, 1913 nach Wien, um hier, an einem Ort, an welchem ihm die nationale Frage auf Schritt und Tritt und außerdem in ihren mannigfachsten Ausformungen begegnete, seine Studien zu treiben. Er verfaßte hier, nachdem er sich äußerst kritisch mit den national gespaltenen sozialistischen und sozialdemokratischen Bewegungen Zentraleuropas auseinandergesetzt hatte, eine Schrift („Le Marxisme et la question nationale et coloniale"), in der er das Prinzip festhielt: „Die Nation ist eine historisch entstandene stabile Gemeinschaft der Sprache, des Territoriums, des Wirtschaftslebens und einer in der Kulturgemeinschaft zum Ausdruck kommenden psychischen Eigenart. Es versteht sich von selbst, daß die Nation wie jedes historische Phänomen dem Gesetze der Veränderlichkeit unterworfen ist; seine Geschichte hat einen Anfang und ein Ende ... Wenn aber auch nur eines dieser Merkmale fehlt, so hört die Nation auf, Nation zu sein." Es blieb dies bis heute die klassische marxistische Definition, in welche übrigens auch Gedanken Dr. Karl Renners und Dr. Otto Bauers eingegangen sind, die sich gleichfalls mit Beiträgen zur Frage der Nation äußerten.

Das bedeutendste Merkmal dieser Definition ist, daß Nationen „einen Anfang und ein Ende haben"; das letztere tritt ein, sobald auch nur eines der konstitutiven Merkmale schwindet, eben z. B. in der Überwindung der nationalen Frage durch die soziale Revolution.

III.

Was die deutschsprachigen Gebiete Österreich-Ungarns betraf, so wandten sich diese auch im zunehmenden Maße von ihrer eigentlichen, zentraleuropäischen Aufgabe ab — den Raum kulturell, zivilisatorisch, wirtschaftlich und politisch als ein übernationales Konstrukt zusammenzuhalten — und begannen ihrerseits, mit deutschnationalen, später großdeutschen Idealen zu operieren. Das ging oft Hand in Hand mit einer Ablehnung des Kaiserhauses, ja des österreichisch-ungarischen Staatswesens überhaupt.

116

Seit 1866 begannen die Sudetendeutschen damit, ihre Blicke mehr und mehr nach Berlin zu wenden, ab den Jahren nach 1871 mit noch eifrigerer Konsequenz, und kehrten so Wien, dem Donauraum und Zentraleuropa den Rücken. Das wiederum trieb die Tschechen, längst Fahnenträger des Panslawismus, ihrerseits an, sich ebenfalls in immer schärferer Tonart von Österreich-Ungarn zu distanzieren. Auch auf dem Boden des heutigen Österreich, wo der Ritter von Schönerer alle anderen in geschichtswidriger Deutschtümelei übertraf — übrigens auch in einem radikalen antisozialen Sinn —, griff das Streben nach einem „gemeinsamen Reich der Deutschen" um sich; hauptsächlich in bürgerlich-liberalen Kreisen in der „Provinz", den heutigen Bundesländern, und weniger in Wien, das naturgemäß am stärksten die Anwesenheit des Hofes in konservativem Licht reflektierte.

So taten alle zusammen und jeder für sich — von wenigen Ausnahmen abgesehen —, oft versehen mit unverhohlenen Hegemonieansprüchen, was sie nur konnten, die Donaumonarchie zu zerschlagen.

Die wenigen Ausnahmen waren nicht zuletzt unter den Sozialdemokraten zu finden; hier gab es — freilich im Ergebnis nutzlose — Versuche, Zentraleuropa nach Beseitigung der Monarchie in einer Föderation zusammenzuhalten. Da hier aber, wie wir schon darlegten, die nationale Fragestellung die soziale an Bedeutung bei weitem übertraf, konnten sich derlei Überlegungen kein wirkliches Gehör verschaffen. Hinzu kam, daß der Kaiser und die Regierung in für die Strömungen der Zeit blindem Konservativismus nichts, oder so gut wie nichts, unternahmen, die mannigfachen Bewegungen aufzugreifen und ihnen von sich aus ein neues Ziel zu geben. Man erschöpfte sich im Grunde in der gerechten Verteilung der Unzufriedenheit und im Alles-Ruhigstellen, was naturgemäß nicht gelingen konnte.

Eingefangen im noch von Bismarck konzipierten „Dreibund" (Deutsches Reich, Österreich-Ungarn, Italien), schleppte der in Berlin im Schwange stehende imperialistische Anspruch auf die Vorherrschaft zumindest in Kontinentaleuropa das schwächlich gewordene Staatswesen, zu dessen so wenig hoffnungsvollem Zustand man ja 1866 Entscheidendes beigetragen hatte, hinterher und geradewegs in den Ersten Weltkrieg.

IV.

All dies zuvor Gesagte war einer der Hauptgründe, warum die Geburt der Ersten Republik Österreich ebenso schwer wie auf seltsame Weise vor sich ging.

Zunächst empfing die Republik ihren Gründungssegen nicht aus der Hand des Volkes und auch nicht aus der Hand der in einer Revolution siegreichen Republikaner (unter den Gründern bestand zunächst über die Staatsform überhaupt kein Konsens), sondern aus den Händen der für Österreich übriggebliebenen Mitglieder des alten Reichsrates, der unter gänzlich anderen Umständen zustande gekommen war und sicherlich kein legitimes Mandat dafür hatte. Eine

117

kurze Zeit regierten ein aus dem Rumpf-Reichsrat gebildeter Staatsrat und die Reste der kaiserlich-königlichen Regierung sogar nebeneinander her.

Auch der Prozeß der Zusammenfügung der Bundesländer zu dem neuen Staat ging nur zäh vor sich. Schließlich hatte es diesen Staat zuvor nicht gegeben; mit dem Wegfall der Krone nahmen die Länder zunächst ihre Angelegenheiten in eigener Regie wahr. So gab es auch — anders als in den sogenannten Nachfolge-staaten — kein neues nationales Hochgefühl, denn kaum einer fühlte sich als Angehöriger einer österreichischen Nation. Zudem hatte es ja anläßlich der Staatsgründung geheißen, die „Republik Deutsch-Österreich" sei ein „Bestandteil der Deutschen Republik", so selbstverständlich, daß man in Berlin gar nicht angefragt hatte, ob man das dort auch meine. Erst später verboten die Große und die Kleine Entente jeglichen Anschluß, der damals — noch gab es ja das Dritte Reich nicht — nicht in seiner späteren, gewaltsamen, Österreich völlig aus-löschenden Form gedacht war, sondern als Hinzutritt zu einem föderalistischen Bundesstaat, in welchem die einzelnen Teilstaaten erhebliche Souveränitäts-rechte behalten sollten.

Auch dies mag das Aufkeimen von Nationalbewußtsein erschwert haben. Daß sich zudem eine fatale partei- und gesellschaftspolitische Teilung ergab, mag ein übriges dazu beigetragen haben.

Wien war überwiegend sozialdemokratisch, die Provinz überwiegend christ-lichsozial oder bürgerlich-deutschnational. Wien war aber der Sitz der Regie-rung, des Parlaments (in welchem die Sozialdemokraten dank des Wiener Wäh-lerkapitals die stärkste Partei waren) und aller Zentralstellen, also der Staatsbüro-kratie. Als die Sozialdemokraten im Oktober 1920 die Regierung für immer ver-ließen, im Grunde überzeugt, daß dieses „bürgerliche Zwischenspiel" ohnedies nur kurz dauern würde und man daher durch Kompromisse am Gange der Ereig-nisse nicht beteiligt sein solle, schlitterte der Staat erst langsam, dann immer rascher in sein demokratiepolitisches Ende.

Konnte die Sozialdemokratie, die im Glauben an die zwangsläufig sich vollzie-hende sozialistische Revolution verharrte, ohne besonders viel zur Beschleuni-gung dieser Ankunft beizutragen, kein Nationalgefühl für den „bürgerlich-kapita-listischen Staat" fördern, so die bürgerliche Seite nicht, weil auch sie, ja sie ganz besonders, über das bestehende Staatsgebilde hinausdachte. Da gab es Christ-lichsoziale mit lupenrein republikanischer Gesinnung, aber fast ebenso viele, die sich die Republik widerwillig hatten abringen lassen. Da gab es Legitimisten und Monarchisten, unter sich allerdings recht uneins, und da gab es Deutschna-tionale, die sich als zwar staatlich eigenständig, darüber hinaus aber als Angehö-rige der „Deutschen Kulturnation" betrachteten, und Großdeutsche, die „heim ins Reich" wollten, wo Österreicher erstens nie „daheim" gewesen und außerdem 1866 ausdrücklich hinausgeworfen worden waren.

Abzuwarten, ob sich dies alles einmal setzen werde, gab es keine Gelegen-heit. Denn zu allem Überdruß wurden die Ideologien militarisiert (Schutz- und Wehrverbände, insgesamt weit stärker und einflußreicher als die öffentliche Exe-kutive oder das Bundesheer) und mit der Demokratie seltsam und immer mißbräuchlicher hantiert. Die Gruppen, die noch echten demokratischen Eifer ohne Hintersinn hegten, und jene, die emsig auf den Tag hinarbeiteten, an dem die demokratischen Einrichtungen wie Plunder weggeworfen werden konnten, hielten sich beinahe die Waage.

Diese Situation war besonders gefährlich angesichts des Umstandes, daß Österreich alsbald von Staaten umgeben war, die ihm nicht wohlwollten, im Süden vom faschistischen Italien, dessen Duce Benito Mussolini dachte, daß „Österreich der Spucknapf Europas" sei, im Norden vom nationalsozialistischen Dritten Reich Adolf Hitlers, im Osten von der ebenso mißtrauischen wie mißgünstigen Tschechoslowakei und dem bereits recht autoritären Ungarn. Auch die Beziehungen zu Jugoslawien waren eher schlecht als recht, hauptsächlich wegen der Frage der Kärntner Slowenen. Frankreich, das damals eine ziemlich führende Hand in allen mitteleuropäischen Angelegenheiten besaß, opferte im Zweifelsfalle stets österreichische Interessen jenen der Kleinen Entente, und als Österreich selbst autoritär und austrofaschistisch wurde, verlor es fast jegliches Interesse.

Wie österreichisch sich die mit 1933/34 aufziehenden autoritären Kräfte auch gaben — ausgenommen natürlich die Nationalsozialisten —: drei Umstände machten das praktisch unwirksam. Erstens, daß sie niemals aufhörten, Österreich als den „zweiten deutschen Staat" anzusehen, der irgendwann einmal in ein enges Verhältnis zu Deutschland kommen müsse (was vorerst nur Hitlers wegen ausgeschlossen schien).

Zweitens, daß der christlich-autoritäre Ständestaat mit einer „im Namen Gottes, des Allmächtigen, dem Volke gegebenen Verfassung" aufwartete, die mit Faschismen, mittelalterlich-ständischem Gedankengut, politischen Katholizismen u. dgl. mehr reich ausstaffiert war und durch deren Wirksamkeit praktisch jede republikanisch-demokratische politische Kultur abgeschafft und verboten wurde. Wie wir wissen, nicht zuletzt auf Mussolinis Geheiß.

Drittens, daß der Staat inmitten einer Weltkrise gründlicher als andere Staaten am Ende war und sich die soziale Frage mit dem Instrumentarium, das man sich erdacht hatte, überhaupt nicht mehr bewältigen ließ.

Da es nach der Ausschaltung und Abschaffung des Parlaments, nach dem Verbot politischer Parteien, kurz, nach der Liquidation der essentiellen Merkmale der Demokratie, auch keine Ebene mehr gab, auf welcher irgendein politischer Diskurs hätte stattfinden können (auch mit Pressefreiheit, Versammlungsfreiheit, Demonstrationsfreiheit und allerlei anderen zivilen Freiheiten war es vorbei), k o n n t e es auch nichts mehr geben, woran sich ein nationaler Konsens hätte bilden können. Nur die ebenfalls illegale NSDAP beherrschte das tägliche Feld der Auseinandersetzung mit der Regierung. Nicht etwa, weil sie die politisch stärkste Kraft gewesen wäre — vermutlich wären bei freien Wahlen wiederum die Sozialdemokraten in diese Rolle getreten —, sondern weil sie sich der offenen und versteckten Förderung durch die NSDAP in Deutschland erfreuen konnte. Natürlich war von dieser Seite her kein Sukkurs für irgendeine österreichische Idee zu erwarten. Im Gegenteil, sowohl insgeheim wie öffentlich stand außer Zweifel, daß alle diese Aktionen und Initiativen auf den kommenden „Anschluß" gerichtet waren. Auch wenn es innerhalb der österreichischen Nationalsozialisten und ihrer Sympathisanten, ja, auch wenn es sogar in Deutschland Geister gab, die bei der Erwähnung des „Anschlusses" immer noch an eine Art Staatenbund (oder Bundesstaat) glaubten — sie hatten aus der praktischen Auflösung Preußens durch Hitler nichts gelernt! —, war dies doch entweder sträflich naiv oder bewußte Selbsttäuschung.

Wie es ja auch Selbsttäuschung war, daß nach der Ermordung von Bundeskanzler Dollfuß dessen Nachfolger, Dr. Kurt von Schuschnigg, und sein Außenminister Dr. Guido Schmidt durch stets wiederholte Erwähnung und Beteuerung, daß ja auch der „österreichische Weg" entlang der Linien einer „deutschen Politik" verlaufe, gedachten, den bereits unverkennbar gewordenen Okkupationsgelüsten Hitlers ein wirksames Beruhigungsmittel verabreichen zu können.

Auch der Rückhalt bei Mussolini war nichts wert. Erstens war diese Politik in Österreich nicht populär, denn Südtirol, dessen Verlust als schmerzlich, ja als italienischer Landraub empfunden wurde, wurde vom faschistischen Italien rigoros unterdrückt (sogar das Tragen von Landestrachten war verboten), und zweitens konnte jedermann sehen, wie sehr Italien, das sich zum Mittelmeer-Imperium weiten wollte (z. B. durch den Überfall auf Abessinien), auf die Hilfe Hitlers angewiesen war und die Beteuerungen, man werde die Unabhängigkeit Österreichs stets unterstützen, mehr und mehr bloße Redeübungen ohne jeden praktischen Wert waren.

Als man in den letzten Phasen dieses Österreich, also viel zu spät und auch viel zu halbherzig, endlich einen Volks- oder Nationalkonsens suchte, blieb das eine Randepisode. Schließlich hatte man — bei Aufrechterhaltung des Parteienverbotes und aller anderen antidemokratischen Verbote —, beginnend mit dem Berchtesgadener Abkommen (1936 Hitler — Schuschnigg) bis zum Februar 1938, die NSDAP de facto politisch rehabilitiert und deren Vertrauensleute sogar in die Regierung geholt. Dort wirkten diese zur Beschleunigung des Endes mit, erhielten ihre Weisungen aus München (NSDAP-Zentrale) und Berlin (Regierungs-Zentrale) und wachten einerseits über die Aufrechterhaltung der faschistischen Strukturen, die man in Österreich geschaffen hatte, andererseits über stets vermehrten deutschnationalen Kundgebungsdruck und außerdem darüber, daß es der Regierung Schuschnigg nicht in den Sinn käme, sich etwa mit der zerschlagenen, illegalen Opposition und anderen Kreisen, die einem solchen Kurs Widerstand leisten wollten, zu verbünden.

Am 13. März 1938 war das Spiel zu Ende. Österreich verschwand von der Landkarte. Der einstige Bundesstaat wurde, wie man das jetzt nannte, in Gaue zerteilt — viele Jahrhunderte einer besonderen Geschichte, einer besonderen Kultur, eines besonderen zivilen Wesens wurden ausradiert.

Nun war Österreich wirklich „deutsch" und statt „erlöst", wie Hitler es vorzuhaben vorgab, aufgelöst.

Wenn wir diesen Abschnitt bewältigen wollen, das heißt dem Grunde nach nichts anderes, als die Lehre daraus zu ziehen, müssen wir uns eingestehen, daß die Formel vom „Staat, den keiner wollte" und der darum so rasch zugrunde ging, nicht die ganze Wahrheit ist. Wirklich zugrunde gegangen ist er an der „nationalen Frage", nämlich daran, daß man sich diese Frage in Österreich mehrheitlich (und nicht bloß bei den Deutschnationalen und Großdeutschen), gegen die eigene Mission und Geschichte, im gleichen brisanten Sinne stellte und beantwortete, wie sie Mancini gestellt und beantwortet hatte: ein Volk, ein Reich; das mit dem „Führer", den der sich selbst zum Mythos machende Faschismus hinzuerfand, hat mit der Frage nach der Nation nichts zu tun; und also konnte es wohl nur ein Deutsches Reich, ein Reich aller Deutschen sein. Noch im Untergang konnten sich Renner, Innitzer und sogar der emigrierte Otto Bauer, alles zweifellos aufrechte Gegner des Nationalsozialismus und Hitlers, vom Prinzip (oder Ideal), daß Österreich ein „deutscher Staat", die Österreicher „Deutsche" und alle Deutsche eine Nation seien, nicht lösen. Die sogenannte „Schicksalsgemeinschaft", diese romantische Formel, die keiner strengen Prüfung standhält, hatte sie selbst noch im Elend überwältigt.

Wirklich zugrunde gegangen ist Österreich aber auch an der nur mangelhaft und nur teilweise verbreiteten republikanischen Gesinnung, die in reiner Form überwiegend in der Sozialdemokratie vertreten war, und am mangelnden Demokratieverständnis. Wohlgemerkt, das ist weniger ein Vorwurf (denn woher sollte das demokratische Verständnis und vor allem die demokratische Praxis so rasch und unter so schwierigen Umständen gekommen sein?) als eine Feststellung. Österreich hatte, wie übrigens die Deutschen auch, seine Französische Revolution übersprungen; dieser wahrscheinlich unerläßliche Quantensprung gesellschaftlicher Entwicklung fehlte seither. Die nicht wirklich erkämpfte, sondern in Krieg, Niederlage und Folgewirkungen eigentlich zugefallene Demokratie und Republik war in großem Maßstab das Ergebnis einer Politik und eines Krieges, der unüberlegt begonnen und katastrophal beendet wurde, und nicht etwa das einer gewaltigen inneren, die ganze Gesellschaft in allen ihren Widersprüchen ergreifenden Auseinandersetzung.

Wirklich zugrunde gegangen ist Österreich auch an der Unfähigkeit, die soziale Frage zu lösen. Die herrschende Klasse handelte noch nach der Maxime Josefs II. — „Alles für das Volk, nichts durch das Volk" —, doch dieses Volk war schon nicht mehr bereit, diese Vormundschaft anzuerkennen. Die Sozialisten und Sozialdemokraten warteten darauf, daß gemäß der nicht mehr für diese Zeit und wohl auch nicht für dieses Land erdachten Lehre von Karl Marx der Kapitalismus und die Bourgeoisie sich alsbald an ihren inneren Widersprüchen wie von selbst auflösen würden. Bis zum Suizid wollten sie nicht direkt eingreifen, weshalb sie sich aller Chancen, wirklich einzugreifen, entschlugen.

Natürlich hatten alle ihre guten Gründe; aber an allen diesen guten Gründen ging Österreich zugrunde.

Es ist dies eines jener Phänomene, in denen die Beute mit dem Raubtier eine tragische und unabgesprochene Komplizenschaft verbindet.

V.

Nach 1945 stellten sich zunächst die alten Hauptfragen gar nicht mehr. Z. B. stellte sich die nationale Frage nicht. Deutschland gab und gibt es nicht mehr: denn wo wäre es ganz? In Westdeutschland? In Ostdeutschland? Im vierfach mehr bewachten als besetzten und außerdem zweigeteilten Berlin? In Österreich, das sich 1804/06 verabschiedete und 1866 gründlich hinausgeworfen wurde? Weder Mancini noch Stalin, noch irgendein anderer würde hier sowohl im grundsätzlichen Zustand als auch in der nachfolgenden Entwicklung bis in unsere gegenwärtigen Tage genügend Merkmale finden, die eine Nation konstituieren.

Anderes ist an deren Stelle getreten:

In der Bundesrepublik Deutschland entstand eine Art Verfassungspatriotismus, gefördert durch einen in seinen Dimensionen kaum zu fassenden industriellen und wirtschaftlichen Aufstieg.

In der Deutschen Demokratischen Republik versuchte man es, übrigens nicht ganz so erfolglos wie oft geglaubt wird, mit einer Art ideologischem Patriotismus, gefördert durch eine ohnedies nicht zu ändernde weltpolitische Realität, die ein Faktum per se ist.

In Österreich wurde ein deutlich auf unsere Eigenarten zugeschnittener, ganz allgemeiner Patriotismus entfacht, der sich allen ausgeworfenen Verlockungen, sich der nationalen Frage so (deutschnational) oder so (österreichische Nation) zu nähern, wenn überhaupt, dann nur mit äußerster Vorsicht stellt, oder besser gesagt, nicht immer auf glückliche Weise, aber dennoch nachhaltig einem solchen Diskurs ausweicht.

Das mag einige, vielleicht sogar viele Geister — wiederum „so oder so" — bedrücken, andere wiederum wundern, in der Umwelt sogar verwirren, aber was eine Nation ist, kann man leichter definieren, als diese von einem Tag zum anderen konstituieren.

Metternich z. B. sagte, als die griechische Unabhängigkeit zur Debatte stand, ungefähr dies: Eine Nation kann man nicht schaffen, sie wächst in langen Zeiträumen. Er sagte das möglicherweise nicht so sehr aus Einsicht als vielmehr, weil er wußte, welche Gefahr die nationale Frage und ihre Bejahung für die von ihm gewollte „Weltordnung", widergespiegelt in der Habsburg-Monarchie, bedeuten mußte. Aber falsch ist es deswegen nicht, was er sagte. Und daß die nachfolgende Geschichte nicht ihm, sondern alsbald Mancini folgen sollte, bezeichnet keinen Irrtum Metternichs, sondern nur, daß er nicht wußte, daß sowohl in Griechenland wie später in Italien und alsbald in ganz Zentraleuropa die Zeit eben reif dafür war — nach einer langen Vorgeschichte.

Auch Golo Mann, ein gewiß unverdächtiger Zeuge gegen den Deutschnationalismus und gewiß kein deutscher Vereinnahmer Österreichs, fand auf die ihm gestellte Frage nach der österreichischen Nation: „Ich würde es (Österreich) als einen sehr interessanten Zweig der deutschen Nation ansehen. Aber von der Bundesrepublik scheinen mir die Österreicher so verschieden zu sein wie die

Schweizer — ich sehe unterschiedliche Gesichter, höre eine unterschiedliche Sprache. Die Österreicher sind eine Wirklichkeit, eine wunderbare Wirklichkeit, mit größter Geschichte und Ambition verbunden. Die Frage, ob sie eine Nation sind, scheint mir da völlig unwichtig. Man kann sie nicht als eine Nation bezeichnen. Sie sind halt die Österreicher. Punktum!"

Wenn man diese — übrigens nicht Golo Mann allein zuzuschreibende, nur gewunden scheinende — Formulierung mit allem Ernst ausmißt, bleibt eigentlich nur offen: Sind wir auf dem besten Wege, eine Nation zu w e r d e n (was nach aller Erfahrung nur durch eine historische Katastrophe aufzuhalten wäre), oder sind wir bereits über diesen Zustand, eine Nation zu sein, hinausgelangt — gemessen an der europäischen Wirklichkeit also Arrieregarde oder Avantgarde?

Eine Einigung Europas könnte nur durch Fortentwicklung (Konservative werden es Rückentwicklung nennen) zu einem speziellen Patriotismus und Überwindung des Nationalismus zustande kommen. Patriotismus — wer sollte das besser verstehen als der Österreicher mit großer Geschichte und Ambition — schließt alle ethnischen Gruppen, welche die gleiche Heimat teilen, mit ein, er besitzt eine natürliche, förderungs- und bewahrungswürdige Pluralität, wo sie von der Geschichte geradezu vorgeschrieben ist. Nation schließt Pluralität logisch aus, sie schafft die Einheit, sie i s t eindimensional. Das schafft ja das Mißtrauen, die Verwirrtheit, ja sogar die Herablassung des Nationalen gegenüber dem bloßen Patrioten. Denn mit zwingender Logik hat der Patriot in der übergeordneten Nation aufzugehen (sonst bringt er es nur zu einem Staatenbund, der keinesfalls zwingend eine Nation begründet) und behält für sich nur seinen Lokal- oder Provinzpatriotismus. Der Patriot, wie immer man es dreht und wendet, braucht seine Heimat und keinesfalls zwanghaft auch eine Nation, ja der Marsch in diese kann unter jeweils verschiedenen Umständen das Absinken der Heimat zur Provinz, sogar zum bloßen Lokalcharakter verlangen. Der Patriot hat eine Heimat, die er sinnfällig nicht ausweiten, nicht zur Heimat anderer als jener, die „schon immer da Heimat hatten" (gleichgültig welcher Sprache, Herkunft usw.) oder hier suchen, machen kann. Die Nation hat Töchter und Söhne in e i n e m Vaterland, und ihre Kinder haben dem Übervater Nation zu gleichen. Heimat ist freiwilliger, ja naturgegebener und vielfältiger Zusammenschluß; ihre Seele ist Patriotismus. Nation ist Ausschluß aller „anderen", bestenfalls haben sie als geduldete oder hingenommene „Minderheit", quasi ein mehr oder weniger tolerabler Irrtum der Geschichte, Anwesenheitsrechte, solange ihr Auftreten der Nation, zu der sie nicht gehören, nicht mißfällt!

Die Heimat schafft das Naturrecht auf Anwesenheit und auf Erhaltung der Vielfältigkeit. Die Nation will den Nationalstaat, der Minderheiten, je nach Höhe des Toleranzspiegels, Rechte gewähren kann oder nur aus politischen Zwängen gewähren muß. Heimat schafft Föderalismus, Nation Zentralismus. Heimat haben wir gegründet, besser: hat die Geschichte begründet. In der Nation kann man nur aufgehen.

In der Tat leidet ja die europäische Integration in West und Ost daran, daß sie für die Nationen mit der Preisgabe von mannigfachen, den Nationalstaat überhaupt erst ermöglichenden Souveränitätsrechten verbunden ist, also mit einer tiefgreifenden Entnationalisierung. Ein erster Schritt, vor dem man zurückscheut. Denn mit dem Nationalstaat entschwindet die Nation. Heimat entschwindet nie und in keiner Form. Nicht einmal durch Gewalt und Unterwerfung. Sie muß — was Nationalstaaten in ihrem dunklen Drang zum Imperialismus so oft versucht und nicht selten auch mit Erfolg getan haben — geraubt werden.

VI.

Im Lichte unserer Erörterung wird klar, woraus einer der Mängel unserer Zweiten Republik besteht. Im Sinne der Heimat und eines w i r k l i c h e n , also wirksamen österreichischen Patriotismus verhalten wir uns noch uneingestanden entweder wie ein Nationalstaat oder, auch nicht selten, wie ein zweiter, dritter oder vierter Staat der deutschen Nation. Nämlich zu den slowenischen, kroatischen, magyarischen und tschechischen Heimatgenossen. Wir nennen sie auch nicht so, sondern sagen „Minderheiten" zu ihnen, denn ganz gleich, ob wir uns als Angehörige einer österreichischen Nation oder als solche der deutschen Nation — und sei es auch nur der etwas schwammigen Kulturnation — begreifen, gehören sie eigentlich nicht zu uns, sondern sind eben ein mehr oder weniger tolerabler Irrtum der Geschichte. Am liebsten möchte man sehen, wie diese Heimatgenossen leise, leise in der Staatsnation aufgehen.

So bleibt uns auch nur die Wahl, sie entweder auszusondern (was das „Kärntner Pädagogenmodell" bezweckt oder bewirkt) oder sie zu assimilieren. Ganz nationalstaatlich schematisiert ist die Entrüstung, gelegentlich das liberalere Befremden, wenn die Minderheit im Lande sich in wirtschaftlichen, kulturellen oder gar in politischen Fragen um Unterstützung an ihre Brüder wendet, um von dort das zu erhalten, was wir entweder tatsächlich nicht geben können oder nicht geben wollen.

Dem heimatlich verbundenen Menschen ist Nachbarschaft, zumal auch verwandtschaftliche, kein Dorn im Auge, Nachbarschaftshilfe selbstverständlich. Sie bedroht die gemeinsame Heimat nicht, meist nützt sie dieser. Dem Nationsbewußten ist das ein Dorn im Auge, im mildesten Falle verdächtig. Die Nation, nahezu alle Nationen, entwickeln ein Sensorium, das jenem des Hundes gleicht; der bellt schon, auch wenn man am von ihm bewachten Eigentum seines Herrn bloß vorübergeht . . .

Noch einen hier erwähnenswerten Mangel trägt unsere Republik: eine zunehmende Resignation kultureller Eigenleistungen und Eigenarten. Man kann da vieles erwähnen: die in Wahrheit katastrophale Lage wirklich österreichischer Verlage, des österreichischen Films, des Theaters und vieler anderer Kulturleistungen. „Sprachraumweites" Vermarkten bestimmt den Trend: Theater, Film, Fernsehen und möglichst auch Literatur u. a. mehr werden sprachraumweit vermarktet, verflochten, vernetzt. Das Prinzip der Vermarktung ist die Konfektionierung. Der Anzug wird nicht am Körper geschneidert, er wird nach dem Mannequin Sprachraum zugeschnitten; er soll im Norden, Süden, Westen und Osten möglichst vielen (utopische Vorstellung: allen) passen, gefallen, niemanden irritieren, eben bequem sein. Im Sprachraum hat man, dem Vermarktungsprinzip folgend, auf den maßstabgerechten Durchschnittsmenschen abzustellen. In dem können — bestenfalls — nur recht geringe Relationen für das uns Eigenartige erreicht werden; das wirklich Eigenartige findet folgerichtig nur die Akzeptanz des Exotischen, Exklusiven.

Was so oft und so beredsam wie unbedacht als Kulturexport ausgegeben wird, ist in Wahrheit dies nur im kommerziellen, selten genug auch in einem wirklich kulturellen Sinn. Ich gebe zu, das kann ein Weg sein, sogar ein ertragreicher. Wir werden noch sehen, warum er auch ein gefährlicher ist. Gewiß, wir haben einen gemeinsamen Sprachraum. Aber ist nicht unsere Kultur und unsere Kunst aus ganz anderen, sagen wir einmal mittel- oder zentraleuropäischen, Gründen heraufgewachsen? Ist es nicht so, daß es in Zentraleuropa bei völliger Unterschiedlichkeit der Sprache ein Gemeinverständnis gibt, das sehr häufig jenes übertrifft und sich sehr wesentlich von jenem unterscheidet, das die gemeinsame Sprache nur vortäuscht?

Ein kleines Land mit großer Geschichte und Ambition, das sich von seinem zentraleuropäischen Umkreis und damit von seiner Aufgabe entfernt und vorzugsweise zum Zuträger und Abnehmer der sprachraumweiten Konfektion wird — womit es aus einem Zentrum an eine Peripherie rückt —, verliert an Seele mehr, als es an Kapital gewinnen kann. Und mit der Seele verliert es die Bedeutung. Und wenn es die Bedeutung verloren hat, gerät es dorthin, wohin der Wind der Geschichte gerade weht.

Das zu bedenken, wäre zu guter Letzt schon deshalb wichtig, ja existenzwichtig, weil wir uns ja, soweit es nur geht (und wenn's geht, auch ein bisserl darüber hinaus!), in den Sog der wirtschaftlichen Integration drängen. Wir sind zwar, wenn ich nicht irre, der größte europäische Handelspartner der EG. Aber in der Tat ist diese Position, die ja so schlecht nicht wäre, eher trügerisch: Wir sind es nur, weil wir ein übermäßiger Handelspartner der BRD sind, durch Investition, Kapital und daher auch Währung an jede Bewegung angebunden.

Sonntags, wenn die schönsten Reden fließen, sind wir zwar immer noch „Herzstück" und „Brücke" — aber mich beunruhigen die Montage. Da weiß man oft nicht mehr, wessen Herzstück, wessen Brücke.

Ich gebe gerne zu: es gäbe auch viel Positives zu berichten. Etwa, daß der Herr Karl, ob er nun als Herrenreiter, als stets seine jeweilige Pflicht erfüllender und ergo braver Bürger oder sonstwie gewundener Lebensläufer umgeht, zu begreifen beginnt, daß wir mit der Auslöschung Österreichs eine jeweils persönliche Haftung übernommen haben für alles, was danach geschah. Mit der Wiedergewinnung der Republik ist diese Haftung nicht erloschen, sondern hat eigentlich erst begonnen. Es sind nicht allzu viele, bei denen die Deckung stimmt.

Das „Imitsch" ist zu Ende, das „Imago Austriae" soll wieder sichtbar werden. Und nicht nur das in die erhabenen Dimensionen vergangener Geschichte entrückte. Das teilen wir mit vielen Völkern, was wir nicht vergessen sollten. Wir

125

können aber nicht den in die Vergangenheit dahinschwindenden Bildern in verzückter Wehmut nachwinken, sofern sie uns schmeicheln, die anderen aber übersehen. Die Geschichte entläßt niemanden.

Ihr stellt sich nur, wer aus ihr gelernt hat.

Das kann weh tun, sehr weh sogar.

Was haben wir gelernt? Was haben wir noch nicht gelernt? Was haben wir vergessen?

Wie müßte sie beschaffen sein, unsere patriotische Utopie?

Felix Kreissler

NATIONSWERDUNG UND TRAUERARBEIT

In seinem Werk „Masse und Macht" kommt Elias Canetti zu einer bisher von den „Nationsspezialisten" ignorierten Aussage, die jedoch genau den Kern der Sache trifft. Er schreibt nämlich: „Die Versuche, den Nationen auf den Grund zu kommen, haben meist an einem wesentlichen Fehler gekrankt. Man wollte Definitionen für das Nationale schlechthin: eine Nation, sagte man, ist dies, oder eine Nation ist jenes. Man lebte im Glauben, daß es nur darauf ankäme, die richtige Definition zu finden. Wäre sie einmal da, so ließe sie sich gleichmäßig auf alle Nationen anwenden. Man nahm die Sprache her oder das Territorium; die geschriebene Literatur; die Geschichte; die Regierung; das sogenannte Nationalgefühl; und immer wieder waren dann die Ausnahmen wichtiger als die Regel. Immer stellte sich heraus, daß man etwas Lebendes am losen Zipfel eines zufälligen Gewandes gepackt hatte; es entwand sich leicht, und man stand mit leeren Händen da."

Man verzeihe diese gewiß lange Zitation, die mir durch ihre Trefflichkeit gerechtfertigt erscheint. Als ich in etwa zehn Jahren das Buch „Der Österreicher und seine Nation" erarbeitete, kam ich, ohne Canetti gelesen zu haben, zur gleichen Erkenntnis. Ich wandte mich gegen die Sucht vieler Fachleute, eine für alle Nationen gültige Definition zu erstellen, und führte an, daß nicht ein gelehrter Doktrinär, bewaffnet mit einer Liste „objektiver Kriterien", bestimmen könne, ob eine Gemeinschaft eine Nation bildet oder nicht, sondern nur diese Gemeinschaft selbst.

Am Ende eines „theoretischen Exkurses" erklärte ich direkt: „Auch wir wollten uns nicht an eine bestimmte Definition binden, obgleich von kartesianischen Geistern (also Jüngern Descartes') gerade diese Frage immer wieder gestellt wird, die sich offenbar nicht damit begnügen können, einfach die Tatsachen historischer, gesellschaftlicher oder politischer Natur reden zu lassen."

In Fortführung meiner damaligen Argumentation gelangte ich zu einer Art „Anti-Definition", die oft auch von sehr wohlmeinenden Lesern und Kritikern ein bißchen belächelt wurde. Ich zählte im negativen Modus die Bedingungen auf, die meiner Meinung nach notwendig sind, damit die österreichische Nation existieren und sich fortentwickeln kann. Diese Bedingungen, anders gesagt Voraussetzungen, lauten noch immer:

— Es gibt keine österreichische Nation, die Teil irgendeiner „Mutternation", sei es die deutsche oder eine andere, wäre;

— Es gibt keine österreichische Nation ohne *Demokratie,* ohne eigene Kultur, ohne wirtschaftliche Einheit;

— Es gibt keine österreichische Nation ohne völlige *Gleichheit* aller ihrer Staatsbürger, insbesondere der ethnischen *Minderheiten,* die alle Möglichkeiten sowohl ihrer Entfaltung als ihrer Integrierung haben müssen;

— Es gibt keine österreichische Nation, in der nicht *Rassismus, Chauvinismus, Antisemitismus,* falsches Geschichtsbewußtsein ständig bekämpft werden, bis zu deren vollkommener Ausrottung;

— Es gibt keine österreichische Nation ohne staatliche *Unabhängigkeit* und *Souveränität,* ohne fortdauernde aktive *Neutralität.*

Dies hatte bereits 1962 der zu Unrecht vergessene sozialistische Publizist Hermann Mörth herausgearbeitet, als er die Nichtaufarbeitung der österreichischen Vergangenheit (weit hinter die Erste Republik zurück) folgendermaßen kritisierte: „Von diesen falschen panvölkischen Ideen nährten Historiker und Staatsrechtler ihre Schüler, das heißt in Österreich Schönerer und Hitler. Deshalb hat ja auch der Nationalsozialismus in Österreich eine starke Anziehungskraft ausgeübt, weil er sich sowohl vom Pangermanismus als auch von dessen Unterprodukt, dem Antisemitismus, nährte."

Anders gesagt: die österreichische Nationswerdung, das österreichische Nationalbewußtsein, sie können nur dann zur Vollendung gelangen, wenn sämtliche Wurzeln des Antiösterreichertums: Nationalsozialismus, Rassenhochmut und Herrenmenschentum, Pangermanismus, Antislawismus und Antisemitismus, falsches Geschichtsbewußtsein, in unserer Zeit eingehüllt in den schützenden Mantel eines primitiven Antikommunismus, der die Nichtbewältigung der Vergangenheit kaschieren und entschuldigen soll, wenn all diese überkommenen und unkritisch weitergegebenen und übernommenen Ideen, die als „westliche Werte" an den Mann gebracht werden sollen, endlich mit der Wurzel ausgerottet werden.

Die hier aufgezählten „Negativkriterien" über den Begriff der österreichischen Nation zeigen einen Großteil der Problematik, die es noch zu bewältigen gibt, wie uns erschütternde und aufwühlende Begebnisse der letzten Zeit in Erinnerung gerufen haben. Diese Kriterien müssen kritisch unter die Lupe genommen werden, was im Rahmen dieses Aufsatzes leider nur unvollständig geschehen kann.

Doch sind noch ein paar vorhergehende Klarstellungen nötig. Es wird die Frage gestellt, ob die Nationswerdung einen Beitrag zur Bewältigung, zur Trauerarbeit darstellt. Es soll jedoch vorerst festgestellt werden: die Nationswerdung an sich ist ein historischer Prozeß, der sich aus der politischen, ökonomischen, kulturellen und staatlichen Entwicklung ergibt. Doch zur Vollendung dieses Prozesses ist die *Nationsbewußtwerdung* eine unerläßliche Vorbedingung. Dieser Bewußtwerdungsprozeß, der auch als Lernprozeß zu bezeichnen ist, muß als der architektonische Schlußstein des nationalen Gebäudes betrachtet werden.

Werden und Sein der österreichischen Nation

Die Etappen der österreichischen Nationswerdung habe ich des öfteren dargestellt und kann sie hier nur im Telegrammstil skizzieren:

Der Prozeß der modernen Nationswerdung begann in Österreich Anfang des
19. Jahrhunderts, als Kaiser Franz II., die vollständige Auflösung des Heiligen
Römischen Reiches „deutscher Nation" feststellend, sich 1804 als Franz I. zum
Kaiser von Österreich proklamierte und so das Kaiserreich Österreich schuf. Die
erfolglose Revolution von 1848, die zur klaren Absonderung von Deutschland
führte (Schwarzenberg sprach von der konstituierten österreichischen Nation),
war ein weiterer Meilenstein der Nationsbildung, genauso wie die Ereignisse
von 1866/67, mit dem völligen Ausscheiden aus Deutschland und der Bildung
der Doppelmonarchie, wobei in Cisleithanien bereits deutliche Züge der österreichischen Eigenständigkeit sichtbar wurden, wenn diese auch immer wieder
durch Unfähigkeit, Borniertheit, ja geradezu Verblendung der herrschenden
Kreise hintertrieben wurde. Durch die chauvinistische Überheblichkeit der herrschenden „Deutschen" und „Ungarn", die ihre Privilegien nicht aufgeben wollten,
wurden die anderen Nationalitäten der Monarchie in einem Zustand politischer,
wirtschaftlicher und kultureller Rückständigkeit gehalten, den diese immer weniger vertrugen. Gerade in dieser Zeit war die österreichische Nationswerdung der
ständigen Aggression der pangermanistischen Ideologie ausgesetzt, die Österreich damals wie heute seine nationale Identität bestritt und noch immer bestrei-
tet.

Die Schlußetappe der Nationswerdung begann 1918 mit der so oft umstritte-
nen, jedoch zur historischen Tatsache gewordenen Bildung der Ersten Republik,
deren zwanzigjähriger Bestand durch eine Folge von sozialen und politischen
Krisen charakterisiert wurde, die sich bis zu Bürgerkrieg und Auslöschung des
Landes als unabhängigem Staat steigerten. Wesentliche Ursachen dieser nationalen Katastrophen waren das mangelnde Demokratieverständnis der den Staat
beherrschenden Führungskräfte sowie deren nationale Schizophrenie, die dazu
führte, daß gerade jene Männer, die sich selbst als große Patrioten empfanden,
von Österreich als dem zweiten deutschen Staat sprachen und derart diesen Staat
Hitler geradezu auf einem silbernen Tablett präsentierten, der sich dieses Staates
im März 1938 als „Morgengabe" für den Zweiten Weltkrieg bemächtigte.

Die durch die Auslöschung Österreichs geschaffenen Realitäten verursachten
sehr bald eine grausame Ernüchterung. Angesichts der wirtschaftlichen Ausplün-
derung des Landes, der Militarisierung des öffentlichen und privaten Lebens,
begleitet von einem brutalen Terror, entwickelte sich ein neues Bewußtsein, das
sich nach vorübergehenden Illusionen über einen raschen Sieg in dem von Hitler vom Zaun gebrochenen Krieg zu einer dem Nationalsozialismus konträren
Stimmung, ja sogar bei manchen Österreichern bis zum Widerstand verdichtete.

Ein bedeutsames Kennzeichen des österreichischen Widerstandes war seine
Diversität: Katholisch-Konservative, Legitimisten, Kommunisten, Sozialisten,
Liberale fanden sich zusammen, bildeten ein österreichisches Amalgam, das

allem Gestapoterror zum Trotz die Idee der österreichischen Wiedergeburt lebendig erhielt.

Nach den großen Wendepunkten des Krieges, insbesondere nach der *Moskauer Deklaration* der Großmächte vom 1. November 1943 über die Wiederherstellung eines unabhängigen Österreich, nahm der Widerstand einen ausgesprochen nationalen Charakter an. Ausgedehnte Sabotageakte, Bildung von Partisanengruppen in den österreichischen Bergen, spezifische österreichische Teilnahme an der Verschwörung vom 20. Juli 1944, Vorbereitung des Aufstandes in Wien im April 1945 — dies alles erlaubt die Feststellung, daß der österreichische Widerstand einen wesentlichen Beitrag zur Nationswerdung geleistet hat.

Dasselbe kann vom österreichischen Exil gesagt werden, das sich aus Gruppen verschiedenster weltanschaulicher und politischer Ausrichtung zusammensetzte, die alle dazu beitrugen, den Namen Österreichs in der Welt nicht in Vergessenheit geraten zu lassen. Insbesondere trugen die exilierten österreichischen Kulturschaffenden aller Sparten dazu bei, der Welt und den maßgebenden Persönlichkeiten der Alliierten die Berechtigung und die Notwendigkeit der Wiederherstellung Österreichs vor Augen zu führen und verständlich zu machen. Zahlreiche Exilanten nahmen entweder in den alliierten Armeen oder in den Reihen der europäischen Résistance in den besetzten Ländern direkt am Kampf gegen das Dritte Reich teil.

Hier sei eine notwendige Zwischenbemerkung angestellt: Die Entwicklung und die Leistungen der spezifischen österreichischen Kultur sind integraler Bestandteil der österreichischen Nationswerdung; deren Darstellung und Durchdiskutierung nähmen jedoch einen eigenen Aufsatz in Anspruch; deshalb weise ich bloß darauf hin, kann aber auf diese Problematik zu meinem großen Bedauern nicht eingehen, obwohl dazu sehr viel zu sagen wäre.

Die Jahre 1938 bis 1945 wurden so zu einer entscheidenden Phase der Nationswerdung und führten zu einem bis dahin nie erreichten nationalen Selbstverständnis der Österreicher, das in der *Unabhängigkeitserklärung* der provisorischen österreichischen Regierung vom 27. April 1945 in konzentrierter Form zum Ausdruck kam.

Doch wurde die nationale Konzentration bereits 1947 in Frage gestellt und geradezu verworfen, als der Kalte Krieg — der Bruch zwischen den Alliierten des Weltkrieges — ausbrach, in welchem das offizielle und inoffizielle Österreich eindeutig für den Westen Partei ergriff und ein wesentlicher Faktor des Widerstandes und des nationalen Selbstverständnisses, die Kommunisten, von da ab völlig marginalisiert, ja direkt aus der nationalen Gemeinschaft, die sie in Widerstand und Exil sowie in den Konzentrationslagern mitgestaltet hatten, ausgeschlossen wurden.

Der geglückte wirtschaftliche Wiederaufbau, der Staatsvertrag von 1955, das Verfassungsgesetz über die immerwährende Neutralität Österreichs (26. Oktober 1955), der reibungslose Übergang von der Großen Koalition zu den monocoloren Regierungen Klaus (1966) und Kreisky (1970—1983), wobei letzterer einer ganzen Epoche seinen Stempel aufgedrückt hat, können als ebensoviele

Meilensteine zur endgültigen Nationswerdung Österreichs betrachtet werden, die von den in Abständen erfolgten Meinungsumfragen bestätigt erscheinen.

Diese geraffte Darstellung historischer Orientierungsmarken, die ja wohl mehr oder weniger allgemein bekannt sind, schien mir trotzdem notwendig, um bis zum Kern der Problematik vorzustoßen. Wie dem auch sei: In den 50 Jahren, die seit dem März 1938 vergangen sind, hat sich das Verhältnis der Österreicher zu ihrer Nation grundlegend geändert; sie sind sich — in der großen Mehrheit — bewußt geworden, daß die österreichische Nation existiert. Eine vordringliche Aufgabe besteht jedoch darin, die noch bestehenden geistigen Hindernisse auf dem Wege der Vollendung der Nationswerdung zu erkennen und zu überwinden.

Der noch immer mangelnde Bewußtseinsstand

Als ich vor Jahren in bezug auf die Erste Republik schrieb: „Die österreichische Nation bestand bereits, doch wußte sie es noch nicht", wurde diese Aussage manchmal belächelt. Nichts für ungut, doch so manche Vorkommnisse jüngstvergangener Jahre oder Monate fordern mich zur Frage heraus, ob sie — die Nation — es heute schon weiß. Dies wieder führt mich zur Bemerkung, daß es mit der Nationswerdung allein noch nicht getan ist: damit nämlich ist die Bewältigung, die Aufarbeitung, die Trauerarbeit für das vergangene Jahrhundert noch nicht erledigt.

Die zur Bewältigung notwendigen Kettenglieder müssen erst miteinander in Bezug gebracht werden. Ich sehe den zu durchlaufenden Weg so: er muß von der Nationswerdung zur Nationsbewußtwerdung führen, von dieser zur Aufarbeitung der Vergangenheit und dann weiter zu deren Bewältigung — das heißt, sich der Fehltritte und Fehlleistungen bewußt werden —, und schließlich zur Trauerarbeit für die Opfer (aller Art), die dann endlich zur österreichischen Menschwerdung führen wird. In Umkehrung eines Grillparzerschen Ausspruchs könnte man in bezug auf den Ausgangspunkt 1938 (und die damit zusammenhängenden unmenschlichen Erniedrigungen und Entwürdigungen der Wiener Juden) sagen, daß der Weg der österreichischen Nationswerdung gehen müßte: von der Bestialität über die Nationalität zur Humanität.

Bevor ich die genannten Kettenglieder aneinanderreihe, noch eine prinzipielle Bemerkung: Die Bewältigung der Vergangenheit kann nicht in der gegenseitigen persönlichen An- und Aufrechnung der begangenen Irrtümer und Verbrechen der jeweils anderen Seite bestehen, sondern nur in der *selbstmitleidlosen* Analyse der durch falsches Bewußtsein hervorgerufenen Katastrophen, aus deren Verantwortung sich keine der handelnden Personen mit der Ausflucht fortstehlen kann, „man habe von nichts gewußt". Erst ein Abgehen von der in Österreich so verbreiteten Praxis der Selbstbemitleidung, während man anderen gegenüber ohne Milde vorgeht, ermöglicht echtes Aufarbeiten, echte Trauerarbeit, nicht nur vor allem über das eigene Schicksal, sondern über das Schicksal, das anderen bereitet wurde und an welchem so manche in Österreich aktiv oder passiv mitgewirkt haben.

Warum hat nun Österreich im vergangenen Jahrhundert so viele Katastrophen erlitten, die ihm andere angetan haben, die es sich jedoch vor allem selbst zugefügt hat? Ich meine damit (in unvollständiger Aufzählung) die Jahre 1848/49, 1859 (Niederlage in Italien), 1866 (Königgrätz), 1878 (Zweibund als Vorbereitung zum Untergang), 1914–1918, 1934 (Februar), 1938 (Annexion), 1942 („Endlösung"), usw.

Als unverbesserlicher Nestroyaner nehme ich für die Beantwortung dieser Fragen mein Gut dort, wo ich es finde, und berufe mich daher auf echte Bewältiger dieser Vergangenheit, mögen diese nun Elias Canetti, Erwin Ringel, Anton Pelinka, Erika Weinzierl oder Viktor Matejka („Widerstand ist alles") heißen, greife manchmal auch auf eigene Arbeiten zurück, doch in erster Linie schöpfe ich aus den Erkenntnissen Friedrich Heers, der, wie er selbst sagte, an Österreich gestorben ist, an jenem Kampf um die österreichische Identität, den er zeitlebens geführt hat und der über seinen Tod hinaus andauert.

Heer hat sich nicht gescheut, auch eines jener Tabus zu zerstören, an denen zu rütteln in Österreich nicht ratsam ist, die an- und aufzugreifen jedoch Pflicht für alle jene ist, die sich die Bewältigung der Vergangenheit zur Aufgabe gestellt haben. Heer hat das landläufig so verklärte franzisko-josephinische Zeitalter frontal angegriffen, hat vor allem Franz Joseph selbst seiner Aureole beraubt, ihn als den Bankrotteur des alten Österreich angeprangert. Seine diesbezügliche These entwickelt er in einem sechzig Seiten langen Kapitel — das hier nicht einmal auszugsweise wiedergegeben werden kann — mit dem sprechenden Titel: „Die Zerstörung des Österreich-Bewußtseins im franzisko-josephinischen Zeitalter".

Es seien nur einige Kernsätze angeführt: „Alphons Lhotsky skizziert 1962 die Tragödie des 1854 gegründeten Instituts für Österreichische Geschichtsforschung: ‚Von Österreich und österreichischer Historiographie war da, zumal der Ausgleich (1867) das Österreich, dem diese Gründung galt, zerstörte, bald nicht mehr die Rede. Der Staat kümmerte sich nicht um die Schaffung einer österreichischen Geschichte, aber er hat auch mit schwer begreiflicher Indolenz die Propaganda mancher Auffassungen, die gegen seine Ideologie gerichtet waren, toleriert, ohne auch für diese eintreten zu lassen'." Und Heer fügt hinzu: „Der Mann, der für diese Versäumnisse und Unbegreiflichkeiten Altösterreichs, für diese ‚schwer begreifliche Indolenz' die Verantwortung trägt, heißt Kaiser Franz Joseph I." (S. 265)

Der Sohn Franz Josephs, Erzherzog Rudolf, hatte seine Energie im Kampf gegen die überwuchernde Deutschtümelei, gegen die Unterwerfung unter das preußische Deutschland eingesetzt und verbraucht, wie Heer ausführlich schildert. Er zitiert die gegen die Katastrophenpolitik Bismarcks und Wilhelms II. (damals noch Thronfolger) gerichtete Denkschrift Rudolfs (unter dem Pseudonym Julius Felix) im April 1888, die mit den Worten beginnt: „Ich bin Österreicher wie Sie, Majestät, liebe mein Vaterland wie Sie und denke, daß einige Zeilen, die ein Unterthan an seinen Fürsten richtet, nicht ohne Interesse sein können . . ." (S. 251). 1889 schied Rudolf aus dem Leben.

Nach Aufzählung aller Fehlleistungen des vorletzten Herrschers der Monarchie gelangte Heer zu einem vernichtenden Urteil: „Er war nicht, wie der Franz-Joseph-Mythos noch heute behauptet, der ruhende Pol inmitten der Stürme, der Hort der Gerechtigkeit für alle: er war die große Leere, die sich im Zentrum eines Wirbelsturms bildet. Er hatte nichts gelernt aus den Katastrophen von 1848/49, 1859, 1866, aus seinem Zurückweichen vor Bismarck. Also trat er die Flucht nach außen an, in das selbstmörderische Bündnis mit dem Bismarck-Staat, mit dem Regime Wilhelms II., in den Weltkrieg." (S. 287)

In seiner Weiterverfolgung des Kampfes um die österreichische Identität geht Heer bis in die Zeiten der Ersten und Zweiten Republik und gräbt zwei Interviews aus, die der Sohn des ermordeten Thronfolgers Franz Ferdinand, Dr. Max Hohenberg, am 28. Juni 1937 (dem Todestag des Vaters) der französischen Zeitung *Paris-Soir-Dimanche* gegeben hat und die Heer so zusammenfaßt: „In diesem letzten Jahr der Ersten Republik Österreich hatte sich mit erschreckender Deutlichkeit gezeigt, daß durch die Regierung Schuschnigg den Nationalsozialisten Tür und Tor geöffnet waren. Landes- und Hochverrat regierten rund um den Ballhausplatz. Die Sache Österreichs war ein letztes Mal in letzter Engführung und Engpaßführung an die Schwarzen und Schwarzgelben gefallen, da Schuschnigg sich weigerte, das sehr große Potential der sozialdemokratischen Arbeiterschaft anzusprechen, geschweige denn es zu mobilisieren. Im Vorausblick auf das Ende Österreichs sind diese Interviews zu verstehen, eine letzte Warnung vor dem ‚deutschen Kurs' Schuschniggs." (S. 315)

Mit Heer müssen wir also erkennen: Während sich die österreichische Nationswerdung unter Schmerzen und Rückschlägen im 19. und 20. Jahrhundert allen Widerständen zum Trotz vollzog, war der Kampf um die österreichische Identität in dieser Zeit ein wahrhaft österreichisches Trauerspiel. Es gab und gibt viel zu trauern in dieser Jahrhundertgeschichte, und zwar schon lange, bevor 1938 die traurigste Zeit ohne Gnade begann, die paradoxerweise soviel zur Selbstfindung der Österreicher beigetragen hat.

Doch wie steht es heute, knappe zehn Jahre vor dem Anbruch des 3. Jahrtausends nach Christus, mit dem Verhältnis der Österreicher zu ihrer Identität, die sie wohl gefunden zu haben glauben, mit deren negativen Seiten sie sich aber noch herumschlagen müssen?

Was noch alles bewältigt werden muß

Wir werden versuchen, diesen Auf- und Nachholbedarf in einigen Thesen zusammenzufassen:

1. Solange im historischen Rückblick vieler Österreicher, vor allem so mancher tonangebender Politiker, Lehrer, Forscher — Historiker —, am Auseinanderfallen der Donaumonarchie immer noch „die anderen" schuld sind, also die Ungarn

oder die Tschechen, die Italiener oder die Slowenen, die alle eines Chauvinismus beschuldigt werden, an dem vor allem die Österreicher selber krankten, kann von historischer Aufarbeitung keine Rede sein. Das gilt insbesondere von den Slowenen und Italienern. Den ersten wird ihr Slawentum zum Vorwurf gemacht und dabei völlig verdrängt, daß es 1920 die slowenischen Stimmen waren, die die Aufrechterhaltung der Einheit Kärntens ermöglichten.

In seiner „Neuen Rede über Österreich" berichtet Erwin Ringel unter Anspielung auf den „Ortstafelsturm" von 1972: „Ja, die Österreicher verlangen in Südtirol zweisprachige Ortstafeln und Gleichberechtigung. Aber was tun denn wir mit unseren Minderheiten? Dort stürmen und zerstören wir zuerst einmal die zweisprachigen Ortsbezeichnungen. Nun stehen sie zwar, aber verlangen Sie in Südkärnten auf slowenisch eine Fahrkarte, dann bekommen Sie keine und stattdessen die Antwort: ‚Kannst das net deutsch sagen?' — eine demütigend-sadistische Szene, die an faschistische Zeiten erinnert." Als Schlußfolgerung einer entsprechenden Anekdote meint Ringel: „Das heißt also: In Österreich muß man dem Slowenentum abschwören, um ein ordentlicher Staatsbürger zu werden. So gehen wir mit den Anderssprachigen um . . ." Auf diese Weise kann die Bildung einer plurisprachlichen und pluriethnischen österreichischen Nation nicht weiterkommen.

Dasselbe gilt für die Einstellung zu den Italienern: Solange diese im kollektiven Gedächtnis noch immer als „Katzelmacher" verunglimpft, als „Verräter" beschimpft werden, einfach weil sie die historische Erkenntnis hatten, daß die Erringung ihrer nationalen Einheit mit dem Zerfall der Habsburger Monarchie eng verbunden sei und sie danach handelten, solange von einer „Unterdrückung" der Südtiroler gefaselt wird, die in Wirklichkeit schon lange nicht mehr so diskriminierend behandelt werden wie die Slowenen in Kärnten, solange Gastarbeiter als „Tschuschen" beschimpft werden, solange kann von der Bewältigung von Rassismus und Chauvinismus keine Rede sein.

2. Zum Syndrom des Minderheitenhasses im allgemeinen gehören auch die Zwillingsbrüder Pangermanismus und Antisemitismus. Was den Pangermanismus in seiner heutigen Ausprägung des Deutschnationalismus betrifft, so zeigt sich an vielerlei Ereignissen und Äußerungen, daß seine Traditionen, die zutiefst antiösterreichisch sind, bei jeder schlechten Gelegenheit an die Oberfläche kommen. Davon zeugt nicht nur der nun schon 15 Jahre zurückliegende „Ortstafelsturm" in Kärnten, sondern auch die Langzeitstrategie der Deutschnationalen, die darauf abzielt, Kärnten völlig „slowenenrein" zu machen, ein Ziel, das fatal an die Nazizeit erinnert, als man Städte und Dörfer „judenrein" machte. Davon zeugt auch die Tatsache, daß es letztlich der FPÖ nicht gelungen ist, sich zu einer wirklich liberalen Partei zu mausern. Der unterschwellige Deutschnationalismus und die Nostalgien nach vergangenen Dämonen kamen auf dem Parteitag der FPÖ im Herbst 1986 an die Oberfläche, als unter üblen Begleiterscheinungen und mit vielen Heil-Rufen der „nationale" Haider den „liberalen" Obmann Steger glatt auspunktete und in ganz „altdeutscher" Weise von seinen Parteigenossen „auf den Schild gehoben" wurde. Dies zeigte sehr deutlich, wie wach die alten

Emotionen und rückwärtsgewandten Sehnsüchte noch sind, was übrigens durch den bald darauf folgenden Wahlerfolg der FPÖ im November 1986 eine eindrucksvolle Bestätigung erhielt. Die noch immer bestehende, aus Minderwertigkeitskomplexen geborene Sucht mancher Österreicher, nicht österreichisch, sondern „deutsch" sein zu wollen, erinnert an die „Aufnordung" vieler derartiger Neurotiker in der Vorhitler- und Hitlerzeit, die glaubten, sich als „bessere Deutsche" ausweisen zu können, wenn sie ihre slawisch klingenden Familiennamen „verdeutschten" und sich dem Nationalsozialismus hingaben.

3. Wie schon gesagt, bestehen vom Pangermanismus zum Antisemitismus engste, beinahe organisch bedingte Verbindungen. Erika Weinzierl, die in einem aufwühlenden Buch dargestellt hat, wie wenig „Gerechte" in der nationalsozialistischen Zeit in Österreich sich jüdischen Mitbürgern gegenüber hilfreich oder auch nur menschlich verhalten haben, hat sich aktiv in den Kampf zur Überwindung des Antisemitismus eingeschaltet. In einem 1977 in Rouen gehaltenen Vortrag über „Antisemitismus in Österreich" zitiert sie die Aussage eines 21jährigen Wiener Studenten, der mitteilt: „Der Haß gegen die Juden ist eine in meiner Heimat tief verwurzelte Emotion. Meine Großmutter pflegt Juden an ihrer Nase zu erkennen, ein Studienkollege behauptet, man kann sie riechen." E. Weinzierl schloß ihren damaligen Vortrag mit den Worten: „In der Ersten Republik, in der maximal 200.000 Juden lebten, waren Deutschnationale, Christlichsoziale und Nationalsozialisten zum Teil extrem antisemitisch. In der Zweiten Republik gibt es einen diffusen, aber latenten, weit verbreiteten Antisemitismus ohne Juden."

Die Präsidentenwahlen von 1986 haben gezeigt, wie leicht dieser latente Antisemitismus wieder virulent werden kann. Wie man ihn hingegen bewältigen, ihn als österreichisches Problem überwinden kann, schildert Anton Pelinka in seinem Buch „Windstille — Klagen über Österreich": „In dem Milieu, das mir als Kind vertraut war, gab es nicht den direkten, unverhüllten Antisemitismus nationalsozialistischer Art. Es gab jedoch den indirekten, ab 1945 gleichsam verschämten Antisemitismus als Bestandteil eines katholischen Klimas. . . Die Reparationsforderungen ehemaliger österreichischer Juden, die nun in den USA lebten, an den Bundeskanzler Raab? Eine Frechheit, wie mir mein Lateinprofessor im katholischen Gymnasium versicherte . . . Der atmosphärische Antisemitismus der Nachkriegszeit provozierte bei mir Abscheu vor dem Judenhaß . . . Immerhin waren bald auch mir die Leichenberge vertraut, die die Briten unmittelbar nach der Befreiung von Bergen-Belsen gefilmt hatten. Das Interesse für die jüngste Geschichte führte zu einem eindeutigen Ergebnis: Die Vernichtung des österreichischen Judentums durch den Nationalsozialismus, die spezifisch österreichischen Grundlagen dieses Verbrechens gegen die Menschheit mußten immer wieder angeklagt, mußten in den Alltag der Nachkriegszeit geholt werden."

Pelinka schildert auch, wie er in der öffentlichen Schule mit deutschnationalem, kaum verdeckt nationalsozialistischem Antisemitismus konfrontiert wurde: „Eine Gruppe von Mitschülern hielt es für besonders lustig, Witze über die Gaskammern von Auschwitz zu machen. Wer dieser Gruppe nicht genehm war, dem

kündigte man an, er würde schon noch seinen Weg zur ‚Vergasung' finden."
Ganz sicher sind es in den achtziger Jahren dieselben, nun erwachsenen Zeitgenossen, die jetzt überhaupt die Existenz von Gaskammern leugnen, die frech
von einer „Auschwitz-Lüge" reden. Diesen Abschnitt über die Symbiose von Antisemitismus und Pangermanismus beendet Pelinka mit der Feststellung: „Die
Konfrontation mit dem ab 1949 in Österreich wieder salonfähigen Deutschnationalismus stärkte meine Sensibilität für ein spezifisches Österreichertum." (S. 26)

Doch nicht alle „opinion-leaders" haben eine solche Läuterung mitgemacht.
Ich zitiere wieder Erwin Ringel: „Der Herr Vizekanzler Steger (zur Zeit dieser
Rede Ringels war er es noch, F. K.) hat vor kurzem gesagt, Mauthausen sei
eigentlich gar kein so schlimmes Konzentrationslager gewesen, eine Art österreichische, das heißt bescheidene Dimension des Unheils, gemessen an Auschwitz. Ich muß leider entgegnen, daß man bei den entscheidenden Männern des
nationalsozialistischen Reiches, vom ‚Führer' angefangen bis hin zu den Schrekkensnamen Eichmann, Kaltenbrunner, Seyss-Inquart usw., in einer erschütternden Weise immer wieder auf Österreich stößt. Wir haben uns also keineswegs in
einer kleinen Dimension beteiligt, sondern mitunter sogar in einer wesentlich
größeren Dimension als die im sogenannten ‚Altreich'. Das muß endlich einmal
ehrlich ausgesprochen werden. Auch damit aber noch nicht genug: Die Österreicher haben vielfach in Hitlers Heer nicht nur gezwungen gedient, sondern mit
einer Leidenschaft ..., die einer besseren Sache würdig gewesen wäre."
(S. 15/16)

4. Diese Äußerung Ringels führt nun direkt zur Frage der prinzipiellen moralischen Einstellung zu Hitlers Drittem Reich. War es ein Staat, dem man ohne Vorbehalte dienen konnte, in welchem der Dienst bloße Pflichterfüllung war, oder
machte man sich nicht auf diese Weise zum Erfüllungsgehilfen eines verbrecherischen Regimes? Der bloße Hinweis darauf, daß ja viele Hunderttausende Österreicher „ihre Pflicht" auf diese Weise erfüllt hätten, sollte nicht genügen, um dieser Pflicht auch nur den Anschein einer Legitimität zu verleihen; es soll jedoch
nicht verschwiegen werden, daß viele Tausende österreichische — und deutsche
— Soldaten es bewußt abgelehnt haben, an den Verbrechen, von denen sehr
viele wußten und die sie mitansehen mußten, teilzunehmen.

Trotzdem bleibt im historischen Raum stehen, was Hans J. Thalberg in seinem
Buch „Von der Kunst, Österreicher zu sein" so formuliert hat: „Aber die völlige
Ahnungslosigkeit, mit der Österreicher — auch heute noch — sich mit dem
Schicksal der deutschen Wehrmacht im Kriege identifizieren, läßt mir das Blut im
Leib erstarren. Man hat in Österreich ganz offenbar niemals ernstlich erfaßt, was
in diesen Kriegsjahren wirklich vorgegangen ist ..." (S. 153). Einige, und zwar
gerade jene Kriegsverbrecher, die vor Gericht gestellt worden sind, haben es
offensichtlich doch erfaßt, da sie sich bei ihrer Verantwortung nicht auf ihre
Pflichterfüllung berufen haben, sondern auf den sogenannten „Befehlsnotstand", dem sie hätten gehorchen müssen. Tatsächlich wurde von den Gerichten
der Befehlsnotstand des öfteren als „mildernder Umstand" gewertet.

Die notwendige Würdigung der Rolle der KZ-Insassen, Widerstandskämpfer und Exilanten bei der Konstituierung und Bewußtwerdung der österreichischen Nation erfordert es, das Problem der Pflichterfüllung einmal grundlegender zu betrachten. Hier stehen sich nämlich zwei einander ausschließende „Pflichterfüllungen" gegenüber. Wenn es stimmt, wie in der Nazipropaganda behauptet wurde, daß KZ-Insassen, Widerstandskämpfer, Exilanten und Juden und erst recht Partisanen subversive Elemente, Vaterlandsverräter und Terroristen waren, dann gehörte es zur Pflichterfüllung, diese „rücksichtslos" zu bekämpfen und „restlos" auszurotten — zwei Lieblingsausdrücke des „Führers"; dann mußte man im Dritten Reich das verläßlichste „Bollwerk gegen den Bolschewismus" erblikken und ihm dienen, wie ja auch heute noch unverbesserliche Nostalgiker unverblümt erklären.

Wenn aber das Dritte Reich ein verbrecherischer Unrechtsstaat war, der unschuldige Menschen wegen ihrer Herkunft oder wegen ihrer Anschauungen in Todeslager steckte, an ihnen Genozid verübte, also millionenfachen Massenmord, wenn man erkannte, daß Hitler den Zweiten Weltkrieg in der verbrecherischen Absicht vom Zaun gebrochen hatte, „neuen Lebensraum" und profitable Rohstoffquellen und Arbeitssklaven für die Krupp-Werke, IG-Farben usw. zu erobern, wobei Wehrmacht, SS und SD nicht davor zurückschreckten, in den besetzten Ländern furchtbare Repressalien auszuüben (Oradour, Lidice usw.), dann haben im Gegenteil die Widerstandskämpfer und Exilanten ihre historische und moralische Pflicht erfüllt.

Haben jedoch andererseits die Hunderttausende in die Wehrmacht gezwungenen Österreicher ihre „Pflicht" erfüllt, dann verliert die These von Österreich als dem ersten Opfer des eroberischen Hitlerimperialismus ihre historische Gültigkeit. Doch beruht ja gerade auf dieser These die internationale Position Österreichs, und die These von der Pflichterfüllung im Dritten Reich stellt geradezu eine Unterminierung der Position Österreichs als unabhängiger Staat dar.

Eine endgültige Klärung dieser Widersprüche: das wäre sowohl Bewältigung als auch Trauerarbeit. Trauer nicht nur um die Opfer, sondern auch Trauer über die eigenen Irrtümer, Fehlleistungen und nachfolgenden Verdrängungen. Das wäre wirkliche Arbeit an der endgültigen Nationswerdung.

5. Auch die Praxis der österreichischen Demokratie bedarf einer grundsätzlichen Aufarbeitung. Solange nicht eindeutig klargestellt ist, daß die Geburt der Zweiten Republik in erster Linie Ergebnis eines antifaschistischen Kampfes war, also auf einem antifaschistischen Grundkonsens beruht — oder beruhen sollte —, und nicht auf dem so oft berufenen sozialpartnerschaftlichen, der erst viel später sozusagen als austriazistischer Ersatz einspringen mußte, solange steht die Demokratie in Österreich auf dem Kopf. Um sie wieder auf die Füße zu stellen, bedarf es eines staatsbürgerlichen Lernprozesses, der die in den letzten Jahrzehnten geschaffenen Zwangsvorstellungen zu überwinden hat. Vorurteile müßten abgebaut werden, der in Österreich übliche Konformismus gelockert, die noch immer vorhandenen Reste des politischen Katholizismus (das heißt weltliche Macht und Einmischung der Kirche in die Politik) endlich zu den historischen Akten gelegt werden.

Zu dieser Aufarbeitung und Erarbeitung eines normalen Demokratieverständnisses gehört auch die Überwindung des in Österreich völlig unterscheidungsunfähigen Antikommunismus, der in Fortsetzung des Hitlerschen Antibolschewismus ein großes Hindernis für die ideologische Entnazifizierung Österreichs darstellt und unter dessen schützendem Tarnmantel die abenteuerlichsten Ideen und Strategien (wie z. B. Träume von einer „Revanche", also dem Dritten Weltkrieg) ins Kraut schießen können.

Im historischen Rückblick stellt Anton Pelinka fest: „Aus der Provisorischen Staatsregierung der antifaschistischen Parteien ÖVP, SPÖ und KPÖ wurde die Große Koalition der antikommunistischen Parteien ÖVP und SPÖ. Der Antikommunismus löste bald den Antifaschismus als Legitimationsgrundlage, als den Kompromiß begünstigendes gemeinsames Interesse ab" („Windstille", S. 24). „Die Ursache für die rasche ‚Gettoisierung' der Kommunisten war historischer und aktueller Art; nicht nur, daß im herrschenden politischen Bewußtsein Österreichs ein struktureller Antikommunismus immer deutlicher spürbar wurde (zu dessen Bildung wohl auch die elf Jahre zuerst austrofaschistischer, dann nationalsozialistischer Indoktrinierung beigetragen hatten, F. K.), profilierte sich die KPÖ ab 1945 als ‚Russenpartei'. Alles, was der Roten Armee und der UdSSR in der österreichischen Öffentlichkeit angelastet wurde, wurde auch der KPÖ zugeschrieben; und alles, was die KPÖ tat oder unterließ, galt als direkter Ausfluß sowjetischer Interessen." (S. 24) So wurde die aktive Rolle der Kommunisten im Kampf gegen den autoritären Ständestaat und gegen den Nationalsozialismus im Bewußtsein der Staatsbürger verdrängt. Jede Mitwirkung (einer Partei oder eines einzelnen) am politischen Geschehen mußte und muß noch immer durch ein antikommunistisches Glaubensbekenntnis erkauft werden, sonst erfolgt politische, gesellschaftliche und berufliche Ausschließung.

Daß man mit solchen Feststellungen „verdächtig" wird, ist ja gerade typisch für die Nichtbewältigung und Nichtanerkennung historischer Tatsachen, für die Unmöglichkeit, zu trauern. Ein solches Plädoyer ist nicht prokommunistisch, es ist prodemokratisch, propluralistisch und schließt keineswegs scharfe Kritik am sogenannten realen Sozialismus aus — im Gegenteil, würde ich sagen. Doch die Ablehnung des Kommunismus als Gesellschaftsordnung, als „gesellschaftliches Modell" — ein selbstverständliches Recht jedes Staatsbürgers — darf in der Demokratie nicht dazu führen, jedem Kommunisten seine „citoyenneté" zu bestreiten (Beispiel Berufsverbot in der BRD), ihn aus der nationalen Gemeinschaft auszuschließen, unter Berufung auf die Verbrechen, die der Stalinismus ja in erster Linie an den sowjetischen Völkern verübt hat (Beispiel Gulag). Zwischen der legitimen Ablehnung des „realen Sozialismus" als gesellschaftlichem Modell und einer Kommunistenschnüffelei, die sich auf das persönliche Leben jedes einzelnen erstreckt (Beispiel McCarthy), sollte ein Unterschied bestehen, der aber nicht existiert. Als bei den Nationalratswahlen vom 23. November 1986 für die Grüne Liste eine Kandidatin zur Debatte stand, die „im Geruch" des Kryptokommunismus stand, erhielt sie von einem Journalisten einen Persilschein mit den ungefähren Worten: „Ich rieche jeden Kommunisten — dies ist keine." Welch furchtbare Analogie: früher „roch" man die Juden, heute die Kommunisten! Die fragliche Kandidatin wurde trotzdem abgehalftert.

Der politische Bewußtseinsstand ist also heute in Österreich so, daß Protest-wähler wohl für die FPÖ eines Haider stimmen können (ohne auch nur im geringsten in den Verdacht zu kommen, den Nationalsozialismus nicht bewältigt zu haben), allenfalls für die „Grünen" (wenn sie nicht zu „linkslastig" erscheinen), keinesfalls jedoch für die Kommunisten, die im politischen und gesellschaftlichen Abseits bleiben müssen, in das sie freilich auch durch eigene Verantwortung geraten sind. Dies, obwohl alle ernst zu nehmenden Historiker sowohl den theoretischen (A. Klahr) als auch den praktischen (Widerstand, Exil) Beitrag der Kommunisten zur Selbsterkenntnis der österreichischen Nation anerkennen, somit auch deren politische Existenzberechtigung im Rahmen eines demokratischen Pluralismus, ohne welchen die Nationswerdung nicht als vollendet betrachtet werden kann.

6. Die Neutralität, die daraus folgende Friedenspolitik und die Ausübung der vollen staatlichen Souveränität müssen schließlich ebenfalls als wesentliche Elemente der Nationswerdung betrachtet werden.

Das Gesetz über die dauernde Neutralität Österreichs war ein gewichtiger Beitrag für die endgültige österreichische Identitätsfindung. Doch „typisch österreichisch" war die Diskussion, die sich nach dem Neutralitätsbeschluß entwickelte: Sollte sie „nach dem Vorbild der Schweiz" sein, wie ursprünglich zugesagt, sollte sie „allseitig" sein, also auch mit politischen Aspekten? Das ging jenen, die sich im Kalten Krieg hundertprozentig für den „Westen" egagiert hatten, wider den Strich. So kam es also zum Begriff der „rein militärischen Neutralität" Österreichs, und man „vergaß" dabei, daß jede militärische Neutralität ein eminent politisches Faktum ist, wie jeder, der sich an den Satz erinnert, daß „der Krieg eine Fortsetzung der Politik mit anderen Mitteln" ist, sich selbst eingestehen muß. So war und ist also das Gerede von der „rein militärischen" Neutralität wieder einmal eine jener österreichischen Lebenslügen, die die Nationswerdung in Frage stellen. Die großen Männer der Zweiten Republik, vor allem Raab und Kreisky, haben sich zwar stillschweigend mit diesem Gerede abgefunden, sich in ihrer Aktion jedoch einfach darüber hinweggesetzt. Sonst wäre ja kaum jene „aktive Neutralitätspolitik" möglich gewesen, die aus Österreich einen handelnden Faktor der Weltpolitik gemacht hat, dessen Beitrag zu friedlichen Lösungen als Katalysator zwischen den Blöcken internationale Anerkennung gefunden hat. Die internationalen Initiativen, die auf der Grundlage der aktiven Neutralität unternommen wurden, haben nicht wenig zur Erarbeitung eines österreichischen Weges und daher auch zur Nationsvollendung beigetragen. Dennoch wurde in Österreich, bevor die Gefahr einer Nuklearkatastrophe überdeutlich geworden ist, die sogenannte Friedensarbeit als zumindest kryptokommunistisch verdächtigt. In seinem knapp vor dem Tod geschriebenen und von F. R. Reiter herausgebrachten Büchlein *Ausgesprochen* berichtet Friedrich Heer, daß der bekannte Theologe Otto Mauer ihn viele Jahre immer wieder mit erhobenem Zeigefinger gewarnt habe: „Das Wort Frieden darfst du nicht in den Mund nehmen. Das ist ein Wort der kommunistischen Propaganda." Entsetzlich, im Munde eines Priesters! Heer fügt hinzu: „Das gab es auch. Aber welches Wort — 'Demokratie', ‚Freiheit', ‚Menschenrecht' usw. — wurde und wird nicht von Kommunisten oder von anderen propagandistisch verwertet?" (S. 40) Heer schloß dieses Kapitel: „Es hängt mit dem Frieden zusammen, daß man sich so sehr darüber aufregt, daß es nicht die Lösung gibt, eine eigene Lösung, eine Patentlösung. Es ist der ungeduldige Wille, immer wieder gleich Lösungen anzustreben. Die Sache des Friedens heißt: in Konflikten leben, die ganz großen in Schwebe halten, sich etwas einfallen lassen und sich auf den Gegner einlassen, immer wieder, immer wieder, unser ganzes Leben." (S. 48/49) Kreisky hat einfacher gesagt: „Zur friedlichen Koexistenz gibt es keine Alternative." Friedensarbeit ist also identitätsbildend für die österreichische Nation.

Zu Neutralität und Frieden gehört auch die vollkommene Handlungsfreiheit, die volle Souveränität. Die von mir zu Anfang dieses Aufsatzes erwähnten unliebsamen Geschehnisse — in historischer Perspektive verdienen sie nur schlagwortartige Erwähnung, also: ministerielle Begrüßung eines entlassenen Kriegsverbrechers, Präsidentenwahlentscheidung im Zeichen falscher Pflichterfüllung, Wahlerfolg einer in Deutschnationalismus schwelgenden FPÖ — haben das Österreich-Bild in der Welt ziemlich angekratzt. Der Eifer, mit dem nun viele Medienmacher die Scharte derart auswetzen wollen, daß sie immer wieder an Österreichs „Zugehörigkeit zum Westen" erinnern, um sozusagen eine mildere Beurteilung durch die aus dem Westen kommenden zürnenden Stimmen zu erlangen, ist nicht nur würdelos, sondern birgt auch die Gefahr einer neuen Lebenslüge in sich: Österreich gehört nämlich nicht zum Westen — außer man versteht darunter die pluralistische Demokratie, die aber auch in Österreich erst noch entfaltet werden muß —, Österreich ist neutral und mehr als das: es liegt genau im Zentrum Europas, daher auch seine als notwendig und nützlich erkannte Rolle eines west-östlichen Katalysators.

Außerdem ist das ständige Wiederholen des Rufes: „Wir sind so westlich, wir gehören in jedem Fall zum Westen!" der Handlungsfreiheit, also der Souveränität Österreichs abträglich. Nur um sich mit dem großen „Freund" USA gut zu stellen, sollte Österreich zum Wurmfortsatz des Westens werden? Dabei vergessen die „Westler" in Österreich, daß der wirkliche Westen Europas, die EG, sich in einem immer wieder erbittert ausgefochtenen Handelskrieg mit dem noch westlicheren Verbündeten befindet, ein Konflikt, der alle Aussicht hat, anzudauern und sich zu verstärken.

Hier kommt jene Haltung zum Ausdruck, die Erwin Ringel meint, wenn er von der „Bereitschaft des Österreichers zu ‚devotem Dienen', mehr noch zu ‚vorauseilendem Gehorsam' " spricht, das heißt, „Befehle, noch ehe sie ausgesprochen, zu erahnen und zu erfüllen" (S. 10). Damit jedoch gäbe man einen großen Teil der Souveränität preis, die Österreich so schwer errungen hat und die untrennbar mit der Nationswerdung verbunden ist.

Nationswerdung ist Beitrag zur Bewältigung und Trauerarbeit

Als sehr bald nach dem Ende des Zweiten Weltkrieges jene westlichen Mächte, in denen heute den Österreichern historische Amnesie und Nichtbewältigung der Vergangenheit (teilweise sicher zu Recht) vorgeworfen wird, nationalsozialistischen Schwerkriegsverbrechern (Beispiel Barbie) nicht nur Asyl boten, sondern sie bereitwilligst in ihre Geheimdienste einbauten, weil sie als Spezialisten in der Bekämpfung des Bolschewismus gute Dienste leisten konnten, wurde Österreich, das im Kalten Krieg — auf Kosten seiner Spezifizität — hundertprozentig auf Seite des Westens engagiert war, als westlicher Musterschüler hochgelobt. Wie sollten da die Österreicher auf die Idee kommen, daß sie noch etwas „aufzuarbeiten", zu „bewältigen", zu „bereuen" hätten! Im Gegenteil: Anstatt die nationalsozialistische Ideologie zu bekämpfen, standen sie in der ersten Linie der Bekämpfung des „Kommunismus", wurden dafür zwar als wertvolle Bundesgenossen des Westens anerkannt, brachten sich aber selbst um die Möglichkeit, rascher unabhängig zu werden und so zu ihrer eigenen Identität zu finden. Anstatt also die nationalsozialistische Ideologie zu bekämpfen, buhlten die Parteien der Großen Koalition um die Stimmen der ehemaligen Nazis. Das war ihr schweres Vergehen gegen die Vollendung der österreichischen Nationswerdung.

Damals war die hohe Zeit des Herrn Karl, jenes Porträts eines Österreichers, das den nun dahingegangenen Helmut Qualtinger mit einem Schlage berühmt gemacht hat. Der Herr Karl hatte dem Führer ins Auge geblickt und sofort „alles verstanden". Ein österreichischer Chansonnier, Arik Brauer, hat in einem Lied, in wenigen Zeilen konzentriert, eine ebenso ätzende Definition jenes in allem unschuldigen Österreichers gegeben, als er sang: „Vorder meiner, hinter meiner, ober meiner, unter meiner siech i nix und hör' i nix, riech' i nix und spür i nix!" (Der Autor möge die ungenaue Zitation aus dem Gedächtnis entschuldigen.)

Erst in den sechziger und siebziger Jahren begann man, als Reaktion auf die allzu gefährliche neonazistische Renaissance, wieder die österreichische Nation und deren Vorkämpfer in Widerstand und Exil zu entdecken und schritt an die Aufarbeitung, die aber immer noch lückenhaft genug blieb, so daß noch viel zu tun bleibt, noch viel Trauerarbeit und Selbsterkenntnis notwendig ist.

Zurück zum Anfang: In seiner „Neuen Rede über Österreich" zitiert Erwin Ringel mehrere Male aus dem Buch Alexander Mitscherlichs von der „Unfähigkeit zu trauern", wo es u. a. heißt: „Identität haben, das heißt die tausend Irrtümer einzugestehen, die man im Verlauf seines Lebens durchgemacht hat, da, dort und dann; denn unser Leben ist eine Kette, eine Aneinanderreihung von Irrtümern, von Fehlern." Und Ringel fügt hinzu: „Das Menschliche ist das Irren, aber es hat nur dann einen Sinn, wenn wir unsere Irrtümer erkennen, nur so können wir durch Schaden klug werden und nur so kann es uns helfen, unsere Identität zu finden." (S. 18)

Zum Schluß möchte ich noch einen Satz Ringels zitieren, mit dem ich mich aber nur teilweise einverstanden erklären kann; er sagt: „Langsam, aber sicher, wächst ein neues Bekenntnis zu diesem Österreich, ja darüber hinaus zu so etwas, was man die ‚österreichische Nation' nennen könnte. Man sollte vielleicht nicht allzu viel darüber sprechen, um das Wachstum nicht zu stören." (S. 39) Im Gegenteil, verehrter Professor Ringel: man soll und kann gar nicht zu viel darüber sprechen und schreiben.

Die Nationswerdung bzw. deren Darstellung und Analyse ist ganz gewiß ein Beitrag zur Bewältigung der Vergangenheit. Es müßte erkannt und anerkannt werden, daß im Unterschied zu anderen Völkern, die sich nach erfolgreichen Kämpfen als Nationen konstituiert haben (Holländer, Italiener, Deutsche), die österreichische Nationswerdung aufgrund einer Kette von Niederlagen vor sich gegangen ist. Nur eine von jedem Selbstmitleid und Gejammer freie Analyse der Ursachen und Auswirkungen dieser Niederlagen auf die Identitätsfindung der Österreicher kann zur nötigen historiographischen Aufarbeitung führen. Da sich dieser Prozeß über rund eineinhalb Jahrhunderte erstreckt, kann man zu dem Schluß gelangen, daß die österreichische Nationswerdung ein kollektiver Erziehungsroman ist, der sich über mehrere Generationen dahinzieht und von jeder einzelnen Generation nachempfunden werden muß.

So gesehen ist also die Bewußtwerdung dieser Nation, die ununterbrochene politische Aufklärung zwecks Selbsterkenntnis tatsächlich ein echter Beitrag zur Vergangenheitsbewältigung und zur notwendigen Trauerarbeit.

Anton Pelinka

DER VERDRÄNGTE BÜRGERKRIEG

1. Die Ausgangslage

Österreich ist eine verspätete Nation, Österreich ist eine verspätete Demokratie. Die Stabilisierung eines österreichischen Nationalbewußtseins und eines liberalen Demokratiebewußtseins wurde erst im Laufe der Zweiten Republik sichergestellt. Die Voraussetzungen dafür, die Sicherung der österreichischen Unabhängigkeit und demokratischer Spielregeln in der Verfassung sowie der Verfassungswirklichkeit, mußten Österreich und den Österreichern zunächst zweimal von oben und von außen aufgezwungen werden:

— 1918 und 1919, als der durch den Sieg der Entente hervorgerufene Zusammenbruch der Monarchie erst die Ausrufung der demokratischen Republik ermöglichte und, anschließend, 1919, als die Siegermächte gegen die zum Anschluß an die deutsche Republik bereite Nationalversammlung die österreichische Unabhängigkeit durchsetzten.

— 1945, als die Repräsentanten von ÖVP, SPÖ und KPÖ die Unabhängigkeit der Republik Österreich ausriefen — aufbauend auf dem Sieg der Alliierten über das Großdeutsche Reich.

In beiden Fällen bildete die Niederlage der Armeen, in denen ein Großteil der Österreicher mehr oder minder freiwillig gekämpft hatte, die Voraussetzung für das Entstehen der demokratischen Republik. Zuerst mußten die österreichischen Soldaten — 1918 in der Uniform des Kaisers, 1945 in der des totalitären großdeutschen Diktators — die Niederlage der Fahnen erleben, auf die sie vereidigt waren; zweimal kamen Demokratie und Unabhängigkeit als Resultat solcher — subjektiv empfundener — Niederlagen.

Österreich, das war zunächst ein unscharfer Überbegriff, das war bis 1918 primär die Dynastie. Österreich, das wurde erst allmählich Gegenstand der Loyalität, zu einer als selbstverständlich empfundenen Nation. Die Loyalität galt zunächst, vor und nach 1918, vor allem den politisch-weltanschaulichen Lagern. Diese ersetzten die Nation, sie waren Ersatznation. Und diese Lager verkehrten miteinander als Gegner, als Feinde. Auch die kurze Phase der Gemeinsamkeit zwischen 1918 und 1920 konnte dieses Denken in Feindbildern nicht wirklich überwinden.

Das eine Lager, das sozialistische, orientierte sich am Begriff Klasse. Das zweite, das christlich-konservative, entstand aus dem politischen Katholizismus. Das dritte, das deutschnationale, stellte die Idee des Anschlusses an Deutschland in den Mittelpunkt. Und alle drei Lager bildeten nicht bloß Parteien heraus, die miteinander um Wählerstimmen kämpften; sie waren, darüber hinaus, Subgesellschaften — sie organisierten das gesamte Leben der Mitglieder, die ihrem Lager jeweils in Loyalität verbunden waren.

Die Feindseligkeit, die Gräben zwischen den Lagern führten schließlich nach der schrittweisen Beseitigung des Verfassungsstaates und des Parlamentarismus, nach einem kurzen Bürgerkrieg und der militärischen Niederlage der Sozialdemokratie zur Diktatur des autoritären Ständestaates. Es war die Diktatur des einen über die beiden anderen Lager.

Doch die Kämpfe vom Juli 1934 zeigten, daß ein anderer, größerer Bürgerkrieg noch bevorstand. Und er brach 1938 über Österreich herein, dauerte sieben Jahre und kostete direkt Zehntausenden, indirekt Hunderttausenden Österreichern das Leben. Es war ein extrem langer, extrem blutiger, extrem zerstörerischer Bürgerkrieg.

Auf der einen Seite standen die österreichischen Nationalsozialisten, die die militärische Besetzung Österreichs im März 1938 nicht als fremden Eingriff, sondern als Befreiung und Vollzug des sehnsüchtig erwarteten Anschlusses sahen. Die anderen waren konservative Legitimisten, katholische Austrofaschisten, großdeutsche Sozialdemokraten, stalinistische Kommunisten. Sie verband nicht ein positives, sondern ein negatives Ziel — das der Überwindung der nationalsozialistischen Herrschaft. Was an die Stelle der Diktatur Hitlers treten sollte, das verband nicht, das trennte die verschiedenen Kräfte des österreichischen Widerstandes.

Die direkten Opfer des Bürgerkrieges waren die Zehntausende, die in den Konzentrationslagern und auf den Hinrichtungsstätten des „Dritten Reiches" ermordet wurden — als politisch Verfolgte, als „rassisch Minderwertige". [1]) Doch auch die Hunderttausende, die als Österreicher in der Uniform der großdeutschen Wehrmacht in dem von der deutschen Führung mutwillig vom Zaun gebrochenen Zweiten Weltkrieg sterben mußten, waren indirekt Opfer dieses Bürgerkrieges — ebenso wie die zahlreichen „Ziviltoten", die dieser Krieg in Österreich forderte.

Auf beiden Seiten der Front dieses Bürgerkrieges standen Österreicher. Österreicher sprachen Terrorurteile im Namen des Führers, Österreicher mordeten in Konzentrationslagern, Österreicher denunzierten, Österreicher bereicherten sich am Eigentum ihrer verfolgten Mitbürger. Und ihre Opfer waren ebenfalls Österreicher — österreichische Juden, österreichische Zigeuner, und eben Österreicher, die politisch als Gegner bekannt waren.

Dieser Bürgerkrieg wurde mit großer Entschiedenheit zwischen zwei Minderheiten ausgetragen. Auf der einen Seite standen die Nationalsozialisten — die österreichische NSDAP hatte etwa 600.000 Mitglieder, also etwa 12—14% der erwachsenen Bevölkerung des Landes. Auf der anderen Seite waren jene, die sich entschieden gegen das Regime wandten, die es bekämpften, die es zerstören wollten. Die Mehrheit der Österreicher stand abseits, war nicht erkennbar Partei. Sie folgte den Zwängen, und viele erklärten das dann als ihre „Pflicht".

Die Nationalsozialistische Deutsche Arbeiterpartei war in Österreich die Nachfolgeorganisation der Großdeutschen Volkspartei und des Landbundes. In der Tradition Georg Schönerers stehend, setzte die NSDAP mit Energie das um, was das entscheidende Ziel dieses Lagers immer schon gewesen war — den unbedingten Anschluß an Deutschland. Doch die Stärke und Größe der österreichischen NSDAP ist mit dieser Kontinuität allein noch nicht erklärbar. Die NSDAP war eine moderne Volkspartei, die viel stärker als die Sozialdemokratie und die Christlichsozialen integrativ wirkte — Grenzen der Klassen und der Konfessionen übergreifend, überschreitend. Sie war viel weniger eine Klassenpartei als die Sozialdemokratie, sie war viel weniger eine Weltanschauungspartei als die Christlichsozialen. Sie war das erste erfolgreiche Modell einer Allerweltspartei, Spiegelbild der österreichischen Gesellschaft. 2) Daß die österreichischen Bischöfe, daß der sozialdemokratische Staatskanzler Karl Renner im April 1938 „Ja" zum ersten, vorläufigen Sieg der NSDAP im Bürgerkrieg, zum bereits vollzogenen „Anschluß" sagen konnten, beweist den Erfolg dieser Integrationsstrategie der österreichischen NSDAP.

Der österreichische Bürgerkrieg wurde 1945 durch den Sieg der Alliierten entschieden. Am 1. November 1943 hatten sich die USA, Großbritannien und die Sowjetunion auf die Wiederherstellung Österreichs in den Grenzen von 1938 festgelegt — dadurch sahen sich auch die Kräfte des österreichischen Widerstandes veranlaßt, über das negative Ziel der Beseitigung der nationalsozialistischen Gewaltherrschaft hinaus auch ein positives Ziel zu entwickeln. Die Vorstellung von einer mehr oder minder legitimistisch getönten Donau-Konföderation war damit ebenso hinfällig wie die Idee einer gesamtdeutschen Lösung, die Österreich als Teil einer großdeutschen Republik belassen hätte. 3) Die Alliierten zwangen die divergierenden Kräfte des österreichischen Widerstandes, sich auf die Wiederherstellung der Republik Österreich in den Grenzen von 1937 festzulegen.

Die Unabhängigkeitserklärung vom 27. April 1945 drückte das Dilemma des österreichischen Widerstandes auch und gerade im Augenblick des Sieges aus. Die von den Vertretern der „antifaschistischen" Parteien unterzeichnete Erklärung ließ wichtige, zentrale Aspekte der Geschichte aus:

— den auch österreichischen Charakter der nationalsozialistischen Gewaltherrschaft. Die Jahre von 1938 und 1945 wurden ausschließlich als Fremdherrschaft eingestuft.

— den nichtdemokratischen Charakter jenes Österreich, das 1938 von Deutschland besetzt wurde. Repräsentanten des Austrofaschismus, jetzt Vertreter der neugegründeten ÖVP, konnten nun als Antifaschisten auftreten.

— die republikanischen, insbesondere auch sozialdemokratischen Wurzeln des Anschlußgedankens. Karl Renner, Propagandist der nationalsozialistischen Ja-Parole vom April 1938, unterzeichnete nun als Vertreter der zur SPÖ gewordenen Sozialdemokratie die Unabhängigkeitserklärung.

Mit ihrer Einseitigkeit war die Unabhängigkeitserklärung der Beginn der großen Tabuisierung, die die Zweite Republik bei ihrer — grundsätzlich erfolgreichen — Stabilisierung Österreichs begleiten sollte. Diese Stabilisierung, die den Prozeß der Nationswerdung abschloß und ein im wesentlichen selbstverständlich gewordenes Demokratiebewußtsein sicherte, wurde von einer Negierung wichtiger Wurzeln der Zweiten Republik begleitet.

2. Die Antworten der Zweiten Republik

Die Zweite Republik war von Anfang an eine bewußt konzipierte Antwort auf den ersten österreichischen Bürgerkrieg, auf die militärische Auseinandersetzung des Februar 1934, auf die — historische — Unfähigkeit der beiden großen Lager zur Zusammenarbeit. Die Zweite Republik war von Anfang an eine erfolgreiche Antwort auf die „Fragmentierung" der österreichischen Gesellschaft, [4]) auf das tief eingewurzelte Gegeneinander zwischen politischem Katholizismus und Marxismus; zwischen einem Lager, das sich primär konfessionell definierte, und einem anderen Lager, das sich primär als Klasse verstand. Die Repräsentanten, die Eliten der beiden Lager hatten aus der Geschichte gelernt — sie schlossen einen umfassenden Kompromiß, sie teilten die Gesellschaft auf, sie beteiligten einander an der Macht, sie garantierten einander Mäßigung. Die Zweite Republik begann, durchaus erfolgreich, als Elitenkartell zwischen den alten Kräften der beiden alten, großen Lager.

Überhaupt keine Instrumente entwickelte dieses Elitenkartell jedoch gegenüber der viel tiefer einschneidenden Erfahrung des viel längeren und viel blutigeren zweiten Bürgerkrieges. Die österreichischen Nationalsozialisten wurden mehr oder minder bürokratisch, mehr oder minder oberflächlich „entnazifiziert". Sie wurden zunächst an den Pranger gestellt, vereinzelt jedoch — sofern es sich um Prominente oder Experten handelte — trotz nationalsozialistischer Vergangenheit früh eingegliedert und von der Entnazifizierung vorzeitig ausgenommen. Und bald darauf, 1949, sahen sich die Hunderttausende, die als „Minderbelastete" nun wieder im Besitz ihrer vollen politischen Rechte waren, von den Bürgerkriegsgegnern umworben. SPÖ und ÖVP wollten die Stimmen dieser „Ehemaligen", die Entnazifizierer von gestern waren nun die Werber von heute. Wen sollte es daher wundern, daß die „Ehemaligen" vor diesen Trägern der Zweiten Republik nicht unbedingt Hochachtung empfinden mußten?

Die 1945 gebildete Konzentrationsregierung war, im Sinne des Sieges der Alliierten und der Unabhängigkeitserklärung, primär „antifaschistisch" orientiert — also im Sinne des österreichischen Bürgerkrieges eine geschlossene Front gegen den (österreichischen) Nationalsozialismus. Diese Konzentrationsregierung war das Bündnis der beiden traditionellen Lager mit der kleinen KPÖ, deren einzige Stärke — neben ihrer Aktivität im Widerstand — das offenkundige Naheverhältnis zur sowjetischen Besatzungsmacht war. Der Kalte Krieg, Spannungen zwischen den westlichen Besatzungsmächten und der Sowjetunion in Österreich und eine dominante antikommunistische Grundstimmung führten schließlich zu einer allmählichen Umorientierung der beiden Großparteien. Schon als 1947 die KPÖ aus der Regierung ausschied, war die antikommunistische Frontstellung der Großparteien ein Element des Zusammenhaltes — zunächst die antinazistische Grundhaltung ergänzend, allmählich teilweise diese auch ersetzend. Die KPÖ vertrat kein Lager, sie sprach nicht für größere Wählergruppen. Die NSDAP war die Partei des dritten, bei der Nationalratswahl 1945 nicht artikulationsfähigen Lagers. Sie stand für eine Mitgliederzahl, die der der beiden (anderen) Großparteien durchaus ebenbürtig war. Die 1949 wiederum aktiv legitimierten „Minderbelasteten" übten daher auch eine Sogwirkung auf ÖVP und SPÖ aus, die in diesem Punkt aus dem Elitenkartell eine Elitenkonkurrenz machten: ÖVP und SPÖ überboten sich, den größtmöglichen Nutzen aus dem Wiedereintritt der (ehemaligen) Nationalsozialisten auf den politischen Markt zu schlagen.

ÖVP und SPÖ setzten auf eine Integrationsstrategie gegenüber den „Ehemaligen". Diese Strategie wurde von den beiden Großparteien freilich mit unterschiedlichen Akzenten versehen — die ÖVP erhoffte, in Erwartung eines eher „bürgerlichen" Verhaltens der ehemaligen Nationalsozialisten, einen größeren Zustrom ehemals nationalsozialistischer Wähler; aus eben diesem Grund setzte die SPÖ auf die Gründung und den Aufbau des „Verbandes der Unabhängigen" als einer Partei, die im wesentlichen die Stimmen ehemaliger Nationalsozialisten kanalisieren sollte. [5])

Die beiden wichtigsten Partner der antinazistischen Bürgerkriegskoalition, die beiden Träger der Koalition und der damit verbundenen Stabilitätspolitik konkurrierten um die Wählerstimmen der Bürgerkriegsgegner von gestern. Die ÖVP förderte, etwa in Form der „Jungen Front", in den eigenen Reihen Kandidaten und Strömungen, die ganz bewußt nationalsozialistische Einstellungen ansprechen sollten, und die SPÖ forcierte mit dem VdU eine Organisation, die — mit wenigen Ausnahmen an der Spitze — einer Fortsetzung der NSDAP glich. In dieser Situation wurden ÖVP und SPÖ nicht gerne an die Gemeinsamkeit des Bürgerkrieges, an die Fronstellung gegen den Nationalsozialismus und gegen die österreichischen Nationalsozialisten erinnert. Die 1945 und unmittelbar danach, auch mit Blickrichtung auf die Siegermächte, unterstrichene Leistung von Österreichern im Widerstand gegen den Nationalsozialismus wurde nun plötzlich heruntergespielt. Vertreter der beiden Großparteien, die zwischen 1939 und 1945 ihre „Pflicht" in der Uniform der Großdeutschen Wehrmacht erfüllt hatten, die also nicht im österreichischen Bürgerkrieg gegen den Nationalsozialismus aktiv waren, wurden nun mehr in den Vordergrund geschoben; die Leistungen des Widerstandes wurden eher unterspielt. Als Beispiel dafür kann der 1949 verdrängte Wahlslogan der SPÖ von 1945 gelten, [6]) mit dem die Sozialisten die vorzeitige Entlassung österreichischer Kriegsgefangener in Sibirien im Austausch gegen Nationalsozialisten verlangt hatten. Nun ging es um die Stimmen eben dieser Nationalsozialisten. Sie waren nicht mehr Objekte, sie waren nun Subjekte der österreichischen Politik.

Das Elitenkartell der Großen Koalition und der Sozialpartnerschaft verfestigte sich gegenüber den Alliierten und auch gegenüber der KPÖ. Mit Ausnahme relativ weniger Vorfälle (Beispiel: die von der SPÖ propagandistisch verwertete Kontaktaufnahme Leopold Figls mit Ernst Fischer, 1947) gingen die beiden Regierungsparteien in ihrem Bemühen um Beendigung der Besatzung, also um Abschluß des österreichischen Staatsvertrages, ebenso geschlossen vor wie in ihrer Abgrenzung gegenüber der KPÖ.

Ganz anders gegenüber dem Nationalsozialismus: Der Logik liberaler Demokratie entsprechend, verhielten sich SPÖ und ÖVP marktkonform; sie kämpften um die Stimmen der (ehemaligen) Nationalsozialisten. Und wie es der Logik eines solchen Wettkampfes entspricht, bedeutete dies eine auch inhaltliche Öffnung in diese Richtung.

3. Die Verdrängung

Im Sinne dieser Logik wurde der antinazistische Konsens des Jahres 1945 von den beiden Großparteien immer wieder verleugnet. In einer konsequenten Abfolge von Einzelfällen demonstrierten ÖVP und SPÖ ihre Bereitschaft, (ehemals) nationalsozialistischen Wählern auf Kosten dieser Gemeinsamkeit entgegenzukommen. Dafür gab es nach 1949 viele Beispiele:

— der Fall Reder. Walter Reder, SS-Offizier, von einem italienischen Gericht wegen Massenmordes rechtskräftig verurteilt, erhielt als Nicht-Österreicher einen von der Republik bezahlten Rechtsbeistand; bekam die österreichische Staatsbürgerschaft, ohne Rechtsanspruch, nach seiner Verurteilung verliehen; und wurde finanziell und politisch durch zahlreiche Interventionen von Politikern beider Großparteien immer wieder begünstigt. [7])

— der Fall Reinthaller. Anton Reinthaller, führender Vertreter der österreichischen NSDAP schon lange vor 1938, Landwirtschaftminister im „Anschlußkabinett" Seyss-Inquarts, Staatssekretär im „Reichsernährungsministerium", SS-General, wurde der erste Bundesobmann der 1956 an die Stelle des VdU tretenden FPÖ. Julius Raab, Bundeskanzler und Bundesparteiobmann der ÖVP, schloß anläßlich der Bundespräsidentenwahl 1957 ein Bündnis mit Reinthaller — ÖVP und FPÖ nominierten einen gemeinsamen Kandidaten. Einer der prominentesten Nationalsozialisten Österreichs, eben Reinthaller, war plötzlich in die Rolle eines zentralen Entscheidungsträgers gekommen. [8])

— der Fall Borodajkewycz. Taras Borodajkewycz, ehemals prominenter Nationalsozialist, 1949 bei den Gesprächen von Oberweis Verbindungsmann zwischen ÖVP und ehemaligen führenden Nationalsozialisten, bald darauf mit einer Professur an der damaligen Hochschule für Welthandel ausgezeichnet, provozierte durch antisemitische Äußerungen im Rahmen seiner Lehrtätigkeit 1965 Demonstrationen und gewaltsame, neonazistische Gegendemonstrationen, die das erste und bisher einzige Todesopfer gewaltsamer innenpolitischer Auseinandersetzungen nach 1945 zur Folge hatten. [9])

In allen diesen Fällen galt das nicht mehr, was 1945 und unmittelbar danach unter großem Aufwand der Welt als österreichische Wahrheit verkündet worden war. Das Österreich, das sich damals als erstes Opfer der nationalsozialistischen Aggression dargestellt hatte, war eben nicht das einzige Österreich; dieses eine Österreich mußte bald nach 1945 mit einem anderen Österreich leben, das ebenso Realität darstellte; mit dem nationalsozialistischen Österreich und dessen „unpolitischen" Gefolgsleuten, die in der nationalzialistischen Mordmaschine nur ihre „Pflicht" getan hatten. Und als 1955 der Staatsvertrag erreicht war, als unmittelbar vor dessen Unterzeichnung auch noch die der Moskauer Deklaration von 1943 entsprechende Mitschuld-Klausel gestrichen wurde, da hatte der Geist von 1945 nun auch seine internationale Schuldigkeit getan.

Zu spüren bekamen dies etwa die Vertreter der ethnischen Minderheiten. Wesentliche Teile des einschlägigen Artikels des Staatsvertrages zum Schutz der Volksgruppen blieben unerfüllt. Und die Stellung des slowenischen Schulwesens in Kärnten wurde bald nach 1955 ganz bewußt zurückgedrängt — nun mußte ja Österreich nicht mehr auf seine internationale Reputation schauen, nun konnte vielmehr auf die Stimmen der Kärntner Wähler Rücksicht genommen werden. Und diese Stimmen wiesen in eine andere Richtung als die, die nach 1945 opportun war.

Das alles hatte seine Gründe, das alles war verständlich. Eine Stabilisierung der österreichischen Demokratie mit scharfer Frontstellung gegen einen so großen Teil der Bevölkerung, eben gegen die (ehemaligen) Nationalsozialisten, wäre auf die Dauer kaum möglich gewesen. Eine Integration der Bürgerkriegsgegner von gestern in die Republik von heute, die eben eine liberale Demokratie mit grundsätzlich offenem Parteienwettbewerb war, erforderte Konzessionen an die Interessen und an das Bewußtsein der Gegner von gestern. Konzessionen an den intoleranten Deutschnationalismus — die Opfer dieser Konzessionen, etwa die Kärntner Slowenen, waren eben weniger durchsetzungsfähig, weniger wichtig. Konzessionen an den Antisemitismus — die Judenmörder von gestern, wie etwa Murer, wurden von österreichischen Geschworenen freigesprochen, durchaus in Übereinstimmung mit dem „verschämten Antisemitismus" der Zweiten Republik. Konzessionen an den Militarismus — „österreichische" Kameradschaftsverbände nahmen sich der großdeutschen Wehrmachttradition an, die „Helden" auf den zahlreichen Kriegerdenkmälern waren fast immer die in deutscher Uniform Gefallenen und fast nie die Opfer des Nationalsozialismus.

Diese Verschlampungen des Bürgerkrieges, dieses Zudecken der unbarmherzigen Frontstellungen der Vergangenheit erleichterten das Zusammenleben, das Nebeneinander. Es gab eben mehr, eindeutig mehr „Ehemalige" als etwa überlebende Juden oder Zigeuner; und die meisten Repräsentanten des Widerstandes aus den Reihen der beiden Großparteien verstanden sich jetzt als Stimmensammler und gehorchten der Logik der Quantität.

Der Bürgerkrieg wurde verschlampt, er wurde verdrängt. Kurzfristig ging auch alles gut — die Zweite Republik begann sich, im Vollgefühl internationaler Anerkennung, zu etablieren. Immerwährend neutral, sozialpartnerschaftlich stabil, ökonomisch wachsend, fühlte sich diese Republik wohl, fühlte sie sich geradezu geliebt. Man sprach vom „österreichischen Weg", der als Vorbild dienen konnte.

Man hatte bei dieser zunächst so erfolgreichen gesellschaftspolitischen Strategie des Verdrängens und des Verschlampens jedoch nicht mit der Möglichkeit gerechnet, daß die Widersprüche dieser Integration durch Vergessen einmal entdeckt werden könnten. Die Zweite Republik und ihre Repräsentanten waren geneigt, die Integrationsstrategie, die funktional einige gute Gründe für sich hatte, als inhaltliche Lösung und nicht bloß als strategisches Vehikel zu begreifen. Die Zweite Republik ging sich gleichsam selbst auf den Leim. Was kurzfristig der Möglichkeit zum Überleben und Stabilisieren dienen konnte, wurde als langfristige Lösung mißverstanden.

4. Das Erwachen

Begonnen hatte es eigentlich schon 1975. Als Bruno Kreisky, Bundeskanzler und Vorsitzender der SPÖ, ohne jede erkennbare Einschränkung Friedrich Peter gegen Simon Wiesenthal verteidigte, wurde die Weltöffentlichkeit schon auf das Phänomen der österreichischen Verdrängung verstärkt aufmerksam. Immerhin hatte sich Kreisky vor einen SS-Offizier gestellt, dessen „Pflicht" nicht nur im Überfall auf die Sowjetunion und im Kampf gegen die Rote Armee bestanden hatte, sondern auch in der Vernichtung der — vor allem jüdischen — Zivilbevölkerung unter dem Vorwand der Partisanenbekämpfung. Kreisky hatte auch den Nachfolger Reinthallers in Schutz genommen, der — als langjähriger Obmann der Freiheitlichen in Oberösterreich — die Hauptverantwortung dafür trug, daß das Bildungshaus der FPÖ dieses Landes nach wie vor Anton-Reinthaller-Haus heißt. [10])

Doch das große Erwachen kam mit der internationalen Reaktion auf den Empfang, den der Bundesminister für Landesverteidigung Anfang 1985 Walter Reder bereitete. Der Handschlag, den der Repräsentant der österreichischen Bundesregierung mit einem vorzeitig begnadigten Mörder wechselte, konnte nur politisch verstanden werden. Die internationale Antwort war entsprechend — Österreich stand plötzlich obenan in den internationalen Medien. Der Anlaß waren diesmal weder kulturelle noch sportliche Erfolge, auch nicht unsere Neutralität oder unsere Sozialpartnerschaft; Österreich galt nun, und keineswegs nur für eine besonders sensible Minderheit, als Land der „unbewältigten Vergangenheit".

Ein Jahr nach dem Frischenschlager-Reder-Handschlag kam der Fall Waldheim. Das Erstaunen in Österreich war, für sich genommen, ehrlich: Waldheim war nun wirklich kein Kriegsverbrecher, offenkundig „nicht einmal" Nationalsozialist. In Waldheims Weg erkannte sich die Mehrheit seiner Generation: Im österreichischen Bürgerkrieg weder auf der einen, noch auf der anderen Seite wirklich engagiert; weder überzeugter Nationalsozialist, noch — in irgendeiner Form erkennbar — Gegner. Der durchschnittliche Österreicher, der zwischen 1938 und 1945 sich ganz einfach angepaßt verhalten hatte, der nach 1945 Karl

Renner und Theodor Innitzer zu seiner Rechtfertigung anführen konnte, identifizierte sich mit Waldheim. Und dieser Österreicher konnte nicht verstehen, daß für die Beobachter von außen, daß aber auch teilweise für eine jüngere Generation nun der Widerspruch offenkundig war — zwischen einem Erscheinungsbild Österreichs, das auf Mozart und Mahler, Schubert und Schnitzler abgestimmt war, und einer Realität, die eben Bürgerkrieg und österreichische Mitverantwortung für den Nationalsozialismus hieß. Mit der internationalen, nicht zufällig gerade westlichen Reaktion auf die Kandidatur und die Wahl Kurt Waldheims hatte Österreich seine Rolle als Insel der Seligen ausgespielt.

Und noch im selben Jahr wurde Jörg Haider Bundesparteiobmann der FPÖ. Er hatte sich mit antislowenischen Parolen in Kärnten profiliert. Und er fand überhaupt nichts dabei, sich voll Stolz zu dem ihm geschenkten, aber vorher indirekt arisierten Großgrundbesitz zu bekennen. Wieder war das Erstaunen groß: Die „Arisierung" war doch ein gültiges Rechtsgeschäft. Daß dieses Rechtsgeschäft in einem unvermeidlichen Zusammenhang mit dem bodenständigen Antisemitismus und mit den Nürnberger Rassegesetzen gesehen werden mußte, dafür fehlte Haider, dafür fehlte aber auch einem Großteil der österreichischen Öffentlichkeit jede Sensibilität. [11])

Die Reaktion in Österreich auf den internationalen Liebesentzug kann unvernünftig sein — beleidigt, trotzig, „jetzt erst recht". Doch damit begibt sich dieses Land noch stärker ins internationale Aus. Und vor allem, noch viel wichtiger: Wir versäumen die Chance, das eigentliche, das strukturelle Problem unserer nationalen Existenz zu erkennen und endlich die entsprechenden Konsequenzen zu ziehen.

Denn alle diese Brüche der letzten Zeit bieten auch die Gelegenheit, uns der Versäumnisse bewußt zu werden, die — kurzfristig — nach 1945 sinnvoll gewesen sein mögen; die aber, mehr als vier Jahrzehnte nach der Befreiung dieses Landes, eine schwere Hypothek bedeuten.

Kurzfristig mag vernünftig gewesen sein, auf den österreichischen Bürgerkrieg, auf das große, mörderische Wüten von Österreichern gegen Österreicher mit einer verschleiernden Integrationsstrategie zu antworten. Langfristig ist eine solche Strategie jedoch von Übel — denn dabei geht das Bewußtsein darüber verloren, was hier integriert wird; womit sich diese Republik aussöhnt.

Die Integrationsstrategie der Zweiten Republik gegenüber dem Nationalsozialismus hat eben die inhaltliche Frage weitgehend übersehen. Zwar wurde auch in den letzten Jahren vieles für zeitgeschichtliche Aufklärung und für politische Bildung getan — gerade auch im Bereich der Schulen. Aber die wahltaktischen Absichten, die Rücksichtnahme auf bestimmte Ressentiments mußten kontraproduktiv wirken. Und so wurde eben Friedrich Peter zu einem der am meisten ausgezeichneten Politiker der Zweiten Republik, so mußten eben die Kärntner Slowenen sich immer stärker im Getto fühlen, so bekamen eben „Gastarbeiter" immer wieder auch offizielle Abneigung zu spüren, so mußten eben die österreichischen Zigeuner bis 1984 — bis zur Errichtung des Denkmals von Lackenbach — auf eine offizielle Anerkennung ihrer Opferrolle warten, so konnten eben österreichische Juden — auch angesichts mörderischer Attacken wie 1981 in Wien — sich nicht aus dem Teufelskreis der Furcht befreien.

Wenn diese Republik endlich über eine wahltaktisch motivierte Integrationsstrategie gegenüber dem Nationalsozialismus, historisch und aktuell, hinauskommen will, muß sie die Fronten klarmachen — die Fronten des Bürgerkrieges von 1938 bis 1945; die Fronten einer massenmörderischen Auseinandersetzung, deren Wurzeln weit vor 1938 zurückreichen. Es kann eben keine Versöhnung mit einer Geisteshaltung geben, die Menschen je nach deren Abstammung in höherwertiges, minderwertiges und unwertes Leben einteilt; die prinzipiell gegen jede Form von Pluralismus auftritt; die Toleranz als „Humanitätsduselei" verwirft; die, mit einem Wort, die fundamentale Antithese zu allen Werten ist, für die Aufklärung und — bürgerliche — Revolution eingetreten sind. Es kann keine Versöhnung mit jener Tradition geben, die, hätte sie in der Uniform der großdeutschen Wehrmacht gesiegt, eben dieses Österreich, diese Republik endgültig ausgelöscht hätte. Versöhnung ist möglich mit Menschen, mit ehemaligen Nationalsozialisten; Versöhnung ist nicht möglich mit dem Geist, für den diese Menschen einmal eingetreten sind.

Die Zweite Republik ist ein Produkt des Krieges — sowohl des Weltkrieges 1939—1945 als auch des österreichischen Bürgerkrieges 1938—1945. Die Zweite Republik, dieses Österreich, muß sich dieser Voraussetzungen bewußt sein. Und sie muß die entsprechenden Schlußfolgerungen daraus ziehen. Erst dann kann es gelingen, wieder internationale Respektabilität zu gewinnen.

Anmerkungen

[1]) Die Anwendung des Begriffes „Bürgerkrieg" auf den Massenmord an österreichischen Juden und österreichischen Zigeunern ist sicherlich problematisch, denn Juden und Zigeuner waren, in dieser Eigenschaft, ja nur Opfer und nicht Akteure des Bürgerkrieges. Diese Einschränkung kann und soll jedoch die interne Auseinandersetzung in Österreich nicht vom Begriff des Bürgerkrieges freimachen. Bürgerkrieg umfaßt immer auch Gewaltanwendung gegen „Unschuldige", also nicht direkt, nicht durch eigene Entscheidung Beteiligte. Überdies hat gerade der massive Antisemitismus der NSDAP dazu beigetragen, daß Bürger, von den Nürnberger Rassegesetzen zu „Juden" gestempelt, eben deshalb in den politisch bewußten Widerstand gingen. Siehe dazu beispielsweise Hermann LANGBEIN, . . . Wie die Schafe zur Schlachtbank. Widerstand in den nationalsozialistischen Konzentrationslagern 1938—1945, Frankfurt 1980 (Fischer), S. 188—206.

[2]) Siehe dazu insbesondere die Arbeiten von Gerhard BOTZ, zuletzt: Eine deutsche Geschichte 1938—1945? In: Zeitgeschichte, Oktober 1986, S. 19—38.

[3]) Die Zielvorstellung einer Donau-Konföderation war vor allem für den legitimistischen

Widerstand charakteristisch. Siehe dazu Radomir LUŽA, The Resistance in Austria, 1938—1945. Minneapolis 1984 (University of Minnesota), pp. 29—42. Die großdeutsche Zielvorstellung war vor allem im sozialdemokratischen Widerstand verbreitet, durchaus in Übereinstimmung mit der entsprechenden Erklärung Otto Bauers vom Frühjahr 1938. Gerade für die österreichische Sozialdemokratie bedeutete die Moskauer Deklaration den entscheidenden Impuls zur Orientierung auf die Wiederherstellung der österreichischen Unabhängigkeit. Siehe dazu etwa Karl R. STADLER, Adolf Schärf. Mensch, Politiker, Staatsmann, Wien 1982 (Europa), S. 172—180.

[4]) Zur theoretischen Einordnung der österreichischen „Konkordanzdemokratie" als Antwort auf die „Fragmentierung" siehe Arend LIJPHART, Democracy in Plural Societies. A Comparative Exploration, New Haven 1977 (Yale University), insbesondere pp. 21—103.

[5]) Max E. RIEDELSPERGER, The Lingering Shadow of Nazism. The Austrian Independent Party Movement since 1945. New York 1978 (Columbia University).

[6]) Norbert HÖLZEL, Propagandaschlachten. Die österreichischen Wahlkämpfe 1945—1971, Wien 1974 (Verlag für Geschichte und Politik), S. 45.

[7]) Walter HACKER, Die Einbürgerer sind unter uns. In: Walter Hacker (Hg.), Warnung an Österreich. Neonazismus: Die Vergangenheit bedroht die Zukunft, Wien 1966 (Europa), S. 141—146.

[8]) Bruce F. PAULEY, Hitler and the Forgotten Nazis. A History of Austrian National Socialism, Chapel Hill (University of North Carolina), insbesondere pp. 148—151, 219—221.

[9]) Heinz FISCHER (Hg.), Einer im Vordergrund: Taras Borodajkewycz. Eine Dokumentation, Wien 1966 (Europa).

[10]) Martin VAN AMERONGEN, Kreisky und seine unbewältigte Vergangenheit. Graz 1977 (Styria), S. 96—107.

[11]) Siehe dazu etwa den Leserbrief JÖRG HAIDERS an die Kleine Zeitung, 3. Dezember 1986, S. 15: „Diese Art der Darstellung weise ich mit aller Schärfe zurück, da es sich bei diesem Besitz um keinen arisierten Gutsbesitz handelt, zumal das Rechtsgeschäft zwischen zwei italienischen Staatsbürgern abgeschlossen wurde."

Ernst Hanisch

EIN VERSUCH, DEN NATIONALSOZIALISMUS ZU „VERSTEHEN"

Erfahrungen aus der Provinz

Seit dem großen Sterben der Pestzeit hat es in Salzburg nicht mehr so viele Tote gegeben wie in der Zeit des Nationalsozialismus. [1] 9.900 Salzburger starben als Wehrmachtsangehörige, 531 Tote forderten die Fliegerangriffe, 67 Todesurteile verhängte das Sondergericht, wieviele Salzburger in den Konzentrationslagern starben, läßt sich derzeit nicht einmal schätzen. [2] Hinzu kommen die hingerichteten Fremdarbeiter, auch ihre genaue Zahl ist unbekannt — beispielsweise jene vier ausländischen Arbeiter, die im Hof des Rüstungsbetriebes Oberascher öffentlich, bei Anwesenheitspflicht aller Arbeiter, von der Gestapo gehängt wurden —, [3] dann jene russischen Kriegsgefangenen, die man systematisch verhungern ließ. Im Kriegsgefangenenlager St. Johann allein starben 3.500 Russen. [4] Weiters müssen die ca. 400 Euthanasiefälle hinzugezählt werden. [5] Niemals war ein Menschenleben so wenig wert wie während des Zweiten Weltkrieges — ca. 15.000 Tote: tote Salzburger und Tote in Salzburg.

Trotz der schrecklichen Bilanz dieser Periode ist die Beurteilung keineswegs einhellig. Nirgendwo in der neueren Geschichte ist die Diskrepanz zwischen den Ergebnissen der wissenschaftlichen Zeitgeschichte und der Meinung eines Teiles der Bevölkerung größer als bei der NS-Frage. Warum? Ein Teil der Antwort muß in den unterschiedlichen Erlebnissen gefunden werden. Der jüdische Emigrant, dessen Geschäft arisiert wurde, der kommunistische Widerstandskämpfer, der jahrelang im KZ einsaß, der katholische Priester, der gauverwiesen wurde, der einfache Soldat, der in Rußland kämpfte, die BDM-Führerin, die im Pinzgau ihre „große Zeit" erlebte, der Lehrer, der als Ortsgruppenleiter soviel Macht wie sonst nie in seinem Leben ausübte, der HJ-Angehörige, der gläubig die Parolen des Regimes aufsaugte, der Bauer, dessen Hof „entschuldet" wurde, der jahrelang Arbeitslose, der wieder Arbeit bekam, aber auch die kummergewohnte Bäuerin, die drei Söhne im Krieg verlor, der Gestapoangehörige, der Häftlinge im Keller des Franziskanerklosters halb totschlug — sie alle hatten einen unterschiedlichen Erfahrungshintergrund. [6] Sie alle neigten dazu, ihre individuellen Erlebnisse als *die* Wirklichkeit des Dritten Reiches auszugeben oder Entschuldigungen für ihr Handeln oder Unterlassen zu suchen. Obendrein war es ein Grundprinzip des Dritten Reiches, daß ein jeder nur soviel wissen durfte, wie zur Erfüllung seiner Aufgabe notwendig war. Seine Pflicht tun, hieß: die Verantwortlichkeit zu parzellieren und abzuschieben und der Frage auszuweichen, wozu diese „Pflicht" diente!

Bei der Analyse der NS-Herrschaft öffnet sich die „Falle" des hermeneutischen Zirkels besonders weit. Weniger wissenschaftstheoretisch formuliert: Der Historiker, der nach 1945 seine Arbeit beginnt, kennt das Ergebnis, die Mehrzahl der Menschen, die 1938 agierten, kannte es jedoch nicht. Jene Tausende von Salzburgern, die im Frühling des Jahres 1938 Adolf Hitler zujubelten, jubelten nicht darüber, daß in den folgenden Jahren 6 Millionen Juden ermordet werden sollten, daß die Reichsführung den nächsten Weltkrieg anzetteln würde, sondern: weil sie in Zukunft ein besseres Leben erwarteten.

Das Zugehen auf die Menschen des Jahres 1938 darf allerdings nicht dazu verleiten, die nach 1945 häufig gehörte Verführungsthese aufzugreifen — hier eine dämonische Führung, dort ein verführtes, naives „Volk" —, die Stabilität des Regimes und die relativ große Zustimmung der Bevölkerung kann nicht lediglich auf den Terror von oben und die gezielten Manipulationen von außen zurückgeführt werden. Es müssen genügend ökonomische, soziale, ideologische und emotionelle Anreize vorhanden gewesen sein, die eine Unterstützung bzw. ein Ertragen des Regimes herbeiführten.

Einige Elemente dieser Bindungen der Bevölkerung an das Regime lassen sich analytisch herausheben:

1. In einer bestimmten Perspektive kann die NS-Herrschaft als „Erziehungsdiktatur" verstanden werden, die einen beschleunigten *Modernisierungsschub* in Gang setzte. [7]) Dieser Aspekt kommt in Österreich — bedingt durch die relative Rückständigkeit — wahrscheinlich stärker zum Tragen als im Reich selbst. Wenn Adolf Hitler unter großem Propagandagetöse am 7. April 1938 auf dem Walserberg den ersten Spatenstich für den Bau der Reichsautobahn Salzburg — Wien setzte, so war das eine symbolische Aktion, die ein Bündel von Erwartungen freisetzte. Wie viele Vorhaben des Regimes blieb auch dieser Bau während des Krieges in den Anfängen stecken. Aber 15.000 Arbeiter fanden einen Arbeitsplatz, und die Arbeitslosenrate konnte von 23,26% (Dezember 1937) auf 3,83% (Dezember 1938) gesenkt werden. [8]) Der Industrialisierungsprozeß wurde in Westösterreich eindeutig verstärkt, die Mobilität der Gesellschaft vorangetrieben. Die Zahl der Industriebeschäftigten in Salzburg wuchs um 74%. [9]) Die imperialistischen Lebensraumambitionen lösten im alten und neuen Mittelstand Visionen aus, die sich um jene angeblich großen Aufgaben herum kristallisierten, die im Osten auf sie warteten. Die traditionellen Bindungen an die Familie, die Kirche, an lokale und soziale Milieus wurden gelockert. Der katholische Bauernbub wurde durch die Hitler-Jugend in ein viel weiteres soziales und räumliches Bezugsfeld gestellt. Wie es im HJ-Lied aufputschend hieß: „Vorwärts, vorwärts, schmettern die hellen Fanfaren! Vorwärts! Vorwärts! Jugend kennt keine Gefah-

ren." Doch der Staat griff in alle Lebensbereiche ein und versuchte, sie nach seinem totalitären Muster zu steuern.

Die pseudorevolutionären Elemente des Nationalsozialismus schwächten die konservativen Autoritäten und alten Eliten und schufen neue Eliten, die weitaus weniger ständisch-traditionell eingebunden waren. Der „Anschluß" Österreichs an das Deutsche Reich war auch der Anschluß an eine forciertere kapitalistische Leistungsgesellschaft und an eine weiträumigere Ökonomie. Unentwegt wurde das deutsche Arbeitstempo als Gegenbild zum österreichischen Schlendrian propagiert. Dieser Kult der Leistung fand in der ohnedies seit Jahrzehnten deutschnational überformten Wirtschaft beträchtlichen Anklang. [10] Nicht nur bei den Unternehmern allein; auch bei den innovationshungrigen Angestellten, bei der technokratischen Intelligenz, die, gut ausgebildet, gierig darauf warteten, endlich zeigen zu können, was sie zu leisten imstande waren. Die Auskämmaktionen der gewerblichen Wirtschaft, z. B., trafen überholte Ein-Mann-Betriebe, verbesserten die allgemeine Betriebsstruktur und setzten Arbeiter für die Rüstungsbetriebe frei. Denn darum ging es letztlich: Die Leistungsgesellschaft mündete in die Kriegsleistung und die Dynamik der Modernisierung und Mobilität setzte eine ungeheure Destruktivität frei, die sich um humane Hemmnisse längst nicht mehr kümmerte.

Das eigentlich Spezifische der NS-Herrschaft war eben nicht Modernisierung allein, sondern die Verschränkung, das Nebeneinander von Modernität und Regression, von technokratischer Leistungsgesellschaft und reaktionärer Bilderbuchideologie à la Blut und Boden, in einer anderen Version: die schaurige Verbindung von Kitsch und Tod. [11] Die ideologische Propaganda sprach den rassebewußten Bauern an, dessen schwielige Faust die Sense führt, während tatsächlich die rasant vorangetriebene Mechanisierung der Landwirtschaft einem marktabhängigen bzw. staatsabhängigen Agrartechnokraten den Weg bahnte. Ins Dorf kam der Traktor und in den Bestrafungsritualen griff der Ortsgruppenleiter auf atavistische Bewußtseinsschichten zurück: Dem Mädchen, das ein Verhältnis mit einem Fremdarbeiter unterhielt, wurden als uraltes Zeichen der Schande öffentlich die Haare abgeschnitten. „Volksjustiz", „gesundes Volksempfinden" hieß das. Der Gaufilmwagen erreichte jedes Dorf, Arbeiter und Bauern wurden in das Festspielhaus geschickt und in die klassische Hochkultur eingeführt, aber auf dem Residenzplatz zündeten die NS-Lehrer einen Scheiterhaufen an und verbrannten Bücher und griffen so auf Traditionen der Volkskultur zurück. [12] Virtuos wurde die provinzielle Mentalität des gemeinen Mannes angesprochen und die Biertischphilosophie zur Staatsphilosophie verallgemeinert. Daß Ordnung zu schaffen sei und man mit Kriminellen und Außenseitern kurzen Prozeß machen müsse; daß Kunst „verständlich" zu sein habe und die intellektuelle Avantgarde jüdisch und entartet sei; daß das Leben Kampf sei und der Stärkere sich durchsetze; daß die Frau ins Haus und zu den Kindern gehöre; daß Befehlen und Gehorchen Grundprinzipien jeder Gesellschaft seien — diese und ähnliche Ideologeme fanden breite Zustimmung. Der Pomp und Glanz der Uniformen unterstrich klare Führungshierarchien — der sportlich schlanke, jugendliche Gauleiter

Rainer in weißer Fest- oder in schwarzer SS-Uniform bot ein anderes Bild als der dickliche, zuckerkranke Landeshauptmann Rehrl mit seinen schlottrigen Hosen. Die Nationalsozialisten wußten, daß ein Lied emotional stärker als alle Worte wirkte. [13] Das galt nicht nur für die „Lieder der Nation", für das Horst-Wessel-Lied z. B., das musikalisch aufputschte und wie eine Droge das klare analytische Bewußtsein trübte, das galt auch für den gewöhnlichen Schlager. Vermutlich haben in den letzten Kriegsjahren Musikstücke wie „Lili Marleen", „La Paloma", „Das kann doch einen Seemann nicht erschüttern" mehr zum Durchhalten beigetragen als alle Gaupropagandaredner zusammen. [14] Wenn Komponisten, Lehrer und ähnliche sagen, sie haben während der NS-Zeit ohnedies nur mit der HJ Volkslieder eingeübt, so mag eine solche Lebenslüge für die individuelle Sinnfindung nützlich sein — einer historischen Analyse vermag sie freilich nicht standzuhalten.

2. Der *Führermythos* ließ Adolf Hitler als gottähnlichen Übervater erscheinen, der alles konnte und alles wußte. Dieser Mythos darf nicht allein als Produkt der Propaganda mißverstanden werden: Es waren sehr reale Sehnsüchte und sehr reale Frustrationen des Volkes, die an diesem Mythos mitarbeiteten — und dies alles gleichsam in ein religiöses Licht tauchten. Die Nationalsozialisten setzten dazu auch alte Mythen ein (wie die Sage vom Kaiser Karl im Untersberg), Rettermythen also, die jahrhundertelang im Volk lebendig geblieben waren. Für viele einfache Leute war Hitler so etwas wie der alte Kaiser Franz Joseph, einer, der es mit den Leuten gut meint und für Recht und Ordnung sorgt. 1939 besang die Salzburger Dichterin Erna Blaas den Führer. Die erste Strophe lautete:

> Der Erwählte bedarf nicht der Wahl.
> Er ist von Anfang!
> Wie sonst hinge Gefolgschaft an ihm
> und die Wacht der Getreuen
> und das Opfer Tod,
> von den Herrlichsten festlich gelitten? [15]

Hier ist jene schaurige Verbindung von Kitsch, in Form einer Imitation Stefan Georges, und Tod, die Beschwörung des Mythischen und des Hinschlachtens junger Menschen als Fest.

Der Führer-Mythos wurde durch die innen- und außenpolitischen Erfolge Hitlers jedoch realpolitisch abgestützt. Eine Salzburger Hausfrau schrieb am 12. Mai 1940 in ihr Tagebuch: „Alle Tage kommen Siegesnachrichten, man ist schon so verwöhnt, daß man gar nichts anderes erwartet." [16]

In Salzburg wirkte die Führer-Imago noch verstärkt durch die Nähe des Obersalzbergs, der Sommerresidenz Hitlers; man fühlte sich in eine besondere, persönliche, bedeutungsschwere Nähe des Führers gestellt. Mit Kriegsbeginn rückten Schloß Fuschl, wo Außenminister Ribbentrop residierte, das Hotel „Österreichischer Hof" und das Gästehaus der Reichsregierung, Schloß Klesheim, zu Ablegern des Auswärtigen Amtes auf. Pausenlos kamen die verbündeten Staatsmänner aus Süd- und Südosteuropa nach Salzburg, und die Salzburger fühlten sich herausgehoben aus dem Reichseinerlei. [17])

Es ist von der Forschung bereits mehrfach nachgewiesen worden, daß der Hitler-Mythos weitaus wirksamer war und länger anhielt als der Respekt vor der Partei. [18]) Die Diskrepanz zwischen dem hehren Hitlerbild und der unsympathischen, kirchenkämpferischen Parteielite wurde meist mit dem Seufzer „Wenn das der Führer wüßte" überbrückt. Als die außenpolitischen Erfolge ausblieben, übernahm dieser Mythos dann kurzfristig die Funktion einer Droge, um über Angst und Unsicherheit hinwegzuhelfen. Erst als das Erfolgscharisma nach 1943 zu Ende war, sank auch dieser Mythos langsam in sich zusammen; die kritischen Äußerungen über den Führer nahmen deutlich zu. Eine Kellnerin sagte drastisch: „Wenn der Hund endlich hin wäre"; eine Hausfrau riß das Hitlerbild von der Wand und rief: „Jetzt brauchen wir den auch nicht mehr, Hund verdammter"; ein Mann überklebte das Titelblatt des Buches „Mein Kampf" und schrieb darüber „Mein Irrtum". [19]) Nur in den nationalsozialistischen Kernschichten wirkte der Mythos weiter, bis zum bitteren Ende. Noch am 13. März 1945 notierte die oben erwähnte Hausfrau, mittlerweile Mutter von vier Kindern, beschwörend in ihrem Tagebuch: „Der Führer wird jedenfalls wissen, was zu tun ist. Man darf das Vertrauen zu ihm nicht verlieren." Erst als Hitler tot war, zerbrach das Bild des Übervaters. Nun, am 12. Mai 1945, hieß es in diesem Tagebuch: „Uns hat er im Elend zurückgelassen." [20]) Aus dem „Retter" Hitler wurde der „Teufel" Hitler — ein psychischer Schutzmechanismus, um sich von der eigenen Mitverantwortung zu entlasten.

3. Gegen die Klassengesellschaft, gegen den Klassenkampf setzten die Nationalsozialisten die „*Volksgemeinschaft*". Das Regime machte beträchtliche Anstrengungen, die Arbeiter zu gewinnen. Doch die autonome Arbeiterbewegung blieb verboten, das Streikrecht, die eigenständige Tarifpolitik der Arbeiter wurden nach wie vor unterdrückt, ja, mit Kriegsbeginn wurde die freie Wahl des Arbeitsplatzes radikal eingeschränkt und als Kontrolle das Arbeitsbuch eingeführt. Aber für die österreichischen Arbeiter war das keine neue Erfahrung, denn die freie Arbeiterbewegung hatte bereits das „austrofaschistische" Regime zerschlagen. Gar nicht wenige Arbeiter erfüllte 1938 eine klammheimliche Freude, daß es der verhaßten Schuschnigg-Herrschaft an den Kragen ging.

Gewiß, die Kernschichten der Arbeiterklasse, die durch die Schule des Austromarxismus gegangen waren, ließen sich nicht täuschen, aber die Ränder bröckelten stark ab. Die Arbeiter waren innerhalb der NSDAP unterrepräsentiert; immerhin betrug der Arbeiteranteil bei den Beitretenden im Jahre 1938 29,1%. [21]) Und nach 1945 verzieh die SPÖ einem Funktionär eher, wenn er 1938 schwach geworden als wenn er 1934 umgefallen war.

Die „Volksgemeinschaft" war nicht bloß Phrase und Produkt der Propaganda. Das NS-Ritual hatte die Funktion, den Alltag zu durchbrechen und — punktuell und symbolisch — die Klassenschranken zu verwischen. Am 1. Mai marschierte der Direktor neben dem Arbeiter, in der HJ begegnete der Sohn des Notars dem Sohn des Häuslers, im Lager der DAF wurde Wert darauf gelegt, daß der

Betriebsführer mit dem Arbeiter in einem Zimmer schlief usw. Lehrerinnen z. B. leisteten in den Ferien — mehr oder minder freiwillig — ein bis zwei Wochen Fabrikdienst, um einer Arbeiterin eine Woche Extraurlaub zu verschaffen. Die Abschaffung der bürgerlichen Titel in der Partei deutete ebenfalls auf einen egalisierenden Effekt. Daß der verwöhnte Bürgersohn zum Reichsarbeitsdienst gehen, die höhere Tochter ein Haushaltsjahr abdienen mußte, gefiel in breiteren Bevölkerungskreisen. An den realen Klassenlinien hatte sich dabei nichts geändert, die Eigentumsformen wurden kaum berührt, aber den Menschen sollte symbolisch das Gefühl vermittelt werden, daß jeder fleißige und treue „Volksgenosse" etwas bedeute und Aufstiegschancen besitze.

Für den Nationalsozialismus typisch war wiederum die Verbindung von reaktionärer Gesellschaftspolitik (Blut und Boden, Vernichtung des Judentums, „Ausmerzen" von Außenseitern, Einsatz von Sklavenarbeit „Fremdvölkischer" usw.) mit einer partiell durchaus modernen Sozialpolitik für die „Volksgenossen". [22] Die Einführung der Altersversicherung, die Verbesserung der Fürsorgeinstitutionen (Mütterberatung, Kindergarten, Kinderbeihilfe usw.) wirkten vor allem in ländlichen Gebieten gegen patriarchalische Versorgungsinstitutionen wie Kirche und Lokalgesellschaften. Natürlich mischte dafür die Partei kräftig mit. Zunächst jedoch wirkte der Innovationsschub auf die ländliche Bevölkerung durchaus beeindruckend.

Was man den Arbeitern an Rechten nahm, versuchten die Nationalsozialisten mit Ideologie und Kultur zu kompensieren. Die propagandistische Aufwertung der Arbeiterschaft zeigte Rückwirkungen im Selbstbewußtsein der Arbeiter, vor allem dort, wo es gelang, an ihren Berufsstolz zu appellieren. Egalisierende Effekte, die von der DAF und von den Zwängen der Kriegswirtschaft ausgingen, blieben nicht ohne Echo. Betriebswettkämpfe, Verschönerung der Arbeit nach dem Motto „Sonne und Grün allen Schaffenden", Werkpausenkonzerte, Theaterabonnements, Betriebssport, die Einrichtung von Kantinen usw. sollten als Ersatz für fehlende Lohnerhöhungen dienen. [23] Der Verlängerung der Arbeitszeit während des Krieges begegneten die Arbeiter mit Krankfeiern und Bummelei. Doch die vielfältigen Aktivitäten der Freizeitorganisation „Kraft durch Freude" fanden Anklang. Das Sparen auf den „Volkswagen", der nie kam, stimulierte die Hoffnung auf ein besseres Leben nach dem Krieg. Überhaupt: Die Spareinlagen stiegen während des Krieges, bei der Salzburger Sparkasse von 36 Millionen (1938) auf 144 Millionen (1944) [24] — zum Teil deshalb, weil es keine Waren zu kaufen gab, obendrein wurde das ersparte Kapital stillschweigend für die Kriegsfinanzierung verwendet —, aber die symbolische Wirkung auf den kleinen Mann, ein Sparkassenbuch mit steigenden Einlagen zu besitzen, sollte nicht unterschätzt werden. Die Reichsführung hatte eine panische Angst, den Lebensstandard unter ein erträgliches Niveau absinken zu lassen; die Zeche mußten die unterworfenen Völker bezahlen. Tatsächlich merkte man bis 1941/42 vom Krieg in den österreichischen Gauen noch wenig. Am 4. Februar 1940 lautete die Eintragung im schon mehrfach zitierten Tagebuch: „Den Krieg merkte man. Keine Faschingskrapfen am Faschingssonntag." [25]

Je länger der Krieg dauerte, desto mehr entpuppte sich die propagierte Volks-gemeinschaft als Chimäre. Die alten Spaltungen zwischen Reich und Arm, Gebil-deten und Ungebildeten wurden nicht ernsthaft beseitigt. Immer mehr konzen-trierte sich der Haß der Bevölkerung auf die Parteibonzen, die im Hinterland „tachinierten" und es sich gutgehen ließen, während das Volk an den Fronten ausblutete. Doch dieser Haß mündete nicht in eine breite Oppositionsbewe-gung, sondern in Resignation und Raunzerei, in private Strategien des Überle-bens; wieder einmal fühlte sich das Volk von den Herrschenden betrogen! Wäh-rend es der NSDAP gelungen war, etwa ein Drittel der Bevölkerung in einem bis-lang ungewohnten Ausmaß zu politisieren, breiteten sich in der Mehrheit politi-sches Desinteresse, Rückzug ins Private, Angst und pure Verzweiflung aus.

4. Zugunsten der Nationalsozialisten arbeitete die seit Jahrzehnten genährte *Anschluß-Sehnsucht* der Österreicher. Diese wiederum hing mit der gespaltenen Identität der Bevölkerung zusammen: sich als Deutsche und als Österreicher zu fühlen. Je nach der ökonomischen Konjunkturwelle, je nach der Intensität der politischen Krisen überwog mehr die eine oder die andere Seite dieser Spal-tung. [26]) 1938 siegte die deutsche Identität. Alles Österreichische wurde als veral-tet und reaktionär verachtet. Seit dem Vormärz galt das Deutsche als Muster von Modernität; dieses Muster konnte sich nun voll durchsetzen. Aber rasch trat ein Differenzierungsprozeß auch innerhalb der österreichischen Nationalsozialisten ein. Die eine Gruppe begann unter der „Verpreußung" zu leiden, fühlte sich an den Rand gedrängt und übergangen. Als Prototyp dieser Gruppe kann der mit Salzburg emotional tief verbundene Edmund von Glaise-Horstenau gelten. [27]) Parteiorganisatorisch war es eher die SA, die sich, maulend und nörgelnd, in die Ecke gestellt sah. Die andere Gruppe entwickelte aus dem traditionellen Inferio-ritätsgefühl der Österreicher heraus ein „Überpreußentum", die typische Überan-passung der Konvertierten. Nichts konnte stramm, rasch und effektiv genug gehen. Ein Vertreter dieser Richtung war der Salzburger Gauleiter Friedrich Rai-ner, der bei den eingesessenen Parteigenossen mit Vorsicht aufgenommen wurde, der seine ganze Autorität von Berlin herleitete, der sich von einem kna-benhaften Provinzintellektuellen zu einem „großmächtigen Gaufürsten" entwik-kelt hatte und nun ein wahres Feuerwerk von Erlässen und Bauplänen zu produ-zieren begann. [28]) Im Gefolge Rainers war es die SS, die an dieser Überanpas-sung mitwirkte.

Je deutlicher die Kehrseite dieser deutschen Modernität sichtbar wurde, je mehr die Lasten dieses „deutschen" Krieges zunahmen und eine Katastrophe sich abzeichnete, je stärker der innere Terror anwuchs und die Propaganda leerlief, je öfter es zu Mentalitätskonflikten mit den reichsdeutschen Beamten und Militärs kam, desto eher wurde das Österreichische rehabilitiert und als Rettungsweg aus dem Krieg entdeckt. [29])

Neben jenen Gruppierungen, die bereits vor dem Krieg ein distinktives Öster-reichbewußtsein erworben hatten, Konservative und Kommunisten, traten immer mehr Menschen, die ihr verschüttetes Österreichtum entdeckten, zum Teil aus der Hoffnung heraus, in der Nachkriegszeit als Österreicher besser behandelt zu werden, zum Teil entfaltete sich bereits die Tendenz, sich aus der Verantwortung hinausschleichen zu wollen.

Was die Front jedoch bis zum Schluß zusammenhielt, war die Angst vor dem Osten, war der Antikommunismus. Hier flossen alte, uralte Ängste und Alpträume zusammen. Der „Grand Peur" vor dem Osten beruhte auf historischen Erfahrungen, die von den Ungarneinfällen bis zu den Türkenkriegen reichten. Die grauenhaften Bilder von den vergewaltigten Frauen in Ostpreußen drangen tief in das Bewußtsein der Bevölkerung ein. Zu Beginn des Jahres 1945 war die entscheidende Frage in Salzburg nicht, ob das Dritte Reich zusammenbrach, sondern wer das Land zuerst besetzen würde: die Amerikaner oder die Sowjets.

Es kamen die Amerikaner. Nach einer kurzen antifaschistischen Phase bestätigte der Kalte Krieg den traditionellen Antikommunismus. Viele Nationalsozialisten hatten das Gefühl, doch den richtigen Krieg geführt zu haben, und die Amerikaner sähen das spät, aber doch ein! Ein Gedarmeriebeamter beobachtete mit Sorge, daß die ehemaligen Nationalsozialisten wieder in alle möglichen Organisationen hineinschlüpfen und wie ehedem die Drahtzieher sein würden.

Anmerkungen:

[1] H. KLEIN, Das Große Sterben von 1348/49 und seine Auswirkung auf die Besiedelung der Ostalpenländer. Festschrift zum 65. Geburtstag, Salzburg 1965, S. 33–113.
[2] E. HANISCH, NS-Herrschaft in der Provinz. Salzburg im Dritten Reich, Salzburg 1983.
[3] Sicherheitsdirektion Salzburg, Strafakt Georg König.
[4] R. STADLER/N. MOOSLECHNER, St. Johann/Pongau: 1938–1945, Salzburg 1986.
[5] I. AUS DER SCHMITTEN, Schwachsinn in Salzburg. Zur Geschichte einer Aussonderung, Salzburg 1985, S. 161–178.
[6] Vgl. dazu: L. STEINBACH, „Ein Volk, ein Reich, ein Glaube?" Ehemalige Nationalsozialisten und Zeitzeugen berichten über ihr Leben im Dritten Reich, Bonn 1983; „Die Jahre weiß man nicht, wo man die heute hinsetzen soll." Faschismuserfahrungen im Ruhrgebiet, Lebensgeschichte und Sozialkultur im Ruhrgebiet 1930–1960, Bonn 1983.
[7] Vgl. dazu an neuerer Literatur: Das Dritte Reich. Herrschaftsstruktur und Geschichte, hg. von M. BROSZAT und H. MÖLLER, München 1983; Nationalsozialistische Diktatur 1933–1945. Eine Bilanz, hg. von K. D. BRACHER u. a., Düsseldorf 1983; Ploetz, Das Dritte Reich. Ursprünge, Ereignisse, Wirkungen, hg. von M. BROSZAT u. a., Würzburg 1983.
[8] E. HANISCH, NS-Herrschaft, a. a. O., S. 85–88.
[9] Ebenda, S. 115.
[10] E. HANISCH/U. FLEISCHER, Im Schatten berühmter Zeiten. Salzburg in den Jahren Georg Trakls 1887–1914, Salzburg 1987.
[11] S. FRIEDLÄNDER, Kitsch und Tod. Der Widerschein des Nazismus, München 1986.
[12] E. HANISCH, „Nicht Österreich, sondern Deutschland über alles!" Zur Bücherverbren-

nung in Salzburg am 30. April 1983, in: Die verbrannten Bücher 10. Mai 1933, Wien 1983, S. 22.

13) G. KERSCHBAUMER, Arbeitskultur unter dem Nationalsozialismus. In: Zeitgeschichte 13 (1986), S. 431.

14) G. W. HEYER, Die Fahne ist mehr als der Tod. Lieder der Nazizeit, München 1981.

15) Erna BLAAS, Rühmung und Klage. Berlin 1944, S. 100.

16) Das Tagebuch von K. H. befindet sich im Privatbesitz der Autorin und konnte von mir eingesehen werden, wofür ich mich herzlich bedanke.

17) Zusammenstellung des ehemaligen Direktors des „Österreichischen Hofes" Erwin Gutwinski. Das Manuskript ist in meinem Besitz.

18) I. KERSHAW, Der Hitler-Mythos. Volksmeinung und Propaganda im Dritten Reich, Stuttgart 1980; S. HAFFNER, Anmerkungen zu Hitler, Frankfurt/M. 1981; I. P. STEIN, Hitler. Der Führer und das Volk, München 1981; G. SCHREIBER, Hitler-Interpretationen 1923—1983. Darmstadt 1984.

19) E. HANISCH, NS-Herrschaft, a. a. O., S. 265.

20) Tagebuch K. H., a. a. O.

21) G. BOTZ, Soziale „Basis" und Typologie der österreichischen Faschismen im innerösterreichischen und europäischen Vergleich. In: Jahrbuch für Zeitgeschichte 1980/81, S. 41; M. H. KATER, The Nazi Party. Social Profile of Members and Leaders, 1919—1945, Harvard University Press, Cambridge 1983.

22) G. MAI, „Warum steht der deutsche Arbeiter zu Hitler?" Zur Rolle der deutschen Arbeitsfront im Herrschaftssystem des Dritten Reiches. In: Geschichte und Gesellschaft 12 (1986), S. 212—234; M.-L. RECKER, Nationalsozialistische Sozialpolitik im Zweiten Weltkrieg. München 1985; M. PRINZ, Vom neuen Mittelstand zum Volksgenossen. München 1986.

23) G. KERSCHBAUMER, Arbeitskultur unter dem Nationalsozialismus, a. a. O. (Anm. 13).

24) Festschrift der Salzburger Sparkasse, Salzburg 1955.

25) Tagebuch K. H., a. a. O.

26) E. HANISCH, Zeitgeschichtliche Dimensionen der politischen Kultur in Salzburg. In: Das politische, soziale und wirtschaftliche System im Bundesland Salzburg, hg. von H. DACHS, Salzburg 1985, S. 41—47.

27) Ein General im Zwielicht. Die Erinnerungen Edmund Glaises von Horstenau, 2. Bd., Wien 1983.

28) Ebenda, S. 410.

29) E. HANISCH, Gab es einen spezifischen österreichischen Widerstand? In: Zeitgeschichte 12 (1985).

Wolfgang Neugebauer

WIDERSTANDSFORSCHUNG IN ÖSTERREICH

Der Salzburger Zeithistoriker Gerhard Botz hat in seinem wegweisenden Aufsatz „Methoden- und Theorieprobleme der historischen Widerstandsforschung" zu Recht festgestellt: „Die meisten Gesellschaften und politischen Systeme Europas nach 1945 beziehen einen mehr oder minder starken historischen Legitimationsgrund aus der Überwindung faschistischer Diktatur- und Besatzungsregime, insbesondere aus der des deutschen Nationalsozialismus." [1])

Für Österreich freilich galt dies für eine längere Periode nicht. Denn im Unterschied zu den meisten anderen von Hitlerdeutschland besetzten Ländern, wo die Erforschung des Widerstandes gegen die fremde Besetzung geradezu als nationale Verpflichtung aufgefaßt wurde, fand diese Thematik in der österreichischen Geschichtswissenschaft lange Zeit nur wenig Aufmerksamkeit. Die allgemeine Vernachlässigung der Zeitgeschichte in Österreich nach 1945 hängt gewiß damit zusammen, daß in der schwierigen Nachkriegszeit und in der Phase des Wiederaufbaues und der beginnenden Konjunktur, die durch Theoriefeindlichkeit und politischen Pragmatismus geprägt waren, für Fragen der Vergangenheitsbewältigung bzw. -aufarbeitung wenig Zeit und Interesse vorhanden waren. Darüber hinaus ließen das Abflauen des antifaschistischen „Geistes von 1945" und der damit zusammenhängende Prozeß der Integration und Aufwertung ehemaliger Nationalsozialisten Ende der vierziger Jahre das Thema Widerstand geradezu zu einem politischen Tabu werden.

An sich lag und liegt die Herausarbeitung des österreichischen Widerstandskampfes gegen die hitlerdeutsche Besetzung bzw. gegen das NS-Regime im höchsten staatspolitischen Interesse Österreichs. In der für das Schicksal der Zweiten Republik so entscheidenden Moskauer Deklaration vom 1. November 1943 hatten die drei Alliierten nicht nur die Wiederherstellung der Unabhängigkeit Österreichs zu ihrem Kriegsziel erklärt, sondern auch eine Mitschuld Österreichs am Hitlerkrieg festgestellt und Österreich aufgefordert, einen „eigenen Beitrag" zu seiner Befreiung zu leisten. In Übereinstimmung mit heute allgemein anerkannten Auffassungen interpretiert der Innsbrucker Politologe Anton Pelinka diesen „eigenen Beitrag" Österreichs folgendermaßen: „Diesen Beitrag haben die Männer und Frauen geleistet, die, sei es als sogenannte rassisch Verfolgte, sei es als politisch Andersdenkende, sei es als von ihren religiösen Motiven Bewegte, sei es auch als Humanisten ohne besondere Einbindung in Organisationen, Gegner des Nationalsozialismus waren. Ihr Beitrag, den so viele mit dem Leben bezahlt haben, war der österreichische Grundstein dafür, daß wir heute in Freiheit und Demokratie zusammenkommen können . . ." [2])

In den langwierigen Verhandlungen um den Abschluß eines österreichischen Staatsvertrages bemühten sich die österreichischen Politiker und Diplomaten, sowohl die Mitschuld am Hitlerkrieg (und den damit verbundenen politischen und wirtschaftlichen Preis in Form von Reparationen) zu bestreiten als auch den Anteil Österreichs an seiner Befreiung nachzuweisen. Diesem Zweck diente das 1946 von der Bundesregierung herausgegebene „Rot-Weiß-Rot-Buch", für das erstmals größere Nachforschungen nach Dokumenten des Widerstandes durchgeführt wurden. [3]) Im Annex M des Memorandums der österreichischen Bundesregierung für die Staatsvertragsverhandlungen in London vom Jänner/Februar 1947 („The Attitude of the Austrian People towards the German Occupation and Austria's Contribution to her Liberation") wurden auf ausdrücklichen Konferenzwunsch die Leistungen Österreichs zu seiner Befreiung dargelegt. Daß die in allen Staatsvertragsentwürfen vorhandene Mitschuldklausel zuletzt, am Vorabend der Unterzeichnung, doch noch eliminiert werden konnte, war das persönliche Verdienst von Außenminister Leopold Figl, der sein Ansehen als Widerstandskämpfer und KZ-Insasse für Österreich in die Waagschale werfen konnte. [4])

Aus den für die Staatsvertragsverhandlungen zusammengestellten, mühsam erarbeiteten, verdienstvollen, aber lückenhaften Dokumentationen wird ersichtlich, wie sich das Fehlen einer zentralen Stelle zur Erforschung des österreichischen Widerstandes nachteilig bemerkbar machte. So wichtig und notwendig die Aufzeigung des „eigenen Beitrages" Österreichs zu seiner Befreiung durch das „Rot-Weiß-Rot-Buch" auch war, darf die dem Werk zugrunde liegende Rechtfertigungstendenz, Österreich ausschließlich als Opfer ausländischer Aggression und die Österreicher unter Bagatellisierung des österreichischen Nationalsozialismus als ein Volk von Widerstandskämpfern hinzustellen, nicht unkritisch übergangen werden. Leider folgte dem hauptsächlich wegen seiner Quellen wertvollen „Rot-Weiß-Rot-Buch" kein zweiter Band, obwohl genügend Material gesammelt wurde.

Schon in der unmittelbaren Nachkriegszeit waren zahlreiche Erlebnisberichte, Erinnerungswerke und Darstellungen von Widerstandskämpfern und KZ-Häftlingen erschienen, die zwar von sehr unterschiedlicher Qualität, aber als Quellen für den Historiker bis heute von nicht geringem Wert sind. Solche Beispiele brauchbarer Arbeiten autobiographischen Charakters sind u. a. jene von Karl Szokoll, Sepp Plieseis, Albrecht Gaiswinkler, Hans Rieger, Josef Hofer und Fritz Molden, Memoiren von Politikern wie Adolf Schärf, Lois Weinberger, Karl Gruber und Johann Blöchl, ebenso die Erinnerungen von Künstlern wie Fritz Muliar und Paul Hörbiger. [5]) Freilich vermag hier nur eine kritische Sichtweise von Historikern die fließenden Übergänge zur Legendenliteratur des Widerstandes festzustellen.

Durch das Fehlen universitärer zeitgeschichtlicher Institute und einer Zentralstelle blieb die Erforschung des österreichischen Widerstandes lange Zeit auf — keineswegs geringzuschätzende — Arbeiten von einzelnen Wissenschaftern beschränkt und hatte unter dem Mangel an aufgeschlossenen Quellen stark zu leiden. Wenn man von dem 1953 veröffentlichten Aufsatz „Remarks on the Austrian Resistance Movement" von Friedrich Engel-Janosi absieht, muß die 1958 unter dem Titel „Der Ruf des Gewissens" veröffentlichte Dissertation von Otto Molden als erste größere wissenschaftliche Arbeit über den österreichischen Widerstand angesehen werden. [6] Otto Molden, gemeinsam mit seinem Bruder Fritz einer der Hauptakteure der mit den Westalliierten kooperierenden Widerstandsgruppe „O5", versuchte, die damals noch nicht zugänglichen amtlichen Quellen durch zahlreiche Befragungen von Widerstandskämpfern wettzumachen, und gerade darin liegt der Wert seiner Untersuchung. Dadurch, daß Molden aus politischen Gründen den kommunistischen Widerstand (darunter den Großteil des Arbeiterwiderstandes) ausklammerte, konnte er seinem Anspruch, die Geschichte des „österreichischen Freiheitskampfes 1938—1945" zu schreiben, nicht gerecht werden. Der nicht geringe katholische, legitimistische und konservative Widerstand mit den zeitlichen Schwerpunkten 1938—1940 und 1944/45 erfuhr jedoch erstmals eine ausführliche und im wesentlichen zutreffende Behandlung, sieht man von Moldens Überbewertung der „O5" als *der* österreichischen Widerstandsbewegung ab, eine Einschätzung, die sich lange Zeit in der Literatur und in der Öffentlichkeit behauptete.

Gewissermaßen als Pendant zu Molden erschien 1963 die von der KPÖ herausgegebene Arbeit von Hermann Mitteräcker „Kampf und Opfer für Österreich", die gleichfalls als „Beitrag zur Geschichte des österreichischen Widerstandes 1938—1945" [7] verstanden werden wollte. Mitteräcker stellte einseitig den kommunistischen Widerstand in den Vordergrund; sein Verdienst liegt darin, den bis dahin kaum bekannten und gewiß bedeutenden und opferreichen Widerstand der österreichischen Kommunisten erstmals ausführlich dargestellt zu haben, ohne jedoch von einer soliden Quellenbasis ausgehen zu können.

Die an sich verdienstvollen, aber politisch einseitigen Arbeiten von Molden und Mitteräcker entsprachen Tendenzen in der Geschichtsschreibung des zweigeteilten Deutschland während des Kalten Krieges. Die Historiographie der BRD hat sich mit wenigen Ausnahmen weitgehend auf den Aufstandsversuch vom 20. Juli 1944 konzentriert und lange Zeit nur den militärischen, bürgerlichen und kirchlichen Widerstand behandelt, während der weitaus größere Widerstand der deutschen Arbeiterbewegung aus vornehmlich antikommunistischen Überlegungen nahezu ignoriert wurde. So wurde beispielsweise die Widerstandstätigkeit der „Roten Kapelle" von einem namhaften Historiker wie Carl Ritter einfach als „Verrat" abgetan. Auf der anderen Seite schloß die in der DDR praktizierte Auffassung vom antifaschistischen Widerstand im Zusammenhang mit der Dimitroff-Theorie vom Faschismus als terroristische Diktatur des Monopolkapitals weite Teile des bürgerlichen und militärischen Widerstandes aus. In einem offiziellen Handbuch wurde ausdrücklich festgestellt, daß die „reaktionäre" Gruppe

Goerdeler — Beck — Schacht „wegen ihres reaktionären Programms zur Erhaltung der Machtgrundlagen des deutschen Imperialismus und Militarismus nicht zum antifaschistischen Widerstand gehört". Es war nur konsequent, wenn sich die DDR als historisches Ergebnis eines so interpretierten antifaschistischen Kampfes und der daran anschließenden „antifaschistisch-demokratischen Umwälzung" verstand. Die BRD wiederum reklamierte für sich die freiheitlich-demokratische Tradition der Männer des 20. Juli 1944. Zweifellos haben diese politischen Legitimationstendenzen die Widerstandsforschung eingeschränkt und behindert. [8])

Die wichtigsten Werke dieser Zeit erschienen in der vom Herold-Verlag herausgebenen Reihe „Das einsame Gewissen". Als erste wirklich auf Quellen fundierte Arbeit muß die 1962 publizierte Untersuchung von Maria Szecsi und Karl Stadler „Die NS-Justiz in Österreich und ihre Opfer" angesehen werden, die erstmals Gerichtsakte (des Oberlandesgerichtes Wien und des Sondergerichtes Wien) heranziehen und damit weitgehend wissenschaftliches Neuland beschreiten konnte. Die Autoren mußten sich Kritik gefallen lassen, weil sie die Namen der beteiligten Richter und Staatsanwälte ohne Kennzeichnung weggelassen hatten. In dem 1965 erschienenen zweiten Band „Das einsame Gewissen" — „Der 20. Juli 1944 in Österreich" — arbeitete Ludwig Jedlicka, ein Vorkämpfer der zeitgeschichtlichen Forschung in Österreich, ein weiteres wichtiges Kapitel des österreichischen Widerstandes auf, indem er die österreichischen Aspekte dieser leider nur in Wien und Paris erfolgreichen Militäraktion beleuchtete. Der dritte Band, Karl R. Stadlers 1966 veröffentlichtes „Österreich 1938—1945 im Spiegel der NS-Akten", brachte neben weiteren neuen Fakten des organisierten Widerstandes erstmals einen fundierten Einblick in die Stimmung der Bevölkerung bzw. in den „Widerstand von unten", wobei Stadler erstmals die in Form von Mikrofilmen der National Archives, Washington, zugänglichen Gestapo- und SD-Berichte als Quellen verwenden konnte. Der Quellenlage entsprechend hellte Stadler, dessen weitgefaßter Widerstandsbegriff („jegliche Opposition im Dritten Reich als Widerstandshandlung") sich in Österreich durchsetzte, den vornehmlich in den Industriezentren Ostösterreichs konzentrierten Widerstand der Arbeiter auf; der überwiegende Anteil des kommunistischen Widerstandes blieb dabei ein wenig unterbelichtet. Leider fanden die bahnbrechenden Arbeiten von Szecsi, Stadler und Jedlicka in dieser Reihe keine entsprechende Fortsetzung. [9])

Der Aufschwung der österreichischen Zeitgeschichtsforschung setzte erst ab Mitte der sechziger Jahre ein, als das Defizit an zeitgeschichtlicher und politischer Bildung immer deutlicher zutage trat. Es war bezeichnend, daß bei der Entstehung sowohl des Instituts für Zeitgeschichte der Universität Wien als auch des Dokumentationsarchivs des österreichischen Widerstandes private Initiativen, getragen von Ludwig Jedlicka bzw. Herbert Steiner, der offiziellen Förderung vorangingen. Leider blieb auch der zweite von der Bundesregierung ausgehende Versuch (nach dem „Rot-Weiß-Rot-Buch"), den österreichischen Widerstand auf breiter Grundlage zu erforschen, in den Ansätzen stecken. In den Jahren 1963—1966 arbeitete die Österreichische Gesellschaft für Zeitgeschichte unter der Leitung von Ludwig Jedlicka und unter Mitarbeit von Karl Stadler, Herbert Steiner, Anton Staudinger, Karl Stuhlpfarrer u. a. im Auftrag der Bundesregierung an einer Dokumentenedition des österreichischen Widerstandes. Zwar gelang es dank großzügiger Förderung und Entgegenkommens bei der Aktenbenützung, bislang unzugängliche Quellenmaterialien durchzuarbeiten bzw. zu kopieren (Gerichtsakte, US-Mikrofilme u. dgl.), die geplante Dokumentation unterblieb jedoch, da über Fragen des Persönlichkeitsschutzes (volle Namensnennung) u. a. keine Einigung mit dem Auftraggeber erzielt werden konnte.

Mit der Gründung des Dokumentationsarchivs des österreichischen Widerstandes (DÖW) am 13. März 1963, dem 25. Jahrestag der Auslöschung Österreichs, durch einen Kreis ehemaliger Widerstandskämpfer und Verfolgter sowie engagierter Wissenschafter, unter ihnen Ludwig Jedlicka und August Maria Knoll, wurde zweifellos ein Markstein in der Erforschung des österreichischen Widerstandes gesetzt, weil nun eine zentrale Stelle für die Sammlung von Dokumenten auf den Gebieten Widerstand, Verfolgung und Exil 1934—1945, eine Forschungsstätte und eine Institution zeitgeschichtlicher Aufklärungsarbeit auf diesem Gebiet vorhanden war. Hauptmotiv bei der Gründung und zentrales Anliegen seiner Tätigkeit bis heute ist der Nachweis jenes in der Moskauer Deklaration von den Alliierten geforderten „eigenen Beitrags" Österreichs zu seiner Befreiung. Aus kleinsten Anfängen wurden — zu einem nicht geringen Teil durch den uneigennützigen Einsatz ehrenamtlicher Mitarbeiter — ein umfassendes Archiv, eine Spezialbibliothek, insbesondere mit einmaligen Werken österreichischer Exilliteratur und Schriften des Widerstandes, sowie verschiedene andere wissenschaftliche Sammlungen aufgebaut und mit der wissenschaftlichen Aufarbeitung begonnen. 1983 wurde von der Republik Österreich (Bundesministerium für Wissenschaft und Forschung) und der Stadt Wien mit dem bisherigen Verein eine Stiftung Dokumentationsarchiv des österreichischen Widerstandes gegründet, „um die wertvollen Bestände und deren wissenschaftliche Auswertung auch in Zukunft zu sichern, wenn die Generation der Widerstandskämpfer und Opfer des Faschismus nicht mehr selbst mitwirken kann" (Hertha Firnberg). [10])

Den entscheidenden Impuls zur systematischen wissenschaftlichen Aufarbeitung des österreichischen Widerstandes gab 1970 der Forschungsauftrag der Stadt Wien für das Projekt „Widerstand und Verfolgung in Wien 1934—1945". Dieses in der Zwischenzeit auf alle österreichischen Bundesländer ausgedehnte Forschungsvorhaben setzt sich die Erarbeitung von wissenschaftlichen Dokumentationen, das heißt von Editionen von ausgewählten und gekürzten Dokumenten, zum Ziel, mit der Absicht, „gerade durch die Heranziehung ‚gegnerischer' Dokumente den vielfach angezweifelten oder bagatellisierten Widerstand (und damit aufs engste zusammenhängend die Verfolgung) ein für allemal aus dem Zwielicht des Zweifels herauszuheben und auf den Boden unbestreitbarer Tatsachen zu stellen". [11]) Bei der Durchführung dieses Projektes läßt sich das DÖW von der Absicht leiten, diese regionalen Forschungsvorhaben nicht zentralistisch von Wien aus in Angriff zu nehmen, sondern in Zusammenarbeit mit den wissenschaftlichen Institutionen der jeweiligen Bundesländer (Universitätsinstitute, Landes-, Stadt- und Diözesanarchive bzw. -historiker, Vertreter der Opferverbände u. a.) durchzuführen, wodurch nicht zuletzt eine weitgehende Erfassung der regionalen und lokalen Quellen (wie z. B. Landesgerichte, Landesarchive, Opferfürsorgeakten, Gendarmerie und Pfarrchroniken sowie Privatpersonen) ermöglicht wurde. Als erstes konnte 1975 das Projekt Wien in drei Bänden publiziert werden; eine zweite unveränderte Auflage kam 1984 heraus. Der Band über das Burgenland folgte 1978, gleichfalls in zweiter unveränderter Auflage 1983 erschienen. 1982 wurde das zweibändige Werk „Widerstand und Verfolgung in Oberösterreich 1934—1945" herausgebracht, 1984 das zweibändige Werk über Tirol. Anfang 1987 erscheint das dreibändige Werk „Widerstand und Verfolgung in Niederösterreich 1934—1945"; das gleichnamige, zweibändige Werk für Salzburg soll ein Jahr später fertiggestellt werden. Die restlichen Bundesländer sind für die erste Hälfte der neunziger Jahre vorgesehen.

Obwohl zum Zeitpunkt der Inangriffnahme dieses Projekts die Widerstandsforschung noch weitgehend auf den aktiven, politisch organisierten Widerstand konzentriert war und selbst innerhalb dieses eng gefaßten Widerstandsbegriffes politisch motivierte Ausgrenzungen weit verbreitet waren, legte das DÖW von Anfang an seinen Arbeiten einen sehr breiten Widerstandsbegriff zugrunde. Schon mit der Wahl des Projekttitels „Widerstand *und* Verfolgung" wurde zum Ausdruck gebracht, daß keine enge Begrenzung — etwa auf den „Kampf für ein freies, demokratisches Österreich" im Sinne des Opferfürsorgegesetzes 1947 — vorgenommen wurde, sondern daß das ganze Spektrum von Widerstand, Opposition und Unzufriedenheit, von Diskriminierung und Verfolgung, also jede nonkonformistische Reaktion auf die Diktaturherrschaft — zumindest exemplarisch —, dokumentiert werden sollte. Das DÖW folgte dabei dem breitgefaßten Widerstandsbegriff des Linzer Zeithistorikers Karl R. Stadler.

Von Anfang an wurde also auch der nichtorganisierte, politisch weniger bewußte Widerstand von einzelnen berücksichtigt, der eine breite Streuung von oppositionellen Äußerungen, „Wehrkraftzersetzung", Abhören von ausländischen Sendern, Sabotage bis zu Hilfeleistung für rassisch Verfolgte und Kriegsgefangene aufweist. Gerade diese Bagatellfälle des Widerstandes, von dem österreichischen Schriftsteller Bruno Frei der „kleine Widerstand" genannt, spiegeln in ihrer Häufung die Stimmung der Bevölkerung wider.

Entsprechend der politischen Struktur und den Grundsätzen des Dokumentationsarchivs, in dem Vertreter verschiedener politischer und weltanschaulicher Richtungen — von den Kommunisten über Sozialisten, Katholiken, Konservative bis hin zu ehemaligen „Austrofaschisten" — zusammenarbeiten, wurde keine Gruppe des Widerstandes von vornherein ausgeklammert, sondern jeder Widerstand — aus welchen politischen, weltanschaulichen, religiösen, sittlichen, nationalen oder sonstigen Gründen immer — dokumentiert: dissidente Kommunisten, verfolgte NS-Abspaltungen wie die „Schwarze Front", Zeugen Jehovas und andere Sekten, um nur einige, nicht selten übergangene Kleingruppen des Widerstandes zu nennen.

In diese Auffassung von Widerstand ist auch die Emigration als solche und insbesondere die politische Tätigkeit von Emigranten eingeschlossen. Herbert A. Strauß, Mitherausgeber des „Biographischen Handbuchs der deutschsprachigen Emigration nach 1933", weist zu Recht darauf hin, daß bereits im Akt der Emigration eine bewußte Ablehnung des NS-Staates zu erblicken ist. Analog zu den Widerstandsdokumentationen begann das DÖW 1980 mit dem Projekt „Österreicher im Exil 1934—1945", von dem bisher die Bände über Frankreich, Spanien und Belgien erschienen sind. [12])

Während die europäische Widerstandsforschung außerhalb der BRD und Österreichs noch immer auf die rein politische Dimension beschränkt ist und Widerstand als ein mehr oder weniger organisierter nationaler Kampf gegen die deutschfaschistische Besetzung (bzw. die anderer Achsenmächte) verstanden wird (Henri Michel: „Die Widerstandsbewegung ist ein patriotischer Kampf für die Befreiung des Vaterlandes."), sind in der BRD und auch in Österreich weniger heroische Formen von Widerstand und Opposition in zunehmendem Maße zum Objekt der Widerstandsforschung geworden. In dem vom Institut für Zeitgeschichte München betreuten Großprojekt „Widerstand und Verfolgung in Bayern 1933—1945" wurde der Widerstandsbegriff überhaupt zugunsten eines wertneutral gesehenen „Resistenz"-Begriffs (Martin Broszat) aufgegeben und eine Gesamtgesellschaftsgeschichte angestrebt. [13])

Die Abgrenzung von Widerstand und Opposition zu Formen asozialen Verhaltens und echter Kriminalität ist für die Widerstandsforschung nicht unproblematisch. Wirtschaftsdelikte, wie Schwarzschlachten, Schwarzhandel, Nichtablieferung oder Preistreiberei, wurden in den Arbeiten des DÖW zuerst ausgeklammert, später exemplarisch dokumentiert. Vor allem bei der Erfassung bäuerlichen Widerstandsverhaltens sind Schwarzschlachten, Nichtbeachten der Ablieferungspflicht usw. relevant. Den Schritt, auch die — nach heutigen Rechtsmaßstäben — terroristische Verfolgung von Kriminellen, Homosexuellen, Asozialen u. dgl. zu dokumentieren, hat das DÖW freilich noch nicht gewagt. Denn groß wäre voraussichtlich das Unverständnis von ehemaligen Widerstandskämpfern und KZ-Häftlingen, mit jenen, die unter Umständen im KZ als Capos oder „Funktionshäftlinge" ihre Peiniger waren, in einem Atemzug als Opfer des Nationalsozialismus genannt zu werden. Auch muß man hier die rechtsextreme Propaganda vor Augen haben, die immer schon auf die Gleichsetzung von Widerstandskämpfern, Partisanen, KZlern mit Asozialen, Verbrechern und Mördern abzielte. Wie fließend aber auch hier die Grenzen sind, zeigt die bekannte Methode der Gestapo, unbequemen katholischen Priestern Unzuchtsdelikte anzuhängen. Jedenfalls scheint mir die Berücksichtigung der Opfer einer exzessiven Strafjustiz — etwa Todesstrafe für Postpäckchendiebe — oder einer rigorosen KZ-Einweisungspraxis im Rahmen der Widerstandsforschung zumindest diskutierenswert.

In den letzten Jahren hat auch die „Oral history" als historische Quelle und Methode in die österreichische Widerstandsforschung Eingang gefunden. Nicht zuletzt, um dem — von Gerhard Botz formulierten — Vorwurf „dokumentaristischer Hypertrophie" Rechnung zu tragen, hat das DÖW 1982 gemeinsam mit dem Institut für Wissenschaft und Kunst das Großprojekt „Erzählte Geschichte" in Angriff genommen, das ausführliche lebensgeschichtliche Interviews mit Widerstandskämpfern, Verfolgten und Emigranten — bisher 1400 Kassetten — zum Inhalt hat. Unter dem Titel „Erzählte Geschichte. Berichte von Widerstandskämpfern und Verfolgten, Band 1: Arbeiterbewegung" erschien 1985 ein erster Band mit Auszügen aus diesen Interviews, dem weitere Bände über das katholisch-konservative Lager und über Opfer rassistischer Verfolgung folgen werden. [14])

Durch diese großen Forschungsprojekte des DÖW kommen nicht nur umfangreiche Quellenpublikationen zustande; als ebenso wichtiges Ergebnis ist die enorme Ausweitung des nun allgemein zugänglichen Quellenbestandes zu werten. Das DÖW hat nie eine Monopolstellung auf dem Gebiet der Widerstandsforschung angestrebt. Im Gegenteil: Die Forschungen anderer Institutionen und Personen wurden stets unterstützt. Insbesondere wurde auf die Auswertung der Bestände des DÖW durch Studenten und Wissenschafter großer Wert gelegt. Unter hauptsächlicher oder teilweiser Verwendung von Dokumenten des DÖW sind in den letzten Jahren zahlreiche einschlägige Dissertationen, Haus- und Magisterarbeiten von in- und ausländischen Studenten geschaffen worden, die hier im einzelnen nicht angeführt werden können. Neben dem DÖW wird die Widerstandsforschung in Österreich vornehmlich von den Universitätsinstituten für Zeitgeschichte getragen. An erster Stelle ist hier das 1966 von Ludwig Jedlicka geschaffene und heute von Erika Weinzierl geleitete Institut für Zeitgeschichte der Universität Wien zu nennen. Während das Wiener Zeitgeschichteinstitut vor allem durch zahlreiche fundierte Dissertationen hervorgetreten ist, liegen die Verdienste des von Karl R. Stadler 1968 gegründeten und geleiteten Instituts für Neuere Geschichte und Zeitgeschichte an der Johannes-Kepler-Universität Linz (zugleich Ludwig-Boltzmann-Institut für Geschichte der Arbeiterbewegung) aufgrund einer anderen Struktur hauptsächlich in seinen Publikationen. In den verschiedenen Publikationsreihen des Boltzmann-Instituts sind zahlreiche wichtige Arbeiten der österreichischen Widerstandsforschung herausgekommen, u. a. von Helmut Konrad, Karl R. Stadler, Herbert Steiner, Friedrich Vogl und Fritz Keller. Auch die später entstandenen Zeitgeschichtsinstitute bzw. -abteilungen in Salzburg und Klagenfurt widmen sich in zunehmendem Maße der Erforschung der Zeit 1938—1945 und können u. a. auf hervorragende Arbeiten von Erika Weinzierl, Ernst Hanisch und Willibald Holzer verweisen. Institute für Publizistik lassen in Dissertationen und Seminararbeiten Probleme der illegalen Literatur aufarbeiten, während germanistische Institute die lange vernachlässigte österreichische Exilliteratur in ihr Arbeitsgebiet einbeziehen.

Die Arbeiten von außeruniversitären Institutionen und Forschern sollen keineswegs geringgeschätzt werden. Das Militärwissenschaftliche Institut in Wien hat durch mehrere Arbeiten von Manfried Rauchensteiner über den militärischen Widerstand sowie durch die Untersuchung von Josef Rausch über den Partisanenkampf in Kärnten wichtige Beiträge geliefert. Mit letzterem beschäftigt sich intensiv auch das Slowenische Wissenschaftliche Institut in Klagenfurt. Im besonderem Maße behandeln kirchliche Institutionen die Zeit des Nationalsozialismus und den Widerstand. Hier wäre vor allem auf einschlägige Arbeiten von Erika Weinzierl, Franz Loidl, Rudolf Zinnhobler, Hans Peter Zelfel, Helmut Tschol, Maximilian Liebmann, Dieter Binder und Gerhard Wanner auf katholischer, von Herbert Unterköfler und Richard Wasicky auf evangelischer Seite hinzuweisen.

Unter Heranziehung der nun sehr reichhaltigen Quellen sind in den letzten Jahren viele Arbeiten zu Regional- und Teilthemen des österreichischen Widerstandes verfaßt worden, wobei die Arbeiten von Peter Kammerstätter über das Salzkammergut, von Karl Flanner über Wiener Neustadt und von Christian Fleck über die Koralmpartisanen ebenso hervorzuheben wären wie die von engagierten Frauen in Angriff genommene Aufarbeitung des weiblichen Widerstands. Von mehreren Autoren, insbesondere von Felix Kreissler und Karl R. Stadler, wird der Zusammenhang von Widerstand und nationaler Entwicklung hergestellt.

Die nun schon beträchtliche Literatur und Quellenbasis ermöglichte schon einige zusammenfassende Darstellungen über den österreichischen Widerstand, u. a. von Herbert Steiner, Erika Weinzierl, Karl R. Stadler, Willibald Holzer, Gerhard Jagschitz und von mir. [15]) Die bisher umfassendste und fundierteste Darstellung über den österreichischen Widerstand stammt von dem aus der Tschechoslowakei stammenden, an der Tulane University (USA) wirkenden Radomir Luža. Sein 1985 erschienenes Werk „Der Widerstand in Österreich 1938—1945", auf den politisch-organisierten Widerstand beschränkt, wertet die vorhandenen Quellen und die vorliegende Literatur nahezu restlos aus und bringt erstmals eine quantitative Analyse des Quellenmaterials mit Hilfe von EDV (politische und soziale Zusammensetzung des Widerstands bzw. der Widerstandsgruppen u. a.). Abgesehen von der Ausklammerung des nichtorganisierten Widerstands- und Oppositionsverhaltens unterscheidet sich das von Luza gezeichnete Bild des österreichischen Widerstands kaum von dem in den Arbeiten des DÖW, lediglich der Stellenwert der in der Schlußphase des NS-Regimes besonders in Erscheinung getretenen Widerstandsgruppe „O5" wird höher angenommen. [16])

Schließlich soll hier nicht unerwähnt bleiben, daß die in der Widerstandsforschung engagierten Institutionen und Forscher stets auch sehr bemüht waren (und sind), ihre wissenschaftlichen Arbeitsergebnisse in die zeitgeschichtliche Aufklärungsarbeit und politische Bildung einzubringen, wovon u. a. die drei Medienkoffer zur österreichischen Zeitgeschichte zeugen. Unbestreitbaren Erfolgen im Schulbereich stehen leider keine solchen im Bereich der Massenmedien gegenüber, wenn man von einigen wichtigen ORF-Sendungen absieht. Die Vermittlung von zeitgeschichtlichen Erkenntnissen an breitere Bevölkerungskreise erweist sich fast als schwieriger als die wissenschaftliche Aufarbeitung selbst.

Trotz der beachtlichen Fortschritte bleiben der österreichischen Widerstandsforschung noch große Aufgabenbereiche für die Zukunft. Nicht nur die vom DÖW geplanten Dokumentationen sind noch ausständig. Durch detaillierte und

171

lokale Untersuchungen wird auch diese Quellenbasis zu erweitern sein. Insbesondere bei der Erfassung mündlicher Quellen (Interviews mit historischen Akteuren) stellen sich noch große Aufgaben, für die freilich nicht mehr viel Zeit zur Verfügung steht. Auf der Grundlage der jetzt vorhandenen und noch dazukommenden Quellen können nun weiterführende wissenschaftliche Untersuchungen einsetzen. Die Dokumentationen müssen durch Darstellungen mit Quellenkritik und Analysen des Materials ergänzt werden. Gerade der Blick in die Bundesrepublik Deutschland zeigt den quantitativen und qualitativen Nachholbedarf der österreichischen Forschung. So eignet sich die Widerstandsforschung — aufgrund der detaillierten Angaben in Gestapo- und Gerichtsdokumenten — besonders zur Anwendung quantitativer Methoden, wie sie von Gerhard Botz in die österreichische Zeitgeschichtsforschung eingeführt wurden. Die Ausdehnung des Widerstandsbegriffes auf die verschiedenen, weniger bewußten Protestformen, auf das bloße Festhalten an eigenen Wertvorstellungen, auf die „innere Emigration", auf abweichendes Verhalten wäre ernsthaft in Erwägung zu ziehen. Ich plädiere durchaus dafür, auch solche Vorformen des Widerstandes, wie Verweigerung oder Resistenz, wie immer man es nennen will, in die Untersuchung des Widerstandes miteinzubeziehen. Die Ergebnisse der Widerstandsforschung müssen in den politischen und sozialen Gesamtzusammenhang eingebettet werden, um den richtigen Stellenwert zu erhalten, wobei im Sinne von Martin Broszat eine Gesamtgesellschaftsgeschichte anzustreben wäre. Auf solider Quellenbasis stehend, in kritischer Abwägung von Dokumenten und Zeugenaussagen und mit dem Blick auf den politischen und gesellschaftlichen Zusammenhang muß der Historiker ein ausgewogenes Bild des zwischen Kollaboration und Widerstand sich bewegenden Verhaltens der Österreicher in der NS-Zeit zeichnen und dabei den richtigen Kurs zwischen Bagatellisierung und Überbewertung des österreichischen Widerstandes finden.

Anmerkungen

[1] Gerhard BOTZ, Methoden- und Theorieprobleme der historischen Widerstandsforschung, in: Helmut Konrad/Wolfgang Neugebauer (Hg.), Arbeiterbewegung — Faschismus — Nationalbewußtsein. Festschrift zum 20jährigen Bestand des Dokumentationsarchivs des österreichischen Widerstandes und zum 60. Geburtstag von Herbert Steiner, Wien — München — Zürich 1983, S. 137.

[2] Ansprache von o. Univ.-Prof. Dr. Anton Pelinka beim festlichen Empfang der Arbeitsgemeinschaft vaterlandstreuer Verbände Tirols zum Nationalfeiertag 1977, Innsbruck o. Jg., S. 4.

[3] Rot-Weiß-Rot-Buch. Darstellungen, Dokumente und Nachweise zur Vorgeschichte und Geschichte der Okkupation Österreichs (nach amtlichen Quellen), 1. Teil, Wien 1946.

[4] Gerald STOURZH, Geschichte des Staatsvertrages 1945–1955. Österreichs Weg zur Neutralität, 2. Aufl., Graz – Wien – Köln 1980, S. 27 ff., S. 164 und S. 179.

[5] Bezüglich der bibliographischen Angaben siehe: Wolfgang NEUGEBAUER, Neue Forschungen und Forschungslücken zur Geschichte des Widerstandes, in: 16. Österreichischer Historikertag. Krems/Donau 1984. Tagungsbericht, hg. vom Verband Österreichischer Geschichtsvereine, 1985, S. 168–180.

[6] Friedrich ENGEL-JANOSI, Remarks on the Austrian Resistance Movement, in: Journal of Central European Affairs, 13 (1953); Otto MOLDEN, Der Ruf des Gewissens. Der österreichische Freiheitskampf 1938–1945, Wien 1958.

[7] Hermann MITTERÄCKER, Kampf und Opfer für Österreich. Ein Beitrag zur Geschichte des österreichischen Widerstandes 1938–1945, Wien 1963.

[8] Siehe dazu: Wolfgang NEUGEBAUER, Was ist Widerstand?, in: Dokumentationsarchiv des österreichischen Widerstandes, Jahrbuch 1986, Wien 1986, S. 64 ff.

[9] Maria SZECSI/Karl STADLER, Die NS-Justiz in Österreich und ihre Opfer. Wien – München 1962; Ludwig JEDLICKA, Der 20. Juli 1944 in Österreich. Wien – München 1965; Karl R. STADLER, Österreich 1938–1945 im Spiegel der NS-Akten. Wien 1966.

[10] Bundesministerium für Wissenschaft und Forschung (Hg.), Dokumentationsarchiv des österreichischen Widerstandes. Bedeutung – Entwicklung – Tätigkeit, Wien 1982, S. 5 (Vorwort Dr. Hertha Firnberg). Siehe dazu auch: Wolfgang NEUGEBAUER, Zwanzig Jahre Dokumentationsarchiv des österreichischen Widerstandes, in: Konrad/Neugebauer (Hg.), a. a. O., S. 405–415.

[11] Widerstand und Verfolgung in Wien 1934–1945, Bd. 1, Wien 1975, S. 5.

[12] Österreicher im Exil – Frankreich 1938–1945, Wien 1984; Für Spaniens Freiheit. Österreicher an der Seite der Spanischen Republik 1936–1939, Wien 1986; Österreicher im Exil – Belgien 1938–1945, Wien 1987.

[13] Bayern in der NS-Zeit, Bd. I, S. 11, und Bd. IV, S. 697; siehe dazu ferner: NEUGEBAUER, Was ist Widerstand?, a. a. O., S. 64 ff.

[14] Erzählte Geschichte. Berichte von Widerstandskämpfern und Verfolgten, Bd. 1, Wien 1985.

[15] Siehe dazu Anmerkung 5.

[16] Radomir LUŽA, Der Widerstand in Österreich 1938–1945, Wien 1985.

Erika Weinzierl

SCHULD DURCH GLEICHGÜLTIGKEIT

Vorbemerkung

Die Verfasserin des folgenden Beitrages ist als Zeithistorikerin und Antisemitismusforscherin relativ oft in die Diskussionen einbezogen worden, die 1986 anläßlich des österreichischen Bundespräsidentenwahlkampfes vor allem in der westlichen internationalen Presse geführt wurden und die Vergangenheit der Österreicher in der NS-Zeit sowie ihren alt-neuen Antisemitismus zum Inhalt hatten. Die Art dieser Auseinandersetzungen, das heißt vor allem ihr Echo in Österreich, hat nicht nur ihre jahrzehntelangen Aufklärungsbemühungen in Frage gestellt. Daher hat sie sich mit diesem Problem auf sehr subjektive Art im „Jüdischen Echo" vom Oktober 1986 auseinandergesetzt, und deshalb war sie auch bereit, sich an dem vorliegenden Buch als Mitherausgeberin und Autorin zu beteiligen. Sie wollte sich darin mit der Frage befassen, was österreichische Bürger von der NS-Zeit und deren Verbrechen vor 1945 wissen konnten bzw. heute wissen können. Auf der Suche nach Quellen stieß sie auf die vor kurzem von Paul Michael Lützeler herausgegebene Korrespondenz von Hermann Broch mit Volkmar von Zühlsdorff 1945—1949, [1]) die sie sehr betroffen hat. Da in ihr zentrale Fragen auch der Gegenwart enthalten sind, entschloß sie sich, im ersten Teil ihres Artikels einen Auszug dieser Korrespondenz mit vielen wörtlichen Zitaten wiederzugeben, ohne zu verleugnen, daß sie sich wesentlich stärker mit der Position Hermann Brochs identifiziert als mit jener von Zühlsdorff. Er kommt dennoch ausgiebig zu Wort, weil er sicher für einen beträchtlichen Teil der deutschen Sicht der NS-Zeit damals und heute repräsentativ ist, was hier nicht verschwiegen werden soll. Eine Reihe seiner Argumente wird zudem auch in der derzeitigen österreichischen Diskussion verwendet.

Der zweite Abschnitt des Aufsatzes geht dann auf die ursprüngliche Fragestellung ein, so weit das möglich ist. In ihm wird auch kurz über persönliche Erlebnisse der Verfasserin berichtet, die erst im letzten Jahr erkannt hat, daß sie nicht nur Zeithistorikerin, sondern für ein sehr begrenztes Umfeld auch schon „Zeugin der Zeit" geworden ist.

I.

Die Frage, ob und was Deutsche und Österreicher in der „Heimat" vor 1945 von den deutschen Kriegsverbrechen besonders in Ost- und Südosteuropa, vor allem vom planmäßigen Massenmord an Juden und Zigeunern, aber auch von der Vernichtung polnischer und russischer Kriegsgefangener gewußt haben, war schon bald nach dem Ende des Krieges umstritten. Daß Täter und ihre Angehörigen ebenso wie ehemalige überzeugte Nationalsozialisten vor allem Art und Ausmaß dieser Verbrechen oder die Kenntnis davon abstritten, war zu erwarten. Über den Umfang des Wissens im „Reich" waren und sind exakte Angaben unmöglich. Allerdings gibt es einige Indikatoren, von denen später die Rede sein soll. Zunächst geht es darum, daß sogar überzeugte Gegner des Nationalsozialismus wie z. B. Emigranten schon sehr bald zu beträchtlichen Meinungsdifferenzen kamen. Das zeigt besonders deutlich der erwähnte Briefwechsel zwischen Hermann Broch und Volkmar von Zühlsdorff 1945–1949.

Hermann Broch, der am 1. November 1886 in Wien geboren wurde, war ausgebildeter Textilingenieur und als solcher bis 1927 Direktor der Firma seines Vaters. Nach deren Verkauf studierte er fünf Jahre Mathematik, Philosophie und Psychologie. Als Schriftsteller war er bereits 1913 in Erscheinung getreten, und als einer ihrer Größten ist er in die Geschichte der österreichischen Literatur eingegangen. Nach der deutschen Okkupation Österreichs wurde er im Juli 1938 in Alt-Aussee verhaftet und als Jude und Gegner des Nationalsozialismus drei Wochen gefangengehalten. Eine Intervention von James Joyce machte seine Emigration in die USA möglich. Dort bestritt er seinen Lebensunterhalt durch Gastvorlesungen, Vorträge, Publikationen und Unterstützungen von Emigrantenhilfsaktionen. 1950 wurde er Honorary Lecturer für deutsche Literatur an der Yale University in New Haven, wo er am 30. Mai 1951 starb.

Volkmar von Zühlsdorff, damals 26 Jahre alt, lernte Broch im Herbst 1938 zu Beginn seines amerikanischen Exils kennen. Zühlsdorff war „Mitarbeiter, Mitstreiter und rechte Hand" (Lützeler, S. 10) des liberal-antinationalsozialistischen Hubertus Prinz zu Löwenstein (1906–1984). [2] Dieser hatte mit Zühlsdorff aus politischen Gründen 1935 Hitlers Deutsches Reich verlassen. In New York gründete Löwenstein die „American Guild for German and Cultural Freedom", deren vorrangige Aufgabe Hilfe für deutschsprachige intellektuelle Emigranten war. Die Guild wurde von prominenten Amerikanern, aber auch berühmten Emigranten wie Thomas Mann und Sigmund Freud unterstützt. Broch selbst erhielt von der Guild von März bis Mai 1939 ein monatliches Stipendium von 50 Dollar. Der Ausbruch des Krieges und besonders der Kriegseintritt der USA machten eine weitere Tätigkeit der Guild unmöglich. Löwenstein und Zühlsdorff unterrichteten danach an amerikanischen Colleges. Nach Kriegsende wollten sie so rasch wie möglich in die deutsche Heimat zurückkehren, um an deren Wiederaufbau mitzuarbeiten, worauf sie allerdings bis Herbst 1946 warten mußten. Broch wollte zunächst nicht zurückkehren und brachte das schon in seinem Brief an Zühlsdorff vom 24. Juli 1945 klar zum Ausdruck:

„Ich werde also sicherlich nicht zurückkehren; diese intensive Arbeit (an seiner Massenpsychologie, E. W.) gestattet keine Ablenkung und Unterbrechung, umso mehr, als es gleichgültig ist, wo sie geleistet wird. Außerdem können und dürfen meines Erachtens Juden vorderhand nicht zurückkehren; im Anblick von Opfern kann kein schlechtes Gewissen wachsen, und Deutschland braucht Reue, denn nur hieraus entsteht Bewußtsein: Gerade der Nicht-Nazi braucht die Reue, er braucht sie für den Nazi-Bruder, der selbst niemals hiezu imstande ist. Ich habe mich jetzt so viel mit den Bekehrungsproblemen (und z. B. nicht nur hinsichtlich Deutschlands) beschäftigt, daß ich meiner Sache ziemlich sicher bin" (Lützeler, S. 11).

Im Falle Zühlsdorffs aber hielt er eine Rückkehr für richtig und notwendig, gerade wegen der in der alten Heimat herrschenden Not, über die Broch durch seinen 25jährigen Sohn Hermann Friedrich Broch de Rothermann, der sich damals mit der US-Armee in Österreich aufhielt, informiert war.

Zühlsdorff dagegen versuchte, seinen älteren Freund mit emotionalen und rationalen Argumenten zur Rückkehr zu bewegen. Zwar stimmte er in seiner Antwort vom 2. August 1945 der Meinung Brochs zu, daß der Anblick der Opfer die Reue vielleicht individuell befördere, aber nicht im Massenprozeß; „da löst er, aus Flucht vor dem schlechten Gewissen, oft Haß und Wut aus — gesteigerter Massenwahn." „Und der Anblick des Opfers ist umso unerträglicher, wenn das Opfer unschuldig ist . . ." Das zeige sich aber auch angesichts der totalen Verwüstung Deutschlands im Bestreben der Siegermächte, *alle* Deutschen für die Konzentrationslager verantwortlich zu machen (womöglich einschließlich der Hunderttausende, die selbst drin waren); „denn wenn nicht *alle* Verbrecher sind, ist die Maßlosigkeit des eigenen Verbrechens unerträglich." Nach dieser eindeutigen Ablehnung einer Kollektivschuld der Deutschen befaßt sich Zühlsdorff mit dem Begriff Opfer und stellt Broch die Frage: „Was heißt denn ‚Opfer'? Vor dem Kriege ja, vielleicht; denn die Jahre in der Fremde sind ja bitter. Aber heute? Heute, nachdem Europa und vor allem Deutschland gelitten hat wie wohl noch kein Volk vorher in der Geschichte; preisgegeben einem unedlen Sieger, von Hunger und Seuchen bedroht, seines Landes jenseits der Oder beraubt; heute, wo 9 Millionen Menschen vom Osten vertrieben auf den Landstraßen herumziehen, ausgewiesen mit 20 Pfund Habe", könne man von den Deutschen nicht verlangen, in überlebenden Emigranten Opfer zu sehen (Lützeler, S. 22 f.).

Die starke Solidarisierung mit den Landsleuten, das Aussparen der Judenausrottung und das gegenseitige Aufrechnen von Schuld ist also bei Zühlsdorff schon Anfang August 1945 vorhanden gewesen. Es hat sich zunehmend verstärkt und traf Broch offensichtlich tief. Sein Brief vom 9. August 1945 ist eine so eindrucksvolle Auseinandersetzung mit den Fragen Opfer, Schuld, Schicksal der Juden und der Deutschen, daß er hier fast zur Gänze zitiert werden soll:

„Liebster Volkmar, nein, Sie haben mich mißverstanden: ich werde mich persönlich doch nicht als ‚Opfer' bezeichnen; im Gegenteil, ich bin dem Hitler für meine Austreibung (ja sogar für die vorausgegangene Einkerkerung) höchlich dankbar, denn es heißt etwas, in meinem Alter ein im wahrsten Sinne des Wortes ‚neues' Leben beginnen zu dürfen. Ich möchte für mich nichts davon missen.

Aber unpersönlich bin ich ein Opfer. Und zwar als Jude. Es wird Sie vielleicht wundern, daß ich das Judenproblem so herausstelle — Sie haben sich schon über meine Bemerkung im letzten Brief gewundert —, aber ich tue dies nicht aus Ressentiment, sondern nach sehr reiflicher Überlegung.

Am Judenproblem zeigt sich nämlich die ‚Schuld' des deutschen Volkes: Durch volle 20 Jahre hat der Deutsche die tollidiotischste Judenhetze mit völliger Gleichgültigkeit betrachtet, und kraft dieser bestialischen Gleichgültigkeit ist er zum Helfershelfer eines bestialisch-systematischen Massenmordes geworden. Jeder Deutsche, der nicht im Konzentrationslager gewesen ist — und sogar mancher Lagerinsasse —, ist dieser Beihilfe zum Mord kraft Gleichgültigkeit zumindest verdächtig.

Das soll die übrige Welt nicht reinwaschen. Gleichgültigkeit (und erst recht dem Juden gegenüber) ist eine allgemeine menschliche Eigenschaft. Aber das deutsche Volk — und hier denke ich äußerst rassisch —, dieses im Guten wie im Bösen extremste Volk des Abendlandes, hat sich wiederum als der Brennspiegel des Weltgeistes erwiesen: es hat, wie ich in einem Nazi-Radio gehört habe, den anderen Völkern ‚den Adlerflug' gelehrt.

Meine gesamte Arbeit und mein gesamtes Denken ist nun seit vielen Jahren mit diesem einzigen Problem beschäftigt: Wie kann der Mensch (also keineswegs nur der Deutsche) wieder auf die Bahn zunehmender Humanisierung gebracht werden? Die eigentliche praktische Lösung wird, dessen bin ich sogar überzeugt, von Deutschland ausgehen, *weil dort die Schuld am akzentuiertesten gewesen ist* und weil dort der mythische Zusammenhang von Schuld und Sühne am handgreiflichsten zutage tritt. In der Regeneration der Welt wird Deutschland die führende Rolle spielen, sobald der Deutsche erfaßt haben wird, was Schuld durch Gleichgültigkeit bedeutet.

Und darum bin ich auch der Ansicht, daß jeder, der guten Willens ist, nach Deutschland zurückkehren kann und soll, jeder und doch kein Jude: denn der Täter wird beim Anblick des Opfers verstockt, und außerdem würden ja nicht die Toten, sondern die Lebenden heimkehren, die sich überdies noch vielfach als ‚Sieger' benehmen und damit den Hitlergeist nur wieder frisch anfachen würden.

Ich persönlich will außerdem nicht zurückkehren, weil ich nicht wieder in die Zwangslage geraten will, verachten zu müssen. Von allem, was ich in Hitlerdeutschland erlebte, war der Ekel vor dem Menschen und seiner Sturheit das Furchtbarste; nichts ist wahrer als das Bild vom ‚würgenden' Ekel, und nichts ist würgender als der Anblick menschlicher Niedrigkeit. Was ich persönlich so an Niedrigkeit (an der Universität usw.) erlebt habe, möchte ich nicht wieder erleben; man mag es Wehleidigkeit nennen, aber ich möchte diese Menschen nicht wiedersehen müssen. *Hier* war ich wenigstens *noch nicht* zu solcher Verachtung gezwungen." (Lützeler, S. 25 ff.).

Zühlsdorff antwortete schon am 19. August in leidenschaftlicher Empörung und mit Aussagen, die zum Teil heute — 40 Jahre danach — auch in Österreich gebraucht werden, zutreffende ebenso wie nicht zutreffende. Er war ehrlich entsetzt über die Ansichten, die Broch vertrat, und bezeichnete sie als die reinste Rassentheorie. Er bezichtigte ihn, einen Trennungsstrich zwischen „Juden" und „Deutschen" zu ziehen:

„Es ist einfach nicht wahr, daß ‚der Deutsche durch volle 20 Jahre die toll-idiotischste Judenhetze mit völliger Gleichgültigkeit betrachtet' habe. 20 Jahre, das bringt uns zum Jahr 1925. Daß die Weimarer Republik antisemitisch gewesen sei, werden Sie nicht behaupten, und was die Nationalsozialisten betrifft, so kann man wohl sagen, daß von links bis rechts nichts auf so einmütigen Widerstand und scharfe Verdammung gestoßen ist, wie eben die Judenhetze ...

... Eine der niederträchtigsten Kriegslügen ist am Verenden: die Lüge, daß es in Deutschland keinen Widerstand gegen Hitler gegeben hat. Würden Sie wirklich die deutschen Bischöfe und Geistlichen der ‚Beihilfe zum Mord' bezichtigen, die vor Hitler und genauso nachher den Antisemitismus unter Lebensgefahr angeprangert und verdammt haben? Und Sozialdemokraten und Angehörige aller anderen Parteien, die nicht ins Konzentrationslager kamen? Und die Märtyrer des 20. Juli 1944, die mitten im Krieg die Verschwörung gegen das Regime organisierten und ihren Heldenmut mit dem Leben bezahlten? Und breite Massen, die niemals Nationalsozialisten waren oder wurden, Schuster, Bäcker und Arbeiter, die keinem Juden je ein Haar gekrümmt haben und auch nichts von Antisemitismus wissen wollten. Und jene (genug Fälle sind veröffentlicht worden), sogar nationalsozialistische Beamte darunter, die Juden gewarnt und ihnen bei der Ausreise und auch sonst geholfen haben? Die vielen Familien, die unter Lebensgefahr Juden in ihren Wohnungen versteckt hielten und sie von ihren eigenen Rationen ernährten? ... Wieviele haben denn von einem solchen Massenmorden überhaupt gewußt? Von Konzentrationslagern, ja, denn die waren ja Mittel des politischen Terrors — aber vom Massenmord? ... Ich bezweifle, daß breite Massen von solchen Massenmorden überhaupt gewußt oder es geglaubt haben."

Zühlsdorff verwahrte sich auch entschieden dagegen, daß der kleine Mann, der, wenn er — bei kontrollierter Presse und Terror und Konzentrationslagerdrohung — in Form eines Gerüchtes von Massenmorden gehört habe, der „Beihilfe zum Mord kraft Gleichgültigkeit" überführt werden könne (Lützeler, S. 27 ff.).

Broch fühlte sich mißverstanden, wie seine Antwort vom 21. August beweist

(Lützeler, S. 31 ff.), aber in seinem Brief vom 31. August versuchte Zühlsdorff einzulenken, fühlte sich aber doch veranlaßt zu betonen, daß der deutsche Widerstand „von Anfang an eine Massenbewegung war, die von links bis rechts, von der Arbeiterschaft über Bürgertum, Intellektuelle bis zum Adel ging und den weitaus größten Teil der deutschen geistigen Elite umfaßte". Überhaupt sei das Tragische an dieser Frage, daß die NS-Propaganda behauptete, alle Deutschen seien Nazis und die Propaganda der Westmächte genau das gleiche tat. Zudem seien alle Friedensangebote der deutschen Armee und der deutschen Opposition an die demokratischen Regierungen von diesen ignoriert worden, weil sie die bedingungslose Kapitulation jeder deutschen Regierung erreichen wollten. Vom deutschen Volk, das derzeit keine Stimme habe, erwarte er nicht den Rückruf der Emigranten, wohl aber müßte es für eine kommende deutsche Regierung selbstverständlich sein, obwohl zu hoffen sei, daß die meisten schon vorher zurückgekehrt seien. Den persönlichen Ekel Brochs könne er verstehen, doch sei dies eine Frage des Individuums. „Ich könnte außerdem sagen, Wien als eine der Brutstätten des Antisemitismus sei gerade in der Judenbehandlung weit ärger gewesen als das übrige Deutschland, aber da wir Österreich ja als Teil Deutschlands betrachten, müssen wir auch die Verantwortung dafür übernehmen." Letztlich seien aber heute „Hitler und der Nationalsozialismus ein toter Hund, aber im Namen des Kampfes gegen sie geht eine noch viel größere Ungeheuerlichkeit vor sich, unter der heuchlerischen Phrase, daß alle Deutschen an gewissen Verbrechen der Nazis schuld seien".

Zühlsdorff dachte dabei an den Morgenthau-Plan (Rückverwandlung des Deutschen Reiches in einen Agrarstaat) und die Potsdamer Konferenz, wobei er Versailles (1919), Hitler und Potsdam das gleiche Ziel zuschrieb: „die Zerstörung Europas, ja der Menschheit und letzten Endes der Christusmission der Erde" (Lützeler, S. 35−38).

Von nun an wurden auch wegen der zunehmenden Arbeit der beiden Korrespondenten die Briefe im allgemeinen kürzer, jene von Broch pessimistischer. Die „Schaffung einer zielgerichteten demokratischen Ideologie" sei seine einzige Hoffnung, die Bedingungen für ihre Verwirklichung gering, denn: „alle Parteien sind bemüht, Hitler nachträglich zu rechtfertigen; die Russen bestätigen ihn mit ihrem Imperialismus und Totalitarismus, die Weststaaten (deren Imperialismus weniger völkergefährdend ist, da er zu freien Föderationen hinzielt) bestätigen Hitler mit ihrem Mangel an einer wirklich demokratischen Ideologie, und die Juden bestätigen ihn infolge ihrer Unfähigkeit, auch nur das geringste zuzulernen". (Broch, 17. 10. 1945; Lützeler S. 42 f.) Da Broch in diesem Brief auch gemeint hatte, man solle nicht vom Baruch-Morgenthau-Plan sprechen, da die Entindustrialisierung Deutschlands schon in der Konferenz von Teheran beschlossen worden sei, und dieser Terminus neue Nahrung für den Antisemitismus sein könnte, hielt Zühlsdorff eine jüdische Hilfsaktion für die hungernden und verhungernden Kinder nach dem Muster von Quäkern, Protestanten und Katholiken für versuchenswert: „erstens um der Kinder willen, und zweitens, um klarzustellen, daß Morgenthau nicht für *die* Juden spricht". (Zühlsdorff,

29. 10. 1945; Lützeler, S. 45) Der österreichische Jude Broch ging auf die Anregung sogar ein. Er selbst würde ihre Verwirklichung trotz seines Zeitmangels unterstützen, wenn er sie für durchführbar hielte. Das sei sie jedoch nicht, denn: „der Jude ist kein Übermensch" (Broch, 5. 11. 1945; Lützeler, S. 46). Der Jude Broch beteiligte sich dennoch an einer Reihe anderer Hilfsaktionen.

Der 1949, zwei Jahre vor Brochs Tod, endende Briefwechsel mit Zühlsdorff ist, wie schon gesagt, eine faszinierende Quelle. Es würde sich lohnen, weiter auf sie einzugehen, doch ist das in diesem Rahmen nicht möglich. Daher soll der erste Teil dieses Beitrages mit einem kurzen Ausschnitt aus der Antwort Brochs auf Zühlsdorffs schon zitierten ersten erregten Widerspruch enden. Sie stammt vom 21. August 1945 und enthält nochmals die zentrale These Brochs von der Schuld der Gleichgültigkeit:

„Von rassentheoretischen Erwägungen war überhaupt keine Rede, mit Ausnahme einer, nämlich zugunsten des deutschen Volkes, dessen Genie ich nach wie vor als weltführend (und zwar sowohl im Guten wie im Schlechten) anerkenne. Und gerade weil dem so ist, scheint mir in Deutschland die *Weltschuld* der Gleichgültigkeit, also des ethischen Verfalls, am ersten und intensivsten zu offenstem Ausbruch gekommen zu sein. Was in Deutschland geschehen ist, kann *überall* geschehen, aber weil es in Deutschland zuerst geschehen ist, hat der Umschlag der Welt zuerst in Deutschland einzusetzen" (Lützeler, S. 32).

II.

Broch hat Zühlsdorff daran erinnert, daß man beim nationalsozialistischen Judenhaß mindestens 20 Jahre zurückgehen müsse. Hätte er sich mehr Zeit genommen, so hätte er Jahrhunderte angeben müssen. Im deutschsprachigen Raum reichte die religiöse und ökonomische Judenfeindschaft bis in das Mittelalter zurück. Im letzten Drittel des 19. Jahrhunderts entstanden zwei moderne politische Antisemitismen, der wirtschaftlich-christlichsoziale, den Karl Lueger vertrat, und der alldeutsch-rassistische Georg von Schönerers. Daß Hitler von beiden in seinen „Wiener Lehr- und Leidensjahren" gelernt hat, daß er im Wien der Jahrhundertwende Antisemit geworden ist, beschreibt er selbst im ersten Band seines Buches „Mein Kampf", [3]) der 1925 erstmals erschienen ist. Schon damals hätte man den tödlichen Judenhaß dieses Mannes erkennen können, der das Kriegskapitel mit den Sätzen schloß: „Mit den Juden gibt es kein Paktieren, sondern nur das harte Entweder — Oder. Ich aber beschloß, Politiker zu werden." (Hitler, S. 225) Oder: „Hätte man zu Kriegsbeginn und während des Krieges einmal zwölf- oder fünfzehntausend dieser hebräischen Volksverderber so unter Giftgas gehalten, wie Hunderttausende unserer allerbesten Arbeiter aus allen Schichten und Berufen es im Feld erdulden mußten, dann wäre das Millionenopfer der Front nicht vergeblich gewesen. Im Gegenteil: Zwölftausend Schurken zur rechten Zeit beseitigt, hätte vielleicht einer Million ordentlicher, für die Zukunft wertvoller Deutschen das Leben gerettet." (Hitler, S. 772)

Dieses zugegebenermaßen nur mit Überwindung lesbare, in Millionenauflagen gedruckte Buch wurde vor und nach 1933 bzw. 1938 nicht von vielen gelesen und nur von wenigen als das verstanden, was es war: das politische Programm eines Mannes, der es — von der Wunschkoalition mit England abgesehen — Punkt für Punkt erfüllte, als er dazu in der Lage war. Lange glaubten es die Deutschen und auch die deutschen Juden nicht, ebenso wie Politiker anderer Staaten, die dann Opfer der Hitlerschen Eroberungspolitik werden sollten. Aber es war ja nicht nur „Mein Kampf"; jahrelang verbreitete Streichers „Stürmer" einen ebenso konsequenten wie brutalen Judenhaß. Und als Hitler den Krieg entfesselt hatte, sagte er in einer vom Großdeutschen Rundfunk ausgestrahlten Rede, daß dieser Krieg auf jeden Fall das Ende des Judentums bedeuten würde.

Sicher, von der „Wannsee-Konferenz" 1942 mit dem Beschluß der „Endlösung" wurde nichts in der Öffentlichkeit bekannt, aber im Deutschen Reich und in Österreich war schon vieles vor aller Augen geschehen, so weit sie nicht absichtlich geschlossen wurden: der erste Boykott jüdischer Geschäfte im Deutschen Reich Anfang April 1933, die nationalsozialistischen Bombenanschläge auf jüdische Geschäfte in Wien 1932, die Pensionierung deutscher jüdischer Beamter schon im April 1933. All das erreichte seinen „rechtlichen" Höhepunkt in den „Nürnberger Rassegesetzen" vom 15. September 1935. Das „Reichsbürgergesetz" teilte die deutschen Staatsbürger in „Reichsbürger" und „Staatsangehörige". Zu ihnen gehörten die Juden, die nun offiziell zu Bürgern minderen Rechtes wurden. Das „Gesetz zum Schutz des deutschen Blutes und der deutschen Ehre" verbot „Eheschließungen zwischen Juden und deutschen Staatsangehörigen deutschen oder artverwandten Blutes". Auch der außereheliche Geschlechtsverkehr zwischen Angehörigen der beiden „Rassen" wurde verboten und später als „Rassenschande" mit Sanktionen bis zur Todesstrafe für den jüdischen Mann geahndet. Diese „Gesetze" bildeten die Basis für alle weiteren antijüdischen Gesetze, Erlässe, Befehle und Verordnungen. Von nun an begann für alle Deutschen, nach dem März 1938 auch für die Österreicher, die Jagd nach dem „Ariernachweis", denn „Arier" war man nur mit vier nichtjüdischen Großeltern, und Arier zu sein, entschied über Bildung, Beruf und letztlich über Leben oder Tod.

In der „Ostmark" nahm die NS-Judenverfolgung einen besonders raschen und brutalen Verlauf. Schließlich mußten fünf Jahre nachgeholt werden, und das geschah. [1])

Schon in den ersten Stunden der nationalsozialistischen Herrschaft in Österreich waren die Juden Angriffen auf ihr Recht und Eigentum schutzlos preisgegeben. Bereits in der Nacht vom 12. auf den 13. März kam es in Wien, wo 90 Prozent aller österreichischen Juden lebten, und in einigen anderen österreichischen Städten zu Plünderungen jüdischer Wohnungen und Beschlagnahmungen jüdischer Geschäfte. Die ersten Massenverhaftungen, mit denen die Gestapo unmittelbar nach dem Einmarsch der deutschen Truppen begann, trafen mit Zehntausenden Anhängern der sogenannten „Systemzeit" und bekannten Marxisten auch eine große Zahl prominenter Juden, unter ihnen Funktionäre der Israelitischen Kultusgemeinde und der Zionistischen Organisation Österreichs.

Allein unter den 151 Häftlingen des ersten Transportes, der am 1. April 1938 nach Dachau abging, befanden sich 60 Juden.

Am 24. Mai befahl dann die Gestapo generell die unverzügliche Verhaftung „unliebsamer, insbesondere kriminell vorbelasteter Juden" und ihre Überführung nach Dachau, wodurch willkürlichen Verhaftungen Tür und Tor geöffnet waren. Ungefähr 2.000 Juden waren davon betroffen.

Raubzüge und Verhaftungen wurden damals allerdings noch geheimgehalten, denn noch waren sie nicht „gesetzlich" gedeckt. Verfemung und Verspottung der Juden wurden jedoch in aller Öffentlichkeit unter dem Beifall des schaulustigen Wiener Pöbels vorgenommen. Besonderer Beliebtheit erfreuten sich die „Reibpartien": Von SA-Männern aus ihren Wohnungen geholte Juden aller Alters- und Gesellschaftsgruppen, Männer, Frauen, Rabbiner, Kaufleute, Arbeiter, Kriegsveteranen mußten meist mit den bloßen Händen oder Zahnbürsten die Straßen von den Wahlparolen Schuschniggs und den Krukenkreuzen der „Vaterländischen Front" säubern.

Ein englischer Journalist, der sich in jenen Tagen in Wien aufhielt, hat eine „Reibpartie" am Praterstern folgendermaßen beschrieben: „Sie mußten das Bild Schuschniggs entfernen, das mit einer Schablone auf den Sockel eines Monuments gemalt worden war. SA-Leute schleppten einen bejahrten jüdischen Arbeiter und seine Frau durch die beifallklatschende Menge. Tränen rollten der alten Frau über die Wangen, und während sie starr vor sich hin sah, konnte ich sehen, wie der alte Mann, dessen Arm sie hielt, versuchte, ihre Hand zu streicheln. Arbeit für die Juden, endlich Arbeit für die Juden! heulte die Menge. Wir danken unserem Führer, er hat Arbeit für die Juden beschafft!"

Auch Carl Zuckmayr hat in seinen im Grunde so versöhnlichen Erinnerungen ein bedrückendes Bild von jener antijüdischen Massenhysterie gezeichnet, der im Taumel der ersten „Anschluß"-Begeisterung nicht wenige Wiener erlegen sind. Spott und Hohn ergossen sich über die jüdischen „Sündenböcke", die, Schilder mit antisemitischen Parolen um den Hals, durch die Gassen getrieben wurden und denen Rufe wie „Juda, verrecke!" in den Ohren gellten. Die Auslagen jüdischer Geschäfte wurden beschmiert, „Arier" an deren Betreten durch Wachposten der SA gehindert. In dieser Situation flüchtete nicht nur der Schriftsteller Egon Friedell in den Tod: Im März und April 1938 stieg die Zahl der jüdischen Beerdigungen um 23 bzw. 27 Prozent. 1937 waren von 973 Wienern, die Selbstmord begangen hatten, 98 Juden gewesen, 1938 428 von 1.358.

Die systematische offizielle Entrechtung der Juden begann mit dem Erlaß Seyss-Inquarts vom 15. März 1938 über die Vereidigung der Beamten des Landes Österreich auf den „Führer", von der laut § 3 des Erlasses die jüdischen Beamten ausgenommen waren. Als Jude galt — den Bestimmungen der schon zitierten Nürnberger Gesetze von 1935 gemäß —, wer von mindestens drei der Rasse nach volljüdischen Großeltern abstammte, sowie mit Juden verheiratete Mischlinge. Alle Beamten, die keinen Diensteid ablegten, waren automatisch ihres Amtes enthoben. Diese faktische Entlassung aller jüdischen Beamten wurde am 31. März mit ihrer „gesetzlichen" Versetzung in den Ruhestand abgeschlossen.

Wenige Tage zuvor, am 26. März, hatte Hermann Göring in der Wiener Nordwestbahnhofhalle unter dem Beifall seiner Zuhörer die österreichische Wirtschaft als Spielball internationaler und besonders jüdischer Spekulanten beschrieben, die „völlige Verjudung des Handels" als Ursache für die Verarmung des Landes bezeichnet. Die Stadt Wien, in der 300.000 Juden (im Wirklichkeit waren es im März 1938 in ganz Österreich 185.246) lebten, könne sich nicht mehr eine deutsche Stadt nennen. „Wien muß wieder eine deutsche Stadt werden, weil sie in der Ostmark Deutschlands wichtige deutsche Aufgaben hat. Diese Aufgaben liegen sowohl auf dem Gebiete der Kultur wie auch auf dem Gebiete der Wirtschaft. Weder auf dem einen noch auf dem andern können wir auf die Dauer den Juden gebrauchen." Genau einen Monat später war im „Völkischen Beobachter" zu lesen: „Bis zum Jahre 1942 muß das jüdische Element ausgemerzt und zum Verschwinden gebracht worden sein. Kein Geschäft, kein Betrieb darf zu diesem Zeitpunkt mehr jüdisch geführt sein, kein Jude darf irgendwo mehr Gelegenheit zum Verdienen haben . . ."

Zur Erreichung dieses Zieles wurden Entrechtung und Enteignung der Juden vom Frühjahr 1938 an konsequent sowie härter und schneller als im sogenannten „Altreich" betrieben. Bereits Anfang April wurde den jüdischen Anwälten die Ausübung ihres Berufes untersagt. Am 22. April erschien eine Verordnung gegen die Unterstützung oder Tarnung jüdischer Gewerbebetriebe. Am 24. April verfügte das damals noch österreichische Unterrichtsministerium, daß inländische jüdische Studenten ihr Studium „nur nach Maßgabe einer Verhältniszahl von zwei vom Hundert für die einzelnen Fachgebiete" fortsetzen könnten. Schon am 8. Dezember 1938 wurden die Universitäten für die Juden ganz gesperrt, und wenig später wurde auch den jüdischen Teilnehmern am Ersten Weltkrieg die Benutzung der wissenschaftlichen Bibliotheken und Institute untersagt. Im Laufe des April war die Ausschulung der jüdischen Schüler aus den öffentlichen Schulen erfolgt, wovon 16.000 Schüler betroffen wurden. Sie wurden zunächst in von der Stadt Wien zur Verfügung gestellten Räumen unterrichtet. Nach Ablauf des Schuljahres 1938/39 wurde dann jeder öffentliche Unterricht jüdischer Kinder verboten.

Auf Grund einer Verordnung vom 26. April 1938 mußten alle Juden, die ein Vermögen von 5.000 Reichsmark oder mehr besaßen, dieses bis zum 30. Juni anmelden. 47.768 Juden kamen dieser Verpflichtung nach und meldeten insgesamt Besitz und Vermögen im Wert von über zwei Milliarden Mark an. Am 18. Mai wurde die „Vermögensverkehrsstelle für Juden" errichtet. Ihre Aufgabe war die Entgegennahme der Anmeldung von Judenvermögen, die Genehmigung der Veräußerung gewerblicher, land- und forstwirtschaftlicher Betriebe der Juden, Genehmigung der Erwerbung oder Neueinrichtung von Erwerbsunternehmungen durch Altreichsdeutsche oder Ausländer — mit einem Wort die Bürokratisierung der bis dahin „wilden" Arisierung. Die Vermögensverkehrsstelle arbeitete sehr erfolgreich. Laut Bericht des „Völkischen Beobachters" vom 20. November 1938 waren damals von den im März 1938 registrierten 26.236 jüdischen Betrieben und Geschäften bereits 30 Prozent arisiert: „Naturgemäß wurden die wichtigsten, im besten Stand befindlichen Betriebe zuerst entjudet." Diese Betriebe wurden unter dem Druck der Lage und der Vermögensverkehrsstelle meist nur zu einem Bruchteil ihres Wertes verkauft. Dies geht schon daraus hervor, daß für die bis Ende Dezember 1938 arisierten Betriebe den jüdischen „Verkäufern" insgesamt weniger als 10 Millionen Mark bezahlt wurden, und zwar auf ein Sperrkonto, von dem monatlich nicht mehr als 500 Mark, nach dem 11. November 1938 nur noch 400 Mark abgehoben werden durften. Bis Ende September 1938 waren außerdem 4.339 jüdische Betriebe ohne jede Entschädigung kommissarischen Verwaltern übergeben worden, von denen es zunächst 25.000 und im November 1938 noch 3.500 gegeben haben soll. (Bericht von Minister Fischböck in einer Sitzung im Reichswirtschaftsministerium am 14. November 1938 nach den Ausschreitungen der „Reichskristallnacht" vom 9. auf den 10. November 1938.)

Der Griff nach dem jüdischen Besitz einerseits und die systematische Verdrängung der Juden aus der Erwerbstätigkeit andererseits bewirkten bei jenen Juden, die nicht so vermögend waren, daß sie rasch auswandern konnten, eine rapide Verarmung. Die am 15. März 1938 unter die Aufsicht der Gestapo gestellte und gesperrte, am 2. Mai 1938 wiedereröffnete Wiener Israelitische Kultusgemeinde, deren Hauptaufgabe zunächst die soziale Unterstützung der Juden war, bekam dies schon an der ständig steigenden Benützung der Einrichtung „Notausspeisungszentrale" zu spüren: Bis zu 40.000 Wiener Juden pro Tag mußten die öffentliche Ausspeisung in Anspruch nehmen. Sogar im ersten Vierteljahresbericht 1939 des Sicherheitshauptamtes in Berlin wird die Situation der österreichischen Juden ein Jahr nach dem „Anschluß" folgendermaßen beschrieben: „Der Verlust jeder wirtschaftlichen Basis hat auch in der Ostmark für das Judentum eine weitgehende Verschlechterung der Lage gebracht. Die soziale Aufgliederung verschiebt sich dort immer mehr auf eine umfangreiche Proletarisierung."

Sie war die Folge der wirtschaftlichen Ausschaltungs- und der sozialen Isolierungsmaßnahmen, denen die Juden nach der Einführung der Nürnberger Gesetze auch in der „Ostmark" am 20. Mai 1938 in besonders rascher Folge ausgesetzt waren, um mit dem „Altreich" gleichzuziehen. Ab 14. Juni waren alle jüdischen Gewerbebetriebe anmeldepflichtig. Am 25. Juli wurde kundgemacht, daß die Approbation jüdischer Ärzte mit 30. September erlöschen würde. Künftig durften sie nur mehr ihre eigenen Familien und Juden behandeln. Die mit 23. Juli allgemein eingeführte „Kennkarte" war für Juden auf der Vorderseite mit einem großen „J" versehen. Mitte September wurden in den Wiener Spitälern über Befehl Eichmanns die jüdischen Patienten von den anderen abgesondert, „weil arischen Pflegerinnen nicht zuzumuten sei, daß sie für jüdische Patienten sorgen". Ende September wurde die Löschung der jüdischen Anwälte aus der Anwaltsliste verordnet. Am 5. Oktober wurden die deutschen Pässe der Juden für ungültig erklärt. Ihre mit Geltung für das Ausland ausgestellten Pässe wurden erst dann wieder gültig, wenn sie von der Paßbehörde mit einem Merkmal versehen wurden, „das den Inhaber als Juden kennzeichnet".

Im Oktober 1938 kam es weiters zu einer Serie von Ausschreitungen gegen die Wiener Juden, deren Häufigkeit selbst für die „Ostmark" neu war: Mitte Oktober wurden in jüdischen Bethäusern und in zahlreichen jüdischen Geschäften und Wohnungen Fensterscheiben und Möbel zerschlagen. Dabei wurden einige Juden mißhandelt und verletzt. Am 16. Oktober wurde im Tempel in der Tempelgasse (Leopoldstadt) ein Brand gelegt, der einen Teil des Gebäudes vernichtete. Zwei weitere Brandlegungen in Synagogen und die Zerstörung von vier jüdischen Geschäften in der Brigittenau folgten. In der zweiten Monatshälfte wurden in der Leopoldstadt und in der Brigittenau an die 2.000 Juden polizeilich perlustriert und die meisten von ihnen in überfüllten Polizeigefängnissen und Notarresten inhaftiert. Nach einigen Tagen Haft wurden die Juden mit dem Auftrag, sich täglich beim Polizeiamt Leopoldstadt zu melden, gruppenweise entlassen. Ferner wurde ihnen die baldige Ausreise nahegelegt. Die Situation der Wiener Juden hat sich daher durch den Novemberpogrom wohl noch beträchtlich verschärft, er bedeutete für sie aber „keinen plötzlichen Einschnitt in bisherige Lebensbedingungen wie in Deutschland". War doch schon im Oktober 1938 das Phänomen, das den Gegnern der Nationalsozialisten und dann ihnen selbst zur Bezeichnung des 10. November diente — mit den Splittern zertrümmerter Auslagenscheiben und Fenster übersäte Straßen —, in Wien gar nicht selten. Es war der Vorbote der „Reichskristallnacht".

Die in der Nacht vom 9. auf den 10. November 1938 mit Wissen und im Auftrag Hitlers durch den Reichspropagandaminister Goebbels einerseits und durch die NS-Führer Himmler und Heydrich andererseits im ganzen Deutschen Reich ausgelösten organisierten Terroraktionen gegen die Juden sollten offiziell die „spontane" Vergeltung des deutschen Volkes für den Tod des deutschen Legationsrats in Paris Ernst vom Rath sein, der den Folgen eines Attentats erlegen war, das der 17jährige Jude Herschel Grynszpan auf ihn verübt hatte. Dessen alter Vater war Ende Oktober — ebenso wie Tausende andere, von der deutschen Polizei schlagartig an die deutsche Grenze abgeschobene polnische Juden — hilflos, frierend und hungernd im Niemandsland umhergeirrt, da Polen die Aufnahme der nach seinen Gesetzen Staatenlosen verweigerte.

Die NS-Führung, an ihrer Spitze Goebbels, Himmler und Heydrich, benützte jedenfalls das Attentat Grynszpans mit Wissen und im Auftrag Hitlers unter Berufung auf die „kochende Volksseele", und befahl SS und SA in ganz „Großdeutschland" in der Nacht vom 9. auf den 10. November ein Großpogrom in Zivil durchzuführen.

Im ganzen Deutschen Reich sind im Verlauf der „Reichskristallnacht" über 26.000 Juden verhaftet worden. Von ihnen wurden 10.911 in das KZ Dachau, 9.845 nach Buchenwald und der Rest nach Sachsenhausen gebracht. In den KZs starben mehrere hundert infolge der Mißhandlungen durch die Wachmannschaften. In der „Reichskristallnacht" selbst gab es nach den Untersuchungen des obersten Parteigerichtes der NSDAP „91 Fälle von Tötungen". Der angerichtete Sachschaden betrug nach den ersten Schätzungen Heydrichs schon am 12. November 1938 25 Millionen Reichsmark; ungefähr 7.500 Geschäfte waren zerstört worden.

Diese Bilanz veranlaßte Göring bei der von ihm einberufenen und geleiteten Besprechung mit Heydrich und Vertretern des Reichsfinanz- und Reichswirtschaftsministeriums im Berliner Reichsluftfahrtministerium am 12. November 1938 zu dem Ausruf: „Mir wäre lieber gewesen, ihr hättet zweihundert Juden erschlagen und hättet nicht solche Werte vernichtet!"

Besonders hart getroffen wurden von der „Reichskristallnacht" die Juden in der „Ostmark". [5] In Innsbruck wurden drei Juden, unter ihnen der Leiter der Israelitischen Kultusgemeinde, getötet, einer schwer verletzt. 18 der insgesamt 130 Innsbrucker Juden wurden verhaftet, fast alle waren verletzt. Die Synagoge wurde zerstört.

Im Burgenland und in Niederösterreich wurden die Synagogen, Zeremonienhäuser und privaten Bethallen zerstört. In Niederösterreich, im Burgenland und in der Oststeiermark wurden 45 jüdische Friedhöfe verwüstet. Auch in Linz kam es zur Zerstörung der Synagoge und zu Verhaftungen, aber nicht zu Plünderungen von Geschäften, da diese ebenso wie in Graz bereits alle „arisiert" waren. Dasselbe gilt für Klagenfurt, doch tobte sich dort die von der SA repräsentierte „kochende Volksseele" in jüdischen Wohnungen so aus, daß ein Sachschaden von insgesamt 200.000 Reichsmark entstand. Für Salzburg stellte ein interner Polizeibericht fest, daß weiten Teilen der Bevölkerung wegen der „mangelnden Propaganda" nicht einmal der formale Anlaß für die „Volksempörung", der Tod vom Raths, bekannt war. Die Ausschreitungen in der Nacht vom 9. auf den 10. November 1938 waren daher ausschließlich das Werk von „Funktionsangehörigen". In der „Salzburger Zeitung" vom 10. November 1938 stand allerdings anderes: „In der Gaustadt Salzburg richtete sich der erste Sturm der Entrüstung gegen die Synagoge. Schon kurz nachdem im Laufe der Nacht das Ableben des Gesandtschaftsrates vom Rath in der Stadt bekannt geworden war, zog eine erregte Volksmenge vor das jüdische Wahrzeichen und zerstörte Fenster, Einrichtungsstücke und die jüdischen Kultgegenstände. Kein Wunder, daß auch alle Salzburger Geschäfte, die heute noch Juden gehören, die Wut der Bevölkerung zu spüren bekamen." Das Ergebnis war die Zerstörung von sieben noch nicht „arisierten" Geschäften in der Stadt, die Vernichtung der Synagogeneinrichtung, Geschäftszerstörungen auch in Badgastein und Hallein. Die Waren mußten an die Nationalsozialistische Volkswohlfahrt abgeliefert werden. 60 bis 70 jüdische Männer, 41 in der Stadt Salzburg, wurden verhaftet und nach Dachau gebracht.

Am härtesten wurden von der „Reichskristallnacht" die Wiener Juden getroffen. Die Durchführung der „spontanen" Aktionen übernahmen von seiten der SS die Standarten 11 und 89, deren Führern jene Objekte zugeteilt wurden, für deren Vernichtung sie verantwortlich waren, so z. B. dem nachmaligen Mussolini-Befreier Otto Skorzeny zwei Synagogen im 3. Bezirk. Im Kreis VIII waren die Träger der Aktion seit dem Morgen des 10. November ausnahmslos Ortsgruppenleiter der NSDAP. Gegen Geschäfte und Wohnungen gingen in erster Linie politische Leiter und SA-Männer vor. In einigen Bezirken beteiligte sich auch die HJ, deren besonders rohes Verhalten sogar im Bericht des Wiener SD-Führers, SS-Hauptsturmführer Trittner, kritisch vermerkt wird, wie überhaupt über die

„Reichskristallnacht" eine Fülle nationalsozialistischer Quellen, vor allem Durchführungsberichte von SS- und SD-Führern, vorliegt. Aus ihnen ergibt sich, daß 17 Tempel und 61 Bethäuser — laut „Stürmer" vom Dezember 1938 nicht „wirkliche Gotteshäuser, sondern Stätten des Verbrechens" — vor allem durch Brandlegung mit Handgranaten zerstört wurden. 4.083 jüdische Geschäfte wurden, zumeist geplündert und verwüstet, gesperrt. Allein im Kreis I wurden 1.950 Wohnungen „ausgeräumt". 7.800 Juden wurden verhaftet, unter ihnen 1.226, deren Einreiseerlaubnis in das Ausland bereits erteilt war oder die schon als Auswanderungswillige bei der „Zentralstelle für jüdische Auswanderung" geführt wurden. Alle Verhafteten wurden in sogenannten „Sammelstellen" in Schulen und anderen Notgefängnissen, wie z. B. den Sophiensälen, in unbeschreiblicher Enge und zum Teil unter maßlosen Quälereien festgehalten. Allein in der ehemaligen Klosterschule in der Kenyongasse wurden 27 Juden getötet und 88 schwer verletzt. 680 Juden begingen am 10. November und an den folgenden Tagen Selbstmord. Von den Verhafteten wurden 4.600 ab dem 16. November in das KZ Dachau verschickt, wo sie von allen „Reichskristallhäftlingen" am ärgsten mißhandelt wurden. 1.865 wurden vorläufig „zurückgestellt" und 982 entlassen. Von den Zurückgestellten befanden sich noch zu Weihnachten allein 35 im Polizeigefangenenhaus. Wie viele weitere noch in das KZ gebracht oder freigelassen wurden, ist den vorliegenden Gestapo- und Polizeiberichten nicht zu entnehmen. Von den Dachauer Häftlingen wurden im ersten Halbjahr 1939 ungefähr 4.000 unter der Bedingung, innerhalb zweier Wochen zu emigrieren, entlassen.

Presse und Rundfunk informierten über die in allen größeren Städten sichtbaren Folgen der Gewaltaktionen der „kochenden Volksseele" mit deutlichem Verständnis. Daß die Bürger des „Großdeutschen Reiches" der „Reichskristallnacht" im allgemeinen gleichgültig bis ablehnend gegenüberstanden, geht jedoch sogar aus Berichten von SA- und SS-Führern der mittleren Ebene hervor. Für Wien gilt wohl folgender Satz aus dem Bericht des SS-Hauptsturmführers Trittner vom 10. November 1938: „Mitleid mit dem Los der Juden wurde fast nirgends laut, und wo sich ein solches dennoch schüchtern an die Oberfläche wagte, wurde diesem von der Menge sofort energisch entgegengetreten, einige allzu große Judenfreunde wurden festgenommen."

Nach der „Reichskristallnacht" wurde am 29. November 1938 auf Reichsebene jene Polizeiverordnung erlassen, die künftig die Basis für alle räumlichen und zeitlichen Beschränkungen der Juden bildete, des Inhalts, „daß sie bestimmte Bezirke nicht betreten oder sich zu bestimmten Zeiten in der Öffentlichkeit nicht zeigen dürfen". Die Nichteinhaltung solcher Verbote wurde mit Geldstrafen bis 150 RM oder mit Haft bis zu sechs Wochen bestraft. Bereits im Jänner 1939 wurden die Juden von der Benützung von Schlaf- und Speisewagen ausgeschlossen. Im Juni wurde ihnen in Wien der Besuch städtischer Bäder mit Ausnahme jenes im 14. Bezirk sowie der Besuch des Praters verboten. Schon am 7. Februar 1939 wurde angeordnet, daß die Juden die Vornamen Israel und Sara führen müßten. Ebenfalls noch vor Kriegsausbruch war ihnen jegliche Betriebsführung sowie die Ausübung der gesamten Heilkunde, der Zahn- und Tierheilkunde und der Pharmazie verboten worden. Am 21. Februar 1939 war eine Verordnung über die Abgabe von Wertgegenständen im Besitz von Juden aus Österreich und am 17. April das Verbot der Mitnahme von Wertgegenständen und bestimmten Gebrauchsgegenständen bei der Auswanderung erlassen worden. Am 30. April erschien eine Verordnung über die „Mietsverhältnisse mit Juden", aufgrund derer in der Folge die meisten noch in Wien lebenden Juden gekündigt und bis 1941 in bestimmten Vierteln der Stadt, vor allem im 2. Bezirk, konzentriert wurden.

Bis zum Kriegsausbruch wurden mehr als 250 antijüdische Verordnungen erlassen. Nun erfolgten weitere verschärfte Maßnahmen: Am 29. September 1939 wurde den Juden die Benützung aller öffentlichen Parkanlagen untersagt, was in Wien der Polizeipräsident schon im Juni 1938 für den Kaipark, den Lainzer Tiergarten, den Türkenschanzpark, den Schloßpark Schönbrunn und den Stadtpark getan hatte. Am 27. Oktober wurde die Vermögensabgabe der Juden deutscher Staatsangehörigkeit von 20 auf 25 Prozent erhöht. Ab November durften jüdische Säuglings- und Kinderschwestern sowie Pflegerinnen ihren Beruf nur mehr bei Juden oder an jüdischen Anstalten ausüben. Auf dem Namensschild am Wohnhaus war ausdrücklich anzuführen: „jüdische Säuglings- und Kinderschwester". Zu dieser Zeit wurden die Denkmäler berühmter österreichischer Juden von den öffentlichen Plätzen entfernt. Den Studenten wurde befohlen, in ihren Dissertationen Juden oder jüdische Quellen nicht mehr zu zitieren.

Ab 1. Jänner 1940 durften die Juden nur mehr innerhalb bestimmter Zeiten, die ein bis zwei Stunden nicht überschritten, einkaufen gehen. Im Februar wurden sie von den privaten Krankenversicherungen und im Juli auch die arbeitsverpflichteten Juden von der Benützung der Gemeindeküchen (WÖK) und aller Sozialeinrichtungen der Gemeinde Wien ausgeschlossen. Im September wurde ihnen das Arbeitsentgelt für Feiertage, die außertariflichen Familien- und Kinderzulagen, Geburts- und Heiratshilfe, zusätzliche Altersversicherungen und Wochenhilfe gestrichen. 1941 mußten sie dafür erstmals eine Sozialausgleichsabgabe von 15 Prozent ihres Einkommens zahlen. Die Lebensmittelzulagen für Kinder wurden gestrichen und die jüdischen Lebensmittelkarten mit einem „J" — schließlich sogar auf jedem Abschnitt — gekennzeichnet. Kleiderkarten bekamen sie überhaupt keine, und zuletzt durften nur mehr Lebensmittel, die nicht kartenpflichtig waren, an Juden verkauft werden.

Im Mai 1941 veröffentlichte eine jüdische Auswanderungsaktion ein Merkblatt, in dem den Juden die wichtigsten sie betreffenden Verfügungen nachdrücklich in Erinnerung gerufen wurden:

„1. Der Besuch von Theatern, Konzerten, Museen, Bibliotheken, Lichtspielhäusern, öffentlichen Vorführungen, Vergnügungsstätten, Sportplätzen und Gaststätten ist ausnahmslos verboten.

2. Der Wareneinkauf und das Betreten von Geschäften außerhalb der für Juden festgesetzten Zeit ist unzulässig.

3. Für Juden besteht ein Ausgehverbot zur Nachtzeit (derzeit beginnend ab 21 Uhr).

4. Juden ist das Betreten öffentlicher Parkanlagen verboten.

5. Juden sind vom selbständigen Rundfunkempfang ausgeschlossen.

6. Juden dürfen das Gebiet von Groß-Wien ohne besondere Erlaubnis nicht verlassen.

7. Staatszugehörige Juden müssen ihre Kennkarte stets bei sich tragen und in Eingaben die Kenn-Nummer und den Kennort ihrer Unterschrift beifügen.

8. Es ist Juden nicht erlaubt, Einzelansuchen an die obersten Stellen und die obersten Behörden des Reiches zu richten.

9. Die in der Zentralstelle für jüdische Auswanderung erfaßten Personen sind verpflichtet, alle Wohnungs- und Standesveränderungen jeweils ohne Verzug persönlich dieser Stelle zu melden.

10. Das Verbreiten von Gerüchten betreffend Umsiedlungs- und Auswanderungsangelegenheiten ist strengstens untersagt.

11. Sowohl der mittelbare als auch der unmittelbare Nachrichtenverkehr mit dem feindlichen Ausland ist strengstens verboten und unter empfindliche Strafe gestellt."

Für die Wirkung jeder dieser diskriminierenden Schikanen auf die Betroffenen soll hier nur ein Gedicht des 1921 in Wien geborenen Dichters Erich Fried sprechen:

KEIN KINDERSPIEL

Ein Spielplatz
Für Kinder
Das war etwas Einfaches
Etwas
Was gar nicht zum Nachdenken war
Nur zum Freuen
Ein Spielplatz
War nichts als ein Spielplatz
Jetzt ist er
Ein verbotenes Gebiet
Verboten für Kinder
Die nicht zur Rasse
Des Führers gehören
Das ist kein Kinderspiel mehr
Als artfremdes Kind
Auf den Spielplatz zu gehen
Das ist ein gefährliches Spiel
Dafür kannst du abgeholt werden
Und auch deine Eltern
Verstehst du?
Abgeholt werden
Wer weiß wohin?

Die weitgehende Einhaltung der angeführten und weiterer entwürdigender Bestimmungen wurde durch die Kombination von permanenter Hetze gegen die Juden mit harter Bestrafung von Übertretungen erreicht. Schon im Sommer 1938 kam die Ausstellung „Der ewige Jude" nach Wien, wo sie innerhalb dreier Monate von 350.000 Wienern, darunter von allen Schülern, besucht wurde. In der unmittelbar nach dem „Anschluß" gleichgeschalteten Presse wurden immer wieder antijüdische Artikel und Meldungen publiziert. An der Spitze stand aber natürlich Streichers „Stürmer", der vom März 1938 an laufend Berichte und Briefe aus Österreich und vor allem aus Wien veröffentlichte, in denen die Juden als „Teufel in Menschengestalt", als „unter dem Tier stehende Rassenschänder" und vor Schmutz starrende „typische Ostjuden" unheimlich und verächtlich zugleich gemacht wurden. Besonders aggressiv war auch der „Österreichische Beobachter", das im Linzer Gauverlag herausgegebene „Traditionsblatt für alte Kämpfer", in dem die Juden aller nur denkbaren Schurkereien beschuldigt und auf die vulgärste Weise verspottet wurden. So propagierte er im März 1940 ein Lied, das nach der Melodie des bekannten Volksliedes „Es klappert die Mühle am rauschenden Bach" zu singen war. Seine erste Strophe lautete: „Wer red't mit die Händ und wer hatscht mit die Fieß? Der Jud! Wer macht a Geseires und mauschelt so sieß? Der Jud! Er ist überall auf der Erde zu Haus und ist so verbreitet wie Wanze und Laus, der Jud, der Jud, der Jud!"

Im Dezember 1940 richtete der „Österreichische Beobachter" eine eigene Sparte „Der Schandpfahl" ein, in der mit Bild und später auch mit Namen „artvergessene deutsche Frauen" gebrandmarkt wurden, „die entgegen allen ernsthaften und wiederholten Abmahnungen sich nicht davon abbringen" ließen, „mit volksfremden Ausländern intime Beziehungen zu unterhalten: Der ‚Österreichische Beobachter' hat schon einmal, in der illegalen Zeit, mit der Einrichtung des Prangers, an den jene Frauen kamen, die trotz Ermahnungen und Warnungen mit Juden verkehrten, die besten Wirkungen erzielt." Wenn auch ab 1942 die Judenhetze in der Presse etwas an Intensität verlor, so hörte sie doch bis zuletzt nicht auf. Noch am 18. April 1945 erschien in der „Salzburger Zeitung" ein Artikel mit der Überschrift „jüdische Erzieher im Anmarsch", in dem es hieß, daß die „angloamerikanischen Erzieher" ausschließlich Juden seien.

Die Verächtlichmachung der den nationalsozialistischen Machthabern ausgelieferten Juden im Lande einerseits und die dauernden Hinweise auf die Macht des bösartigen und rachsüchtigen internationalen Judentums andererseits förderten die *Gleichgültigkeit* und Feindseligkeit vieler „Volksgenossen" gegenüber den Juden. Diese gerieten zweifellos auch durch Denunziationen in die Maschinerie der Gestapo. Es wäre sonst nicht erklärlich, daß allein in der Zeit vom 11. September bis 11. Oktober 1940 32 Juden und 74 Jüdinnen wegen der Nichteinhaltung der für Juden geltenden polizeilichen Beschränkungen, wie Ausgehverbot, Einhaltung der Einkaufszeit, Verbot von Theater- und Kinobesuch usw., bei der Staatspolizeileitstelle Wien angezeigt worden sind. Im selben Zeitraum wurde in 173 Fällen gegen Juden wegen Verdachtes der Rassenschande, der Vermögensverschleppung, Anhäufung von Geld usw. das Ermittlungsverfahren eingeleitet. Insgesamt wurden im September und Oktober 1940 „1.323 Judenvorgänge bearbeitet", wie es im Tagesrapport der Wiener Gestapo vom 5. bis 6. November 1940 wörtlich heißt.

Im Einzelfall sah dies so aus, daß z. B. der 71jährige Stefan Auspitz von Achteneck wegen des Besuches von für Juden verbotenen Parkanlagen zehn Tage in Haft gehalten wurde, der ebenfalls 71jährige Arzt Wilhelm Fischer wegen der Nächtigung in für Juden verbotenen Alpenhütten 21 Tage. Im Juni 1941 wurde ein „Mischling I. Grades", der es unterlassen hatte, „den gesetzlichen Vornamen Israel zu führen", festgenommen. Da er bei Erlaß des Reichsbürgergesetzes mit einer „Volljüdin" verheiratet gewesen war, galt auch er als Jude. Im Oktober 1941 wurden eine 69jährige Frau und ein 67jähriger Mann verhaftet, weil sie in der Stadtbahn einen Sitzplatz eingenommen hatten, „während arische Frauen stehen mußten." Die Pianistin Paula Ehrlich wurde festgenommen, weil sie „noch im Juni 1941" auf dem Gartenbau-Tennisplatz Tennis gespielt hatte und im Sommer drei Wochen am Semmering auf Urlaub gewesen war. Alle jüngeren wegen solcher „Vergehen" angezeigten Juden wurden außerdem über Eichmanns „Zentralstelle für jüdische Auswanderung" bis zum „Vorliegen der Auswanderungsmöglichkeiten in den Arbeitsprozeß" eingereiht, was zu diesem Zeitpunkt bereits Zwangsarbeit und bald darauf Deportation bedeutete. 1941 heißt es in solchen Fällen in den Gestapo-Berichten immer nur mehr: "... wurde zwecks Umsiedlung in das Generalgouvernement in das jüdische Sammellager Wien 1 ... überstellt."

Nach dem deutschen Überfall auf die Sowjetunion 1941 wurden trotz der damals schon in Gang befindlichen Deportationen von Wiener Juden in das Generalgouvernement die Schikanen gegen die noch im Reichsgebiet verbliebenen Juden weiter verschärft. Obwohl alle jüdischen Männer zwischen 16 und 60 und alle Frauen zwischen 17 und 45 Jahren zumeist als Hilfsarbeiter dienstverpflichtet waren, durften sie die hintere Plattform der öffentlichen Verkehrsmittel nur an Werktagen und nur dann benützen, wenn ihre Arbeitsstelle mehr als sieben Kilometer von ihrer Wohnung entfernt war. Ab August war ihnen auch die Benützung privater Leihbibliotheken, bald darauf die Führung ihres akademischen Titels untersagt. Am 1. September 1941 wurde die Polizeiverordnung über die Kennzeichnung der Juden, die schon seit 1939 im Generalgouvernement vorgeschrieben war, für das Reich erlassen. Der erste Paragraph dieser Verordnung lautete: „Juden, die das sechste Lebensjahr vollendet haben, ist es verboten, sich in der Öffentlichkeit ohne Judenstern zu zeigen. Der Judenstern besteht aus einem handtellergroßen, schwarz ausgezogenen Sechsstern aus gelbem Stoff mit der schwarzen Aufschrift ‚Jude'. Er ist sichtbar auf der linken Brustseite des Kleidungsstückes fest aufgenäht zu tragen." Mit diesem Rückgriff auf mittelalterliche Praktiken hatte die mit der besonderen Kennzeichnung der jüdischen Kennkarte 1938 begonnene sichtbare Diskriminierung der Juden ihren Höhepunkt erreicht. Im Jänner 1942 wurden in Wien allein an zwei Tagen 29 Menschen „wegen Übertretung der Polizeiverordnung über die Kennzeichnung der Juden vom 1. September 1941" festgenommen und mit sechs bis acht Wochen

Haft bestraft. Weiters heißt es im Gestapo-Bericht: „Nach der Verbüßung werden sie in das Sammellager überstellt und in das Generalgouvernement evakuiert."

Ausgesondert und gebrandmarkt, durften die Juden nicht einmal in der anonymen Masse der Großstadt unerkannt bleiben. Der Stern ist daher auch von den Juden als quälendstes Zeichen ihrer Isolierung und Erniedrigung empfunden worden, selbst wenn ihnen Beschimpfungen in der Art, wie sie der bekannte deutsche Romanist Victor von Klemperer als „Sternträger" erleben mußte, erspart blieben: „Ein Auto bremste im Vorbeifahren auf leerer Straße, ein fremder Kopf beugt sich heraus: Lebst du immer noch, du verdammtes Schwein? Totfahren sollte man dich, über den Bauch! . . . Nein, alle Einzelfelder reichen nicht aus, die Bitterkeiten des Judensterns zu notieren."

Rückblickend muß der Stern als letzte Stufe der konsequenten psychologischen Vorbereitung der „Endlösung" gewertet werden. 1941 waren zwar die Gaskammern noch nicht in Betrieb, doch waren bereits Zehntausende Juden den Massenerschießungen im Osten zum Opfer gefallen. Die systematische Entrechtung der mit allen Mitteln totalitärer Propaganda verächtlich gemachten Juden war die entscheidende Vorbedingung dafür, daß die Untertanen des Dritten Reiches in ihnen nicht mehr Mitbürger sahen, sondern Volksschädlinge und Staatsfeinde, deren Vernichtung zuletzt zur patriotischen Pflicht erklärt wurde. Daher ist das Faktum, daß selbst in der Deportations- und Vernichtungsphase Entrechtung und Enteignung noch fortgesetzt bzw. gesteigert wurden, nicht nur auf den Sadismus der nationalsozialistischen Machthaber, sondern auch auf deren sozialpsychologische Taktik zurückzuführen. Dafür noch einige Beispiele:

1942 durften Juden öffentliche Verkehrsmittel nur mehr mit staatspolizeilicher Bewilligung benutzen. Die Inanspruchnahme nichtjüdischer Friseure war ihnen verboten. Sie wurden über Betreiben von Goebbels von der Zeitungs- und Zeitschriftenauslieferung durch Post, Verlagsanstalten und Straßenhändler ausgeschlossen. Nur der Bezug des wöchentlich einmal erscheinenden jüdischen Nachrichtenblattes war ihnen erlaubt. Sie mußten ihre schon 1941 registrierten Elektrogeräte, Schallplatten, Schreibmaschinen, Fotoapparate, optischen Geräte, Fahrräder und Pelzmäntel abliefern. Ihre Haustiere mußten sie verschenken oder vertilgen, „denn Juden sind nicht würdig, Hunde zu halten".

Die Wirkung dieser Entrechtung und Diffamierung zeigt sich an den „Ärgernissen", um deretwillen man auch noch die letzten Juden aus dem Gesichtskreis der Wiener verbannte. Die Verhaftung eines 66jährigen jüdischen Altersrentners eine Woche vor Weihnachten 1942 wurde im Gestapo-Bericht folgendermaßen begründet: „Er hat auf belebten Straßen Zigarettenstummel gesammelt und durch sein Verhalten und sein ekelerregendes Aussehen bei den Passanten Ärgernis erregt."

Im November 1942 wurden alle jüdischen Körperschaften einschließlich der Kultusgemeinde in Wien aufgelöst. An ihre Stelle trat der Ältestenrat der Juden, an seiner Spitze ein von der Gestapo ernannter Leiter. Alle jüdischen Friedhöfe mit Ausnahme der israelitischen Abteilung des Zentralfriedhofes, wurden aufgelassen. Im Juli 1943 wurden die Juden verpflichtet, an ihrer Wohnungstür einen Judenstern anzubringen.

Ebenfalls im Juli 1943 wurde die Verordnung erlassen, daß nach dem Tod von Juden ihr Vermögen an das Reich fallen solle. „Die Einziehung des Vermögens der in die Ostgebiete abzuschiebenden Juden" zugunsten des Reiches war schon im Schnellbrief des Reichsfinanzministers vom 4. November 1941 angeordnet worden. Die „gesetzliche" Grundlage dafür bildete dann die 11. Verordnung zum Reichsbürgergesetz vom 25. November 1941, derzufolge ein Jude, „der seinen gewöhnlichen Aufenthalt im Ausland hat", nicht deutscher Staatsbürger sein könne: „Der gewöhnliche Aufenthalt im Ausland ist dann gegeben, wenn sich ein Jude im Ausland unter Umständen aufhält, die erkennen lassen, daß er dort nicht vorübergehend verweilt ... Das Vermögen des Juden, der die deutsche Staatsbürgerschaft aufgrund dieser Verordnung verliert, verfällt mit dem Verlust der Staatsangehörigkeit dem Reich." Der nationalsozialistische Staat hatte sich damit noch vor der Koordinierung der „Endlösung" im Jänner 1942 in Berlin-Wannsee zum „legalen" Erben seiner Opfer gemacht. Die Perversion dieses „Rechtsstaates", dem auch nicht wenige Österreicher als Erfüllungsgehilfen dienten, hat das österreichische Judentum vernichtet.

Die Massenmorde in den Vernichtungslagern im Osten haben die an ihnen Beteiligten gesehen. Sie wußten auch, daß es sich dabei um eine „geheime Reichssache" handelte und haben daher vermutlich darüber auch in den eigenen Familien nichts oder nur wenig gesprochen. Soldaten der Wehrmacht erzählten schon eher von den Erschießungen vieler Tausender Menschen hinter der Front. In Wien spielten sich jedoch Diskriminierung, Enteignung, Entrechtung, Vertreibung aus den Wohnungen und Zusammenziehung der Juden in Sammelstellen vor dem Transport in das „Generalgouvernement" nicht im Verborgenen ab.

Daß über 112.000 österreichische Juden, weitgehend ausgeplündert, in 89 Länder emigrierten, muß vielen „Ariern" bekannt gewesen sein. Die Verfasserin selbst kann sich noch heute ganz genau an jenen trüben Herbsttag 1942 in Wien erinnern, an dem vor ihren Augen Lastwagen, die man sonst für Viehtransporte verwendete, beladen mit dicht aneinander gedrängten, verängstigten Menschen an ihr vorbeifuhren. Die neben ihr auf dem Gehsteig wartenden Passanten senkten die Köpfe und murmelten: „Da führen's wieder Juden in den Osten!" Es ist möglich, daß manche wirklich glaubten, „nur" zur Zwangsarbeit. Ich allerdings wußte mehr — von zwei Freundinnen, deren Mütter Jüdinnen waren, und deren „arische" Männer sich nicht hatten scheiden lassen und damit Frau und Kinder vor der Deportierung schützten. Ich habe die von Entsetzen und Trauer erfüllten Erzählungen gehört: Zuerst konnte man den Deportierten noch Pakete schicken. Hie und da kamen Postkarten mit wenigen Sätzen als Antwort. Dann folgte Schweigen bis zu dem Augenblick, in dem die Verständigung eintraf, daß Vater, Mutter, Bruder, Schwester oder Onkel und Tante an einer „Lungenentzündung" oder „Herzversagen" plötzlich gestorben seien. Daß diese Nachrichten planmäßige Morde verschleierten, wußte man. Es wurde mir in Angst und

Schrecken erzählt, allerdings mit der Warnung, davon nichts weiterzusagen, da dies äußerst gefährlich sei. Ich habe mich weitgehend daran gehalten, aber mein Vater z. B. hörte BBC, das spät, aber doch, auch über die Judenvernichtung berichtete. Als nach der Befreiung 1945 Art und Umfang dieser Verbrechen bekannt wurden, konnte sogar ich dies zur tiefen Betroffenheit meiner Freundinnen zunächst nicht glauben.

Aufgrund des soeben Geschilderten bin ich bis heute davon überzeugt, daß viel mehr Wiener, Österreicher und Deutsche etwas „wußten", als sie später zugaben. Allerdings ist mir auch infolge eigener Forschungen bekannt, daß weit mehr als die bisher von Yad Vashem als „Gerechte" ausgezeichneten 62 Österreicherinnen und Österreicher im und über den Rahmen ihrer Möglichkeiten hinaus geholfen haben. Von diesen unbekannten Helfern sind mittlerweile schon viele gestorben. Manche schweigen bis heute. Zudem kann man Helden und Märtyrer nicht als Selbstverständlichkeit voraussetzen, man kann auch niemanden zwingen, solche zu werden, was ohnedies niemand versucht hat. Im Grunde geht es auch um etwas anderes.

Schon im Briefwechsel Broch — Zühlsdorff taucht das Phänomen des „Antisemitismus ohne Juden" auf. Es ist sehr wohl heute auch in Österreich vorhanden. Die meisten der jetzt in Österreich lebenden 8.000 Juden wohnen in Wien. Eine große Mehrheit der jungen Österreicher kennt persönlich keinen Juden. Dennoch gibt es einen weit verbreiteten „latenten" Antisemitismus. Bei sich bietender Gelegenheit wie z. B. 1986 wird er manifest. Die „Auschwitz-Lüge", das Leugnen der Zahl der Opfer und die schon von Zühlsdorff vorgenommene Verbrechens-„Aufrechnung" gab es allerdings schon vorher; jetzt auch bei sehr jungen Menschen, die von Rechtsextremisten gezielt umworben und beeinflußt werden. Sie bleiben nicht ohne Erfolg, weil viele Jugendliche von dieser schrecklichsten Periode auch der österreichischen Geschichte noch immer nichts oder nicht mehr etwas wissen, weil man sie ihnen verschwiegen oder verharmlost hat.

Ab 1933 war das Schicksal der Juden im deutschen Machtbereich zumindest in den Köpfen einiger „Führer" schon vorprogrammiert. Man brauchte in Kenntnis einschlägiger Literatur und Erklärungen auch nicht die Gabe der Prophetie, um es vorherzusehen; doch weder anläßlich der „Nürnberger Gesetze" noch nach der „Reichskristallnacht" gab es eine kollektive Solidarisierung mit den Juden. Die gerade im christlichen Österreich lang währende antisemitische Tradition, die jahrelange maßlose Judenhetze des Nationalsozialismus und die auf Gehorsam und Obrigkeitsgläubigkeit orientierte Erziehung haben der „Schuld durch Gleichgültigkeit" den Weg bereitet. Nur eine Humanität und Solidarität vermittelnde Erziehung durch Elternhaus, Schule, Religionsgemeinschaften und Gesellschaft sowie die Kenntnis vergangener Schuld auch im eigenen Volk können auf lange Sicht eine Veränderung zum Besseren erhoffen lassen. Erwartet nicht jeder von uns, daß sein Schicksal nicht unbeachtet bleibt, nicht alle gleichgültig läßt?

Anmerkungen:

1) Hermann BROCH, Briefe über Deutschland 1945—1949. Die Korrespondenz mit Volkmar von Zühlsdorff, hg. und eingeleitet von Paul Michael Lützeler, suhrkamp taschenbuch 1369, Frankfurt/Main 1986.
2) Hubertus PRINZ zu Löwenstein war 1953—1957 als Abgeordneter der FDP Mitglied des deutschen Bundestages.
3) Adolf HITLER, Mein Kampf, 380.—384. Aufl., München 1938, S. 18 ff.
4) Vgl. für das Folgende Erika WEINZIERL, Zu wenig Gerechte. Österreicher und Judenverfolgung 1938—1945, 3. Aufl., Graz—Wien—Köln 1986.
5) Über die „Reichskristallnacht" vgl. für Österreich vor allem Herbert ROSENKRANZ, „Reichskristallnacht". 9. November 1938 in Österreich, Wien—Frankfurt—Zürich 1968.

Biographien der Autoren und Herausgeber:

ERNST HANISCH, geboren 1940 in Thaya/NÖ, Studium in Wien, 1967 Assistent, 1979 a. o. Univ.-Prof. Er ist Professor für Neuere österreichische Geschichte an der Universität Salzburg.
Bücher: Konservatives und revolutionäres Denken, 1975; Die Ideologie des politischen Katholizismus in Österreich, 1977; Der kranke Mann an der Donau, 1978; NS-Herrschaft in der Provinz, 1983; Im Schatten berühmter Zeiten, 1986; Der lange Schatten des Staates 1890–1990 – Österreichische Gesellschaftsgeschichte im 20. Jahrhundert, 1994.

NADINE HAUER, geboren 1941 in Frankreich, seit 1947 in Wien. Studium der Politikwissenschaft, freie Journalistin beim ORF-Hörfunk, bei westdeutschen Rundfunkstationen und verschiedenen in- und ausländischen Zeitungen. Freie Mitarbeiterin in der Erwachsenenbildung
Schwerpunkte: Antisemitismus, Judentum, Zeitgeschichte, Sozialpsychologie.

WOLF IN DER MAUR, geboren 1924 in Klagenfurt, seit langem in Wien ansässig. Journalist und Schriftsteller. 1957 bis 1963 Angehöriger der Geschäftsführung der Neuen Wiener Presse Druck- und Verlagsgesellschaft. Chefredakteur der „Wochenpresse", später geschäftsführender Herausgeber der Tageszeitung „Die Presse". Ständiger Mitarbeiter österreichischer und deutscher Zeitungen, Verlagsberater. Ab 1974 Intendant im ORF, zunächst für den Hörfunk, später für FS 1. Seit 1984 wieder freiberuflich tätig.
Bücher zum Thema: Vom Wesen der Nation, 1966; Die Zigeuner, 1968.

FELIX KREISSLER, geboren 1917 in Wien, Dr. phil., em. Univ.-Prof. Führer der antifaschistischen Mittelschülerbewegung, 1936 mehrmonatige Inhaftierung, dann Ausschluß aus allen österreichischen Schulen. 1937 Emigration nach Frankreich und Fortsetzung der Studien, dann Engagement in der studentischen Widerstandsbewegung. 1941 Verhaftung durch die Polizei des Vichy-Regimes und Internierung. Nach Flucht aus dem Lager Eintritt in die Résistance. 1944 Verhaftung durch die Gestapo und Verschleppung in das KZ Buchenwald. Nach dem Krieg Übersetzer, Journalist, Konferenzdolmetscher und schließlich Universitätslehrer. Gründer des „Centre des Etitudes et des Recherches Autrichiennes" an der Universität Rouen, Herausgeber der Zeitschrift „Austriaca".
Forschungs- und Lehrschwerpunkte: Darstellung der österreichischen Kultur und Geschichte.
Veröffentlichungen u. a.: Das Französische bei Raimund und Nestroy; Österreich 1918 bis 1938: Von der Revolution zur Annexion; Der Österreicher und seine Nation; Historie de l'Autriche.

HERMANN LANGBEIN, geboren 1912 in Wien, gestorben 1995 in Wien. Schauspieler, unter dem Eindruck der politischen Entwicklung in Österreich 1933 Mitglied der Kommunistischen Partei. 1935 bis 1937 mehrfach vom autoritären Schuschnigg-Regime inhaftiert, kämpfte im spanischen Bürgerkrieg auf Seiten der Republikaner. Nach Kriegsende in französischen Lagern interniert, nach Hitlers Sieg über Frankreich 1940 der Gestapo ausgeliefert. Die folgenden Jahre KZ-Häftling, unter anderem in Dachau, Neuengamme und Auschwitz, dort in der Leitung der internationalen Widerstandsorganisation. Nach dem 2. Weltkrieg als Journalist tätig, Generalsekretär des Internationalen Auschwitz-Komitees bis 1961. Seit dem Bruch mit der KPÖ war Langbein als freier Schriftsteller tätig.
Wesentliche Publikationen: Die Stärkeren (Bericht über Auschwitz); Auschwitz, Zeugnisse und Berichte (gemeinsam mit H. G. Adler und E. Lingens-Reiner); Menschen in Auschwitz; . . . nicht wie die Schafe zur Schlachtbank – Widerstand in den nationalsozialistischen Konzentrationslagern.

FELIX DE MENDELSSOHN, geboren 1944 in London, Psychoanalytiker in freier Praxis und Dozent an der Akademie für Sozialarbeit in Wien. Mitglied des Wiener Arbeitskreises für Tiefenpsychologie.
Veröffentlichungen in diversen Fachzeitschriften, zur Freudschen Kulturkritik und Gesellschaftstheorie siehe auch „Das Fremde im Haushalt: Idylle, Barbarei und Gegenkultur" in: A. Pritz (Hg.), Das schmutzige Paradies, 1986.

KARL MÜLLER, geboren 1950 in Puch/Hallein, Mag. Dr. phil., Assistent und Dozent am Institut für Germanistik der Universität Salzburg.
Arbeitsbereiche: Österreichische Literatur des 20. Jahrhunderts, Geschichte der Methodologie der germanistischen Literaturwissenschaft.

WOLFGANG NEUGEBAUER, geboren 1944 in Wien, Studium der Geschichte und Geographie, 1969 Dr. phil., seit 1970 Mitarbeiter und seit 1983 wissenschaftlicher Leiter des Dokumentationsarchivs des österreichischen Widerstandes. Seit 1995 Honorarprofessor für Zeitgeschichte am Institut für Zeitgeschichte an der Universität Wien.
Forschungsschwerpunkte: Geschichte der Arbeiterbewegung, Widerstand und Verfolgung 1933–1945, Rechtsextremismus nach 1945. Mitherausgeber der drei Medienkoffer zur österreichischen Zeitgeschichte. 1982 Viktor Adler-Staatspreis für Geschichte der Arbeiterbewegung.

ANTON PELINKA, geboren 1941 in Wien, Studium der Rechts- und Politikwissenschaft. 1966/67 Redakteur der „Furche", 1969 bis 1971 am Institut für Höhere Studien in Wien, 1972 Habilitation. Seit 1976 Vorstand des Instituts für Politikwissenschaft an der Universität Innsbruck. Als Gastprofessor an zahlreichen Universitäten im In- und Ausland.
Publikationen: Buchveröffentlichungen und Aufsätze zu den Themen Politische Strukturen und Parteien, Gewerkschaft und Sozialpartnerschaft in Österreich, Europäische Sozialdemokratie und Demokratietheorie, u. a. Windstille – Klagen über Österreich, 1985.

THOMAS PLUCH, geboren 1934 in Kärnten, gestorben 1992 in Wien. Journalist und Schriftsteller, verfaßte schon früh Theaterstücke, die an deutschen und österreichischen Bühnen aufgeführt wurden. Ab 1970 Tätigkeit vor allem für das Fernsehen in Österreich und in der BRD. Bis zu seinem Tod Mitglied der Redaktion der „Wiener Zeitung", Chefredakteur-Stellvertreter, Leiter der Beilagenredaktion.
Filme: Das Dorf an der Grenze (Trilogie), Feuer! (über die Revolution von 1848 in Wien), Der Aufstand (über den ungarischen Aufstand 1956).

OLIVER RATHKOLB, geboren 1955 in Wien, Dr. iur., Dr. phil., Dozent am Institut für Zeitgeschichte an der Universität Wien und Co-Leiter des Ludwig Boltzmann-Institutes für Geschichte und Gesellschaft sowie wissenschaftlicher Leiter des Kreisky-Archivs.
Verfasser von wissenschaftlichen Monographien und Artikeln zur Besatzungspolitik in Österreich nach 1945, Entnazifizierungsfragen, Internationale Beziehungen nach 1945 (Schwerpunkt US-Außenpolitik), historische Kommunikationswissenschaft sowie Kulturpolitik während des Faschismus und in der Nachkriegszeit, zuletzt: Führertreu und Gottbegnadet – Künstlereliten im Dritten Reich.

ERIKA WEINZIERL, geboren 1925 in Wien, Dr. phil., em. o. Univ.-Prof. am Institut für Zeitgeschichte an der Universität Wien, Leiterin des Ludwig Boltzmann-Institutes für Geschichte und Gesellschaft in Wien.
Publikationen: Österreichische Zeitgeschichte in Bildern, 1968/79; Zuwenig Gerechte – Österreicher und Judenverfolgung 1938–1945, 1969/85/86/97; Emanzipation? Österreichische Frauen im 20. Jahrhundert, 1975. Herausgeberin und Mitherausgeberin von 25 Büchern, seit 1973 Herausgeberin der Monatszeitschrift „Zeitgeschichte", Verfasserin von über 150 Aufsätzen zu Fragen der Geschichtsforschung und Zeitgeschichte.

Andreas Baumgartner
Die vergessenen Frauen von Mauthausen
Die weiblichen Häftlinge des Konzentrationslagers Mauthausen und ihre Geschichte

Dieses Buch bietet erstmals einen **Gesamtüberblick** zur Geschichte der über 8.000 Frauen, die in das Konzentrationslager Mauthausen deportiert wurden.

Dieses Buch dokumentiert ihre Geschichte und dient jenen als **Sprachrohr,** die bis jetzt keines hatten.

Andreas Baumgartner (Studium der Kommunikationswissenschaft, Geschichte, Ethnologie und Kunstgeschichte) ist Lehrbeauftragter der Universität Wien und wissenschaftlicher Mitarbeiter der KZ-Gedenkstätte Mauthausen.

Eine **französische Häftlingsfrau** berichtete über ihre Ankunft in Mauthausen: *„Dann kam der Anstieg zum Lager. Während dieses schrecklichen Marsches mußten wir viele Kameradinnen stützen, die nicht mehr gehen konnten; die SS-Männer hätten ihnen sofort eine Kugel in den Kopf gejagt. Wir erreichten das Lager ungefähr um 19 Uhr. Wir wurden wie die Tiere vor den Duschen zusammengepfercht und warteten die ganze Nacht im Schnee und im eisigen Wind. Während dieser nächtlichen Warterei haben wir jegliche Hoffnung verloren (...) weil wir nicht wußten, was die Nazis mit uns vorhatten. Wir befürchteten das Schlimmste."*

**252 Seiten, gebunden
öS 348,–/DM 47,80
ISBN 3-7046-1088-7**

Verlag Österreich